法/律/法/规/精/读/本

中华人民共和国
反不正当竞争法

宋春雨 杨德嘉 李思頔 / 编著

ZHONGHUA RENMIN GONGHEGUO
FANBUZHENGDANG JINGZHENGFA

精读本

中国法治出版社
CHINA LEGAL PUBLISHING HOUSE

出 版 说 明

2025年6月27日,第十四届全国人民代表大会常务委员会第十六次会议修订通过了《反不正当竞争法》①,自2025年10月15日起施行。此次修订的主要内容包括:(1)将"预防"不正当竞争行为增加为立法目的,强调经营者"公平参与市场竞争",明确反不正当竞争工作应当坚持中国共产党的领导,对反不正当竞争工作协调机制的职责表述作相应修改。(2)完善关于混淆类不正当竞争行为的规定,即增列擅自使用他人有一定影响的"新媒体账号名称、应用程序名称或者图标",擅自将他人注册商标、未注册的驰名商标作为企业名称中的字号使用,以及将他人商品名称、企业名称(包括简称、字号等)、注册商标、未注册的驰名商标等设置为搜索关键词等行为。(3)细化关于商业贿赂、虚假宣传、不当有奖销售和商业诋毁等不正当竞争行为的规定。(4)完善关于网络不正当竞争行为的规定。明确经营者不得利用数据和算法、技术、平台规则等实施有关不正当竞争行为;增加关于侵害数据权益的规定,明确经营者不得以欺诈、胁迫、避开或者破坏技术管理措施等不正当方式,获取、使用其他经营者合法持有的数据,损害其他经营者的合法权益;明确经营者不得滥用平台规则,直接或者指使他人对其他经营者实施虚假交易、虚假评价或者恶意退货等行为;增加规定平台经营者处置平台内经营者不正当竞争行为的义务,包括平台经营者应当在平台服务协议和交易规则中明确平台内公平竞争规则,建立不正当竞争举报投诉和纠纷

---

① 为了便于阅读,本书中相关法律文件名称中的"中华人民共和国"字样都予以省略。

处置机制等。（5）完善关于治理"内卷式"竞争的制度，规定国家建立健全公平竞争审查制度；规定平台经营者不得强制或者变相强制平台内经营者按照其定价规则，以低于成本的价格销售商品，扰乱市场竞争秩序。（6）增加关于解决拖欠中小企业账款问题的规定。（7）完善监管措施和法律责任。增加约谈制度；强化有关部门及人员对调查过程中知悉的商业秘密、个人隐私和个人信息的保密义务；将不正当竞争行为导致的民事赔偿数额的计算方式明确为"按照其因被侵权所受到的实际损失或者侵权人因侵权所获得的利益确定"；规定销售有关违法商品的法律责任，以及不予行政处罚的条件；增加规定受贿者的法律责任，以及经营者的法定代表人、主要负责人和直接责任人员对行贿负有个人责任时应当承担的法律责任；适当上调对侵犯商业秘密、商业诋毁、网络不正当竞争等行为的罚款上限，取消虚假宣传行为的罚款下限。（8）增加关于《反不正当竞争法》域外适用的规定。

为了有效地衔接理论与实践，本书采用法律条文、法律术语注释加相关规定、案例指引的结构进行编排，从而为适用新修订的《反不正当竞争法》提供参考。

1. 法律条文、法律术语注释。《反不正当竞争法》条文都是概括性的规定，在适用过程中难免会对条文本身或者条文中的一些词语产生误解，因此本书一方面对条文中的重要词语用双色标出并在侧栏进行注释，另一方面对法律条文进行全面、深入的解读，从而为理解条文内容提供参考。

2. 相关规定。本部分主要是将与重点条文相关的各种法律法规、司法解释等进行整合，从而更好地理解条文内容和更准确地适用《反不正当竞争法》规定解决各种疑难问题。

3. 案例指引。本部分主要是通过指导性案例、公报案例、典型案例、参考案例等的裁判要旨、典型意义或者作者对案例的分析，为《反不正当竞争法》的适用提供一定的指引。(1) 指导性案例，是指最高人民法院、最高人民检察院以指导性案例形式分批发布的案例，各自经过最高人民法院审判委员会、最高人民检察院检察委员会讨论通过。《〈最高人民法院关于案例指导工作的规定〉实施细则》第9条规定，各级人民法院正在审理的案件，在基本案情和法律适用方面，与最高人民法院发布的指导性案例相类似的，应当参照相关指导性案例的裁判要点作出裁判。(2) 公报案例，是指《最高人民法院公报》刊登的案例。(3) 典型案例，是指最高人民法院、最高人民检察院以及各级地方法院发布的案例。(4) 参考案例，是指由人民法院案例库收录的经最高人民法院审核认为对类案审判具有参考示范价值的案例。

为了打造一本开放性的工具书，本书将以电子版的形式定期对新出的司法解释、指导性案例、公报案例、典型案例、参考案例等提供电子增补。读者可登录中国法治出版社官网 http：//www.zgfzs.com "出版服务"中的"资源下载"频道免费下载。同时，由于时间和水平有限，书中难免有不足之处，敬请广大读者批评指正。

目　录

中华人民共和国反不正当竞争法

第一章　总　则

第 1 条　立法目的 …………………………………… 002
第 2 条　不正当竞争定义 …………………………… 002
第 3 条　党的领导 …………………………………… 002
第 4 条　政府职责 …………………………………… 015
第 5 条　主管部门 …………………………………… 015
第 6 条　社会监督 …………………………………… 015

第二章　不正当竞争行为

第 7 条　禁止混淆 …………………………………… 037
第 8 条　禁止商业贿赂 ……………………………… 046
第 9 条　禁止虚假宣传 ……………………………… 046
第 10 条　禁止侵犯商业秘密 ………………………… 057
第 11 条　禁止违法有奖销售 ………………………… 072
第 12 条　禁止商业诋毁 ……………………………… 072
第 13 条　网络不正当竞争行为规制 ………………… 072

第 14 条　禁止低于成本价销售 …………………………… 093
第 15 条　禁止大型企业滥用优势地位 …………………… 093

第三章　对涉嫌不正当竞争行为的调查

第 16 条　行政查处措施 …………………………………… 110
第 17 条　被调查对象的义务 ……………………………… 120
第 18 条　对经营者采取的措施 …………………………… 120
第 19 条　保密义务 ………………………………………… 120
第 20 条　举报制度 ………………………………………… 120
第 21 条　平台内公平竞争规则 …………………………… 152

第四章　法　律　责　任

第 22 条　民事责任 ………………………………………… 152
第 23 条　实施混淆行为的行政责任 ……………………… 173
第 24 条　实施商业贿赂的行政责任 ……………………… 173
第 25 条　实施虚假宣传的行政责任 ……………………… 181
第 26 条　侵犯商业秘密的行政责任 ……………………… 181
第 27 条　违法进行有奖销售的行政责任 ………………… 181
第 28 条　损害商业信誉、商品声誉的行政责任 ………… 191
第 29 条　利用网络从事不正当竞争的行政责任 ………… 191
第 30 条　低于成本价销售的行政责任 …………………… 191
第 31 条　滥用优势地位的行政责任 ……………………… 191
第 32 条　从轻、减轻或者不予行政处罚 ………………… 217
第 33 条　行政处罚记入信用记录 ………………………… 217
第 34 条　民事责任优先承担 ……………………………… 217
第 35 条　拒绝、阻碍调查的行政责任 …………………… 217

第 36 条　救济途径 …………………………………… 217
第 37 条　工作人员违法的行政责任 ………………… 217
第 38 条　刑事责任 …………………………………… 262
第 39 条　举证责任 …………………………………… 262

第五章　附　　则

第 40 条　境外不正当竞争行为法律适用 …………… 276
第 41 条　施行时间 …………………………………… 276

附　　录

《中华人民共和国反不正当竞争法》新旧对照表 …………… 283

案例指引速查

☞ 某教育管理集团有限公司等与浙江某教育集团有限公司等
  侵害商标权及不正当竞争纠纷案 ················· 013
☞ 唐山市某某协会、李某等不正当竞争纠纷案 ············ 013
☞ 深圳市某计算机公司诉郴州某科技公司、长沙市某服务部、
  北京市某科技公司不正当竞争纠纷案 ················ 014
☞ 某时装（天津）有限公司与博野县某服装店侵害商标权及
  不正当竞争纠纷案 ························· 014
☞ 上海某化妆品有限公司诉上海市工商行政管理局金山分局
  工商行政处罚决定案 ······················ 033
☞ 某汽车服务有限公司诉上海市工商行政管理局奉贤分局行
  政处罚案 ···························· 033
☞ 某某株式会社与滁州某某电子有限公司不正当竞争案 ········ 034
☞ 意大利费列罗公司诉蒙特莎（张家港）食品有限公司、天
  津经济技术开发区正元行销有限公司不正当竞争纠纷案 ······ 043
☞ 北京某网络技术有限公司诉北京某科技有限公司、北京某
  电子商务有限公司不正当竞争纠纷案 ··············· 043
☞ 仁某置地（成都）有限公司、上海仁某房地产有限公司、
  南京仁某企业管理有限公司、新加坡仁某控股有限公司与
  兰州仁某房地产有限公司侵害商标权及不正当竞争纠纷案 ····· 044
☞ 某海外有限公司诉广州某文化传播有限公司等不正当竞争
  纠纷案 ····························· 045

001

- 某通信技术公司诉天津市市场监督管理委员会、国家市场监督管理总局行政处罚及行政复议案 …… 054
- 广州王老吉大健康产业有限公司诉加多宝（中国）饮料有限公司虚假宣传纠纷案 …… 054
- 北京微某视界科技有限公司与杭州大某网络科技有限公司、爱某马（杭州）网络科技有限公司不正当竞争纠纷案 …… 055
- 北京某假日旅行社有限公司诉某计算机技术（上海）有限公司、上海某商务有限公司等虚假宣传纠纷案 …… 055
- 某株式会社诉中山市某某猿服饰有限公司等著作权权属、侵权纠纷及虚假宣传纠纷案 …… 056
- 河北华穗种业有限公司与武威市博盛种业有限责任公司侵害技术秘密纠纷案 …… 070
- 济南某测试技术有限公司与济南某机电技术有限公司侵害技术秘密纠纷案 …… 070
- 北京某甲科技公司与曹某某、王某某、北京某乙科技公司侵害技术秘密纠纷案 …… 071
- 香港某开发公司诉魏某乙、胡某、香港某科技公司、深圳某科技公司侵害商业秘密纠纷案 …… 071
- 苏州某文化传播有限公司诉苏州市吴江区市场监督管理局不正当竞争相关行政案件 …… 089
- 巴州某网络科技有限公司、额敏县某生物工程有限责任公司等商业诋毁纠纷案 …… 089
- 新疆某食品有限公司、西安某文化科技有限公司商业诋毁纠纷案 …… 089
- 贵州甲制药有限公司、贵州乙药业有限责任公司商业诋毁纠纷案 …… 090

- 北京某科技有限公司与北京某文化传媒有限公司不正当竞争纠纷案 ·············· 090
- 上海某网络科技有限公司诉北京某网络科技有限公司等不正当竞争纠纷案 ·············· 091
- 上海某股份有限公司、上海某金融信息服务有限公司诉西安某软件科技有限公司不正当竞争纠纷案 ·············· 091
- 北京某科技有限公司与杭州某网络科技有限公司、杭州某科技有限公司不正当竞争纠纷案 ·············· 091
- 某省企业质量管理中心与某省市场监督管理局等行政处罚及行政复议案 ·············· 149
- 郭某与上海市某某区市场监督管理局要求履行法定职责案 ·············· 150
- 嘉兴市中某化工有限责任公司、上海欣某新技术有限公司诉王某集团有限公司、宁波王某科技股份有限公司等侵害技术秘密纠纷案 ·············· 169
- 广州天某高新材料股份有限公司、九江天某高新材料有限公司诉安徽纽某精细化工有限公司等侵害技术秘密纠纷案 ·············· 169
- 西某股份公司、西某（中国）有限公司与宁波奇某电器有限公司、昆山新某某电器有限公司等侵害商标权及不正当竞争纠纷案 ·············· 170
- 浙江吉某控股集团有限公司、浙江吉某汽车研究院有限公司诉威某汽车制造温州有限公司等侵害技术秘密纠纷案 ·············· 170
- 陈某、运城某公司等侵害技术秘密纠纷案 ·············· 172
- 青岛某酒业有限公司与蛟河市市场监督管理局工商行政处罚纠纷案 ·············· 179
- 江苏某生物科技有限公司商业混淆案 ·············· 179
- 苏州某机电有限公司商业贿赂案 ·············· 180

- 中卫市某调理店诉中卫市市场监督管理局、中卫市人民政府罚款案 …… 188
- 冯某某诉武隆区市场监督管理局行政处罚决定案 …… 188
- 成都市锦江区市场监督管理局与某国际有限公司行政处罚案 …… 189
- 江苏某食品有限公司侵犯商业秘密案 …… 190
- 某电气（上海）有限公司诉盐城市市场监督管理局行政处罚及行政复议案 …… 216
- 刘某东与某区市场监督管理局、某某玩具（惠州）有限公司其他行政管理案 …… 259
- 常德市某区市场监督管理局、湖北某某陶瓷有限公司非诉执行审查案 …… 260
- 佛山某模具有限责任公司诉李某峰等侵害商业秘密纠纷案 …… 274
- 济南某测试技术有限公司诉济南某机电技术有限公司侵害技术秘密纠纷案 …… 274
- 江苏新某股份有限公司诉江苏科某环保股份有限公司等侵害技术秘密纠纷案 …… 274

中华人民共和国反不正当竞争法

（1993年9月2日第八届全国人民代表大会常务委员会第三次会议通过　2017年11月4日第十二届全国人民代表大会常务委员会第三十次会议第一次修订　根据2019年4月23日第十三届全国人民代表大会常务委员会第十次会议《关于修改〈中华人民共和国建筑法〉等八部法律的决定》修正　2025年6月27日第十四届全国人民代表大会常务委员会第十六次会议第二次修订　2025年6月27日中华人民共和国主席令第50号公布　自2025年10月15日起施行）

目　　录

第一章　总　　则

第二章　不正当竞争行为

第三章　对涉嫌不正当竞争行为的调查

第四章　法律责任

第五章　附　　则

第一章　总　　则

第 1 条　立法目的[①]

为了促进社会主义市场经济健康发展，鼓励和保护公平竞争，预防和制止不正当竞争行为，保护经营者和消费者的合法权益，制定本法。

第 2 条　不正当竞争定义

❶经营者在生产经营活动中，应当遵循自愿、平等、公平、诚信的原则，遵守法律和商业道德，公平参与市场竞争。

❷本法所称的不正当竞争行为，是指经营者在生产经营活动中，违反本法规定，扰乱市场竞争秩序，损害其他经营者或者消费者的合法权益的行为。

❸本法所称的经营者，是指从事商品生产、经营或者提供服务（以下所称商品包括服务）的自然人、法人和非法人组织。

第 3 条　党的领导

❶反不正当竞争工作坚持中国共产党的领导。

❷国家健全完善反不正当竞争规则制度，加强反不正当竞争执法司法，维护市场竞争秩序，健全统一、开放、竞争、有序的市场体系。

---

① 条文主旨为编者所加，下同。

> 条文注释

第 1 条 【立法目的】

一、规范意义及条文修订情况

本条是关于《反不正当竞争法》立法目的之规定，是开篇条款，具有纲领性意义。其明确了法律的立法宗旨，为整部法律的适用和解释提供了方向指引。相较于 2019 年《反不正当竞争法》，本条在"制止不正当竞争行为"前增加了"预防"规定，进一步扩充了《反不正当竞争法》针对市场活动中的不正当竞争行为进行在先预防和在后制止的立法导向。

修订《反不正当竞争法》是推动构建全国统一大市场的重要举措，是加强新时代社会主义市场经济法治建设的应有之义，是培育和弘扬社会主义核心价值观、促进社会诚信建设的有效方式。[①] 通过确立促进社会主义市场经济健康发展、鼓励和保护公平竞争、预防和制止不正当竞争行为以及保护经营者和消费者合法权益的多重目标，本条为市场竞争划定了清晰的法律边界，为市场主体的行为提供了明确的指引。它不仅为经营者提供了公平竞争的规则框架，也为消费者权益保障提供了法律依据，确保市场在法治轨道上健康运行。

二、《反不正当竞争法》的立法目的

1. 促进社会主义市场经济健康发展是反不正当竞争的本质要求。市场经济必然是竞争经济，竞争既是市场的本质，也是市场经济

[①] 参见王洪祥、石宏：《健全完善反不正当竞争法律制度 营造公平竞争的市场环境 推动经济社会高质量发展》，载《民主与法制》周刊 2025 年第 27 期。

的活力来源。如果市场中出现不正当竞争行为，则会阻碍市场在资源配置中所起的积极作用，妨碍市场经济的正常运行，从而阻碍社会主义市场经济健康发展。因此，在市场经济发展背景下，反不正当竞争具有重要意义。我国的市场经济是中国特色的社会主义市场经济，市场经济的运行应当在社会主义法治轨道下进行。《反不正当竞争法》即是作为规范市场竞争行为、促进市场经济健康发展的基本法律。

2. 鼓励和保护公平竞争是市场经济健康发展的有效保障。公平的市场竞争可以使各市场经营者广泛参与市场经营，为争夺交易机会和竞争优势，经营者通过自主创新等正当手段参与市场竞争可以更有效地激发市场经济发展活力，促进市场经济向更好更快方向发展。因此，《反不正当竞争法》就是鼓励和保护公平的市场竞争，为公平竞争提供基本准则。

3. 预防和制止不正当竞争行为是直接手段。不正当竞争是对公平竞争秩序的破坏，严重影响市场经济的有效运行。《反不正当竞争法》最直接规制的即是不正当竞争行为。本次修法明确了预防和制止并重的准则。一方面，规制已经发生的不正当竞争行为，在防止损害扩大的同时，对不正当竞争行为予以强力打击。另一方面，通过公平竞争审查制度、强化对不正当竞争行为的行政和司法规制，向其他市场经营者传递反不正当竞争的打击态度。尤其是互联网发展环境下，竞争手段愈发多样，部分经营者在面对互联网竞争中黑灰产的极高获利时存在跃跃欲试的心理，通过《反不正当竞争法》对相应行为的规定，将不正当竞争行为遏制在发生之前，避免不正当竞争行为在市场竞争中的进一步蔓延，节约打击成本、提升公平竞争效能。

4. 保护经营者和消费者的合法权益是目的。《反不正当竞争法》在调整竞争关系时，通过对不正当竞争行为的规制，为因不正当竞争行为遭受损害的经营者给予行政、司法途径救济，保护经营者合法经营获得的竞争利益。同时，作为市场经济中重要一环的消费者，不正当竞争行为在扰乱市场竞争的同时使得消费者因市场秩序的失衡而发生错误交易或无法获得优质交易，不仅可能造成消费者权益的直接受损，还可能产生长远利益的受损。因此，《反不正当竞争法》的作用在对市场经营者行为和关系进行调整时，同样实现了消费者权益的保护，最终让市场经济健康发展的红利由人民共享。

第 2 条 【不正当竞争定义】

一、规范意义及条文修订情况

本条是关于竞争原则、不正当竞争行为及经营者的概念的规定。本条相较于 2019 年《反不正当竞争法》进行了修改，在第 1 款的竞争原则中新增了"公平参与市场竞争"的规定，进一步明确了经营者在市场竞争中应当遵循的基本行为准则，强调了竞争的公平性，使法律对市场竞争行为的规范更加全面和具体，为后续条款对不正当竞争行为的认定提供了更清晰的判断标准。

本条明确了经营者在生产经营活动中应当遵循的基本原则，即自愿、平等、公平、诚信原则以及遵守法律和商业道德，公平参与市场竞争，同时对不正当竞争行为和经营者的定义进行了明确。这些规定为市场竞争划定了清晰的法律边界，为市场主体的行为提供了明确的指引。通过明确竞争原则，本条为经营者提供了公平竞争的规则框架，确保其在合法合规的环境中开展经营活动；通过定义不正当竞争行为，为司法实践中的行为认定提供了明确依据，有助于精准打击各类不正当竞争行为，维护市场秩序；通过定义经营者，进一步明确了法律的适用主体范围，确保各类市场主体的经营活动都受到法律的规范和约束。本条作为《反不正当竞争法》的基础性条款，为营造公平、透明、有序的市场环境提供了坚实的法律基础，对于促进社会主义市场经济的健康发展具有重要意义。

二、一般条款

本条既对《反不正当竞争法》调整的对象即经营者进行了明确，亦对经营者从事生产经营活动中应遵循的基本原则作出了规定，同时还对不正当竞争行为的认定作出了明确规定。其中第2款因对不正当竞争行为作出了明确规定，也被称为"一般条款"。

在法律适用上，一方面对《反不正当竞争法》，尤其是本条"一般条款"的适用不应泛滥。市场竞争总是伴随利益的此消彼长，即便是公平、正当、合理的市场竞争，也必然会产生对抗和损害。因此对抗与损害不能够作为认定不正当竞争的依据。通常情况下，应当由市场自身机制的运行去解决竞争中产生的纠纷。只有当市场机制失灵的时候，《反不正当竞争法》才能介入并进行调整。同时还需注意，竞争行为不可避免地会给市场主体带来损害，但该种损害并非完全是不正当的行为所导致。不能因为存在损害即将所有的竞争行为均纳入《反不正当竞争法》规制的范畴；即便纳入《反不正当竞争法》调整，也并不必然适用本条予以规制。相关司法解释明确规定了《反不正当竞争法》及其"一般条款"的适用规则。根据该条规定，当相应行为能够为《专利法》《商标法》《著作权法》等其他知识产权部门法规制时，则适用相应部门法而不适用《反不正当竞争法》；如果上述部门法未作出相应规定，但属于《反不正当竞争法》第2章规定的类型化不正当竞争行为时，则适用《反不正当竞争法》第2章相应条款进行规制；如果仍未在第二章中作出规定，则此时方有"一般条款"的适用空间。

另一方面对"一般条款"的适用也不应过分排斥。在新技术、新业态的急速发展下，《反不正当竞争法》尚无法完全列举市场中出现或即将出现的所有具体的不正当竞争行为。《反不正当竞争法》的历次修改也表明，在修法前尚未被明确规定的新型不正当竞争行为，通过一个个适用"一般条款"的裁判予以认定和具体化，最终为新法所吸收。因此，在新经济不断发展之下，《反不正当竞争法》第2章中所列举的具体不正当竞争行为已经不能涵盖当今市场中所实际发生的很多行为，无法直接适用去解决这些迫在眉睫的争议。在现实的争议解决需求已经等不及立法的修改时，适用"一般条款"去解决新问题，维护现有的市场竞争秩序，是法律人在现有条件下的一种理性和现实的选择。

三、经营者的定义

根据本条第3款的规定，经营者是指从事商品生产、经营或者提供服务（包括商品和服务）的自然人、法人和非法人组织。因此，只要参与市场生产经营活动，无论是自然人还是法人或非法人组织，都可以作为经营者。

因为《反不正当竞争法》调整的是经营者的行为以及市场竞争中的经营者之间的关系，因此，在《反不正当竞争法》适用时，暗含了对经营者身份的审查，如果并非经营者之间的竞争行为，如经营者与消费者之间存在的纠纷，则不宜适用《反不正当竞争法》调整。

对于经营者的审查和认定，一般表现为审查双方是否存在竞争意义上的利害关系，在传统行业中，一般处在同一行业的应为同业竞争者，实施的市场竞争行为可由《反不正当竞争法》调整。但随着市场经济的发展，各经济业态涌现，不同行业、产业之间以及上下游之间不断交融，再严格以同业竞争作为认定标准，会使得大量的市场竞争行为无法纳入《反不正当竞争法》的规制，因此，对竞争关系的审查也在市场经济的不断发展中更加宽泛。根据相关司法解释的规定，与经营者在生产经营活动中存在可能的争夺交易机会、损害竞争优势等关系的市场主体，人民法院可以认定为《反不正当竞争法》第2条规定的"其他经营者"。这一规定也表明，在经营者关系的认定上应作广义理解，只要双方存在争夺交易机会、损害竞争优势等关系的都可以纳入《反不正当竞争法》调整。

四、适用条件

对于"一般条款"的适用，在"海带配额"案[①]中最高人民法院曾予以明确：一是法律对该种竞争行为未作出特别规定；二是其他经营者的合法权益确因该竞争行为而受到了实际损害；三是该种竞争行为因确属违反诚实信用原则和公认的商业道德而具有不正当性或者可责性。虽《反不正当竞争法》在近年作出了相应修正，但上述适用要件仍具有重要参考意义。且在近年来司法裁判思路中公共利益的价值取向更为明显，强调行为法属性并从被诉行为本身对消费者福利、竞争秩序等公共利益的影响方面评价被诉行为的不正当性。

根据本条的规定，不正当竞争行为应是扰乱市场竞争秩序，损害其他经营者或者消费者的合法权益的行为。对于经营者的损害，从以往司法裁判中体现为："食人而肥"、实质性替代了相关产品或服务、对服务器运行带来负担、导致原有产品的功能异化、用户对

---

① 参见《山东省某某进出口公司、山东某某集团有限公司、山东山某某水有限公司与马某某、青岛某某贸易有限公司不正当竞争纠纷案》，载《最高人民法院公报》2011年第10期。

产品或服务的安全性评价降低等。① 但如前所述，司法实践中也在警惕向"一般条款"的逃逸。《反不正当竞争法》调整的行为，在考虑经营者所受损害之外，还需要考虑被诉行为对竞争秩序和消费者权益等公共利益的影响。在评价被诉行为后果时，诚实信用原则和商业道德是最主要的价值取向和判断标准，二者的本质目标都离不开自由、公平与效率的交织。② 尤其是近年来出现的新类型竞争行为，在其正当性判断上，对市场秩序和消费者权益等公共利益的考量显得更为突出。不正当竞争纠纷中需要平衡个人用户、平台经营者及社会公众"三方利益"，因此适用"一般条款"判断被诉行为正当性时，既要妥善保护经营者权益，也要兼顾市场秩序和消费者权益来进行综合评价。

第3条 【党的领导】

本条是新增条款，明确了反不正当竞争制度的政治引领和顶层设计。

一方面，明确了党对反不正当竞争工作的领导作用。《中共中央关于全面推进依法治国若干重大问题的决定》指出："党的领导是全面推进依法治国、加快建设社会主义法治国家最根本的保证。必须加强和改进党对法治工作的领导，把党的领导贯彻到全面推进依法治国全过程。"坚持党的领导是社会主义法治的根本要求，因此，作为依法治国工作的一部分，反不正当竞争工作也要在党的领导下统一

---

① 参见宋鱼水主编：《互联网新型竞争案件司法裁判规则》，法律出版社2023年版，第249页。
② 参见王艳芳：《商业道德在反不正当竞争法中的价值与标准二重构造》，载《知识产权》2020年第6期。

开展，方能实现和发挥其在维护经营者及消费者合法权益、鼓励保护公平竞争、促进社会主义市场经济发展中的积极作用。

另一方面，明确了国家的顶层制度设计。既明确了国家在反不正当竞争制度设计、执法司法等方面的职责定位，以及在市场竞争秩序和市场体系建立、健全、维护方面的职能目标，亦强调了公平竞争审查制度建立和施行中的相关要求，在进行制度设计中通过引入和落实公平竞争审查，防止在制度设计、规范制定等过程中出现排除、限制市场竞争因素，进一步释放市场竞争活力，促进社会主义市场经济发展。

本条规定也与《反垄断法》相衔接，《反不正当竞争法》和《反垄断法》作为竞争法的两大支柱，都发挥着引导市场竞争的职能作用。2022年《反垄断法》修正时在第4条、第5条中新增了相关内容，本条规定的增加与《反垄断法》中的相关规定相衔接，进一步完善了竞争法体系。

相关规定

1. 《反垄断法》

第1条 为了预防和制止垄断行为,保护市场公平竞争,鼓励创新,提高经济运行效率,维护消费者利益和社会公共利益,促进社会主义市场经济健康发展,制定本法。

第4条 反垄断工作坚持中国共产党的领导。

国家坚持市场化、法治化原则,强化竞争政策基础地位,制定和实施与社会主义市场经济相适应的竞争规则,完善宏观调控,健全统一、开放、竞争、有序的市场体系。

第5条 国家建立健全公平竞争审查制度。

行政机关和法律、法规授权的具有管理公共事务职能的组织在制定涉及市场主体经济活动的规定时,应当进行公平竞争审查。

第15条 本法所称经营者,是指从事商品生产、经营或者提供服务的自然人、法人和非法人组织。

本法所称相关市场,是指经营者在一定时期内就特定商品或者服务(以下统称商品)进行竞争的商品范围和地域范围。

2. 《民法典》

第4条 民事主体在民事活动中的法律地位一律平等。

第5条 民事主体从事民事活动,应当遵循自愿原则,按照自己的意思设立、变更、终止民事法律关系。

第6条 民事主体从事民事活动,应当遵循公平原则,合理确定各方的权利和义务。

第7条 民事主体从事民事活动,应当遵循诚信原则,秉持诚实,恪守承诺。

第 86 条　营利法人从事经营活动，应当遵守商业道德，维护交易安全，接受政府和社会的监督，承担社会责任。

3. 《优化营商环境条例》

第 63 条　制定与市场主体生产经营活动密切相关的行政法规、规章、行政规范性文件，应当按照国务院的规定进行公平竞争审查。

制定涉及市场主体权利义务的行政规范性文件，应当按照国务院的规定进行合法性审核。

市场主体认为地方性法规同行政法规相抵触，或者认为规章同法律、行政法规相抵触的，可以向国务院书面提出审查建议，由有关机关按照规定程序处理。

案例指引

1. 某教育管理集团有限公司等与浙江某教育集团有限公司等侵害商标权及不正当竞争纠纷案[①]

在弘扬社会主义核心价值观的背景之下，要实现市场经济的健康发展，市场主体的竞争自由和创新自由应建立在遵循诚实信用原则、遵守商业道德准则的基础之上。判定互联网领域的竞争行为是否具有不正当性，应当结合互联网经济环境下具体商业模式的性质和特点，判断行为人的主观状态，并综合考量该行为对经营者利益、消费者权益、市场竞争秩序、社会公共利益等方面造成的影响，以是否违背了诚实信用原则和商业道德准则为标准，依法作出判定。

在竞价排名过程中，未经许可擅自将竞争对手的知名商标或企业字号、企业名称设置为关键词，进行"隐性使用"的行为，主观上具有攀附他人商誉的意图，客观上利用竞争对手知名商标或企业字号、企业名称的市场知名度和影响力，将原属于竞争对手的流量吸引至自身网站，从而获取竞争优势。此种参与竞争的方式和手段，不仅直接损害了竞争对手的权益，扰乱了正常的互联网竞争秩序，也对消费者权益及社会公共利益造成了损害，违反了诚实信用原则和商业道德准则，应当适用反不正当竞争法予以规制。

2. 唐山市某某协会、李某等不正当竞争纠纷案[②]

行业协会是否具备不正当竞争纠纷原告主体资格可结合行业协

[①] 参见《最高人民法院公报》2025年第3期。
[②] 参见《最高人民法院知识产权案件法律适用问题年度报告（2023）摘要》，载最高人民法院网，https://www.court.gov.cn/zixun/xiangqing/430912.html，最后访问日期：2025年7月5日。

会的性质、业务范围等综合判断，如果行业协会与经营者存在竞争关系并且与案件有直接利害关系的，可认定其具备适格的原告主体资格。

3. 深圳市某计算机公司诉郴州某科技公司、长沙市某服务部、北京市某科技公司不正当竞争纠纷案①

如被诉侵权行为属于《反不正当竞争法》第12条第2款（现为第13条第2款）前3项所规定的网络不正当竞争行为时，应当优先适用类型化条款进行调整；若被诉行为不属于前3项所调整的行为类型但符合"利用技术手段""妨碍、破坏网络产品正常运行"等条件，可以适用该款第4项"兜底条款"进行规制。被诉侵权行为虽发生在网络环境下，但不符合第12条第2款所列明的具体行为特征，可以适用《反不正当竞争法》第2条进行评价。适用《反不正当竞争法》第2条评判被诉行为时，通常应当考虑如下因素：一是被诉行为是否违反了诚信原则和相关行业的商业道德；二是被诉行为是否损害了其他经营者的合法权益；三是被诉行为是否损害了消费者利益；四是被诉行为是否损害了公平、健康的市场竞争秩序。

4. 某时装（天津）有限公司与博野县某服装店侵害商标权及不正当竞争纠纷案②

《反不正当竞争法》立足于行为正当性，因此无须受到知识产权权利侵害式侵权判断范式和思维的限制。如果系以特别应受谴责的方式方法损害受保护的利益——即使该利益尚未达到权利的属性，也应当认定构成不正当竞争。

---

① 载人民法院案例库，案例编号：2023-09-2-488-003，最后访问日期：2025年7月5日。
② 载中国裁判文书网，案号：（2021）冀知民终294号，最后访问日期：2025年7月5日。

❸国家建立健全公平竞争审查制度，依法加强公平竞争审查工作，保障各类经营者依法平等使用生产要素、公平参与市场竞争。

第4条　政府职责

❶各级人民政府应当采取措施，预防和制止不正当竞争行为，为公平竞争创造良好的环境和条件。

❷国务院建立健全反不正当竞争工作协调机制，协调处理维护市场竞争秩序的重大问题。

第5条　主管部门

县级以上人民政府履行市场监督管理职责的部门对不正当竞争行为进行监督检查；法律、行政法规规定由其他部门监督检查的，依照其规定。

第6条　社会监督

❶国家鼓励、支持和保护一切组织和个人对不正当竞争行为进行社会监督。

❷国家机关及其工作人员不得支持、包庇不正当竞争行为。

❸行业组织应当加强行业自律，引导、规范本行业的经营者依法竞争，维护市场竞争秩序。

☞ 社会监督：是指国家机关以外的社会组织和公民依照《宪法》和有关法律，对各种法律活动的合法性所进行的不具有直接国家强制力的监督。

行业组织：是指由同行业企业或个人自愿组成的非营利性社会团体，以实现会员共同意愿、维护成员利益和促进行业发展为宗旨。

条文注释

第4条 【政府职责】

一、规范意义及条文修订情况

本条通过明确各级人民政府的职责以及建立健全国务院反不正当竞争工作协调机制,为预防和制止不正当竞争行为、维护市场公平竞争秩序提供了有力的法律保障。通过各级人民政府和各部门的共同努力,加强监管执法、宣传教育、政策引导等方面的措施,能够有效预防和制止不正当竞争行为,促进市场经济的健康、有序发展,保护经营者和消费者的合法权益,为我国经济高质量发展创造良好的市场竞争环境。

随着我国市场经济的快速发展,市场竞争日益激烈,不正当竞争行为也呈现出多样化、复杂化的趋势。为了适应新的市场环境,加强反不正当竞争工作,本条在原有法律基础上进行了修订和完善。相较于2019年《反不正当竞争法》,本条第1款增加了"预防"不正当竞争行为的规定,这是对反不正当竞争工作理念的重要更新。2019年《反不正当竞争法》主要侧重于事后制止不正当竞争行为,虽然在一定程度上能够对已发生的违法行为进行惩处,但往往难以完全挽回已经造成的市场秩序破坏和消费者权益损害。而通过增加预防这一环节,可以将监管的视角提前,及时发现和纠正可能存在的风险苗头,从源头上遏制不正当竞争行为的发生,从而更加有效地维护市场秩序和消费者权益,推动市场经济的健康、可持续发展。

二、各级人民政府的反不正当竞争职责

各级人民政府承担着预防和制止不正当竞争行为、创造良好公平竞争环境的重要职责。为了履行这一职责,各级人民政府应当采取一系列切实有效的措施。在监管执法方面，需要加强对市场的动态监测和分析，运用大数据、人工智能等先进技术手段，及时发现潜在的不正当竞争风险点，如价格异常波动、市场占有率的突变等，以便迅速开展调查和核实工作。同时，加大对重点行业、重点领域的监管力度，如互联网、医药、金融等领域，这些领域由于其自身的特殊性和复杂性，容易滋生不正当竞争行为，需要进行常态化、精细化的监管。

在宣传教育上，各级人民政府应当通过多种渠道和方式，积极开展反不正当竞争法律法规的普及工作，提高市场主体和消费者的法律意识。一方面，针对企业经营者，可以组织专题培训、发放宣传资料，使其明确自身的法律责任和义务，增强诚信经营、公平竞争的意识，自觉抵制不正当竞争行为；另一方面，面向广大消费者，利用媒体、网络平台等进行广泛宣传，提高消费者对不正当竞争行为的辨别能力和防范意识，鼓励消费者积极举报不正当竞争行为，形成全社会共同参与监督的良好氛围。

三、反不正当竞争工作协调机制的职责及运行

国务院建立健全反不正当竞争工作协调机制是加强反不正当竞争工作统筹协调的重要举措。该协调机制涵盖了多个重要的部门，主要包括国家市场监督管理总局、国家发展和改革委员会、商务部、工业和信息化部、最高人民法院、最高人民检察院等。各部门在反不正当竞争工作中发挥着不同的作用，又相互协作，共同推动反不正当竞争工作的开展。

反不正当竞争工作协调机制的职责主要包括政策制定与协调、执法协作与配合、重大问题协调解决以及信息沟通与交流等方面。在政策制定与协调方面，协调机制需要组织各部门共同研究制定反不

正当竞争工作的宏观政策和规划，确保各部门的政策目标和措施相互衔接、协同一致。当各部门之间出现政策分歧时，协调机制应当充分发挥其统筹作用，组织相关部门进行充分的协商和讨论，寻求各方能够接受的解决方案，避免因政策冲突导致市场信号混乱，影响市场稳定。

执法协作与配合是协调机制的重要职责之一。为了有效打击不正当竞争行为，各部门需要建立紧密的执法协作机制，实现信息共享、案件移送、联合执法等工作的常态化开展。例如，国家市场监督管理总局在日常监管中发现某企业的不正当竞争行为可能涉及刑事犯罪时，及时将案件移送公安机关，并与公安机关、检察机关等部门密切配合，确保案件的顺利查处。在联合执法行动中，各部门充分发挥各自的专业优势，形成强大的执法合力，提升执法效率和效果。

在重大问题协调解决方面，协调机制需要针对反不正当竞争工作中出现的重大问题、疑难案件和跨区域纠纷等，组织相关部门进行会商和研究，提出科学合理的解决方案和建议，并协调各部门共同推进问题的解决。例如，对于涉及多个地区、多个行业的大型不正当竞争案件，协调机制可以统一指挥调度，协调各地各部门的执法力量，共同应对复杂的市场竞争问题，维护全国统一开放、竞争有序的市场体系。

信息沟通与交流是保障协调机制有效运行的基础。各部门应当及时将反不正当竞争工作中的重要信息和数据上传至信息共享平台，实现信息的互联互通和共享共用。同时，通过定期召开工作会议、发布工作简报、开展专题调研等方式，加强信息的沟通和交流，及时通报工作进展情况、存在的问题和困难，使各部门能够及时了解彼此的工作动态,为协同开展反不正当竞争工作提供有力的信息支持。

反不正当竞争工作协调机制通过定期召开会议、加强信息共享与沟通、开展联合行动与专项整治以及加强政策指导与培训等方式,充分发挥其作用。定期会议制度为各部门提供沟通交流的平台,使各部门能够及时分享工作经验,研究解决工作中遇到的问题,共同推动反不正当竞争工作的开展。信息共享与沟通机制确保了各部门之间的信息畅通,使各部门能够及时掌握市场动态和案件线索,提高执法工作的及时性和准确性。

开展联合行动与专项整治是协调机制发挥实效的重要手段。针对一些重点行业、重点领域和重点地区的突出问题,协调机制可以组织各部门开展联合行动和专项整治,集中力量打击不正当竞争行为,形成强大的威慑力。在联合行动中,各部门分工明确、协作紧密,充分发挥各自的优势,共同查处不正当竞争案件,有效维护市场秩序。同时,通过加强政策指导与培训,协调机制能够提高地方政府和执法人员的业务能力和水平,确保反不正当竞争政策的有效实施,推动反不正当竞争工作深入开展。

第5条 【主管部门】

一、规范意义及条文修订情况

本条明确了对不正当竞争行为进行监督检查的部门及其职责,是反不正当竞争执法机制的核心条款。通过这一规定,构建起以市场监督管理部门为主力,其他相关部门协同参与的多层次、广覆盖的执法体系,从而实现对不正当竞争行为的精准监管和有效打击。

与2019年《反不正当竞争法》相比,本条将执法主体从"县级以上人民政府履行工商行政管理职责的部门"拓展至"县级以上人民政府履行市场监督管理职责的部门",这不仅反映了政府机构改革和职能整合的成果,更适应了日益复杂多变的市场竞争态势和监管需求。2019年《反不正当竞争法》中的表述已不能涵盖当下市场监督管理部门丰富而多元的职能,而现在的表述有助于凝聚各方力量,形成监管合力。

2019年《反不正当竞争法》第4条规定"对不正当竞争行为进行查处",而本条则强调"对不正当竞争行为进行监督检查"。这一措辞变化体现了监管理念的转变,从单纯的事后查处向事前、事中监管延伸。监督检查不仅包括对已发生违法行为的查处,还包括对市场主体经营行为的日常监测、风险预警、行政指导等事前、事中监管措施。这种全方位的监管模式有助于及时发现和纠正不正当竞争行为的苗头,防范市场风险,促进市场主体的规范经营,营造公平竞争的市场环境。

二、《反不正当竞争法》的执法体制和层级

从国内执法体制的纵向上看,我国反不正当竞争执法呈现出分级负责、属地管理为主的特点。县级以上人民政府的市场监督管理部门依据本条规定对本行政区域内的不正当竞争行为进行监督检查,这种属地管理为主的模式有助于充分发挥地方监管部门贴近市场、熟悉本地企业经营情况的优势。基层市场监管部门能够凭借日常与辖区内企业的密切接触,敏锐捕捉到不正当竞争行为的苗头,及时介入调查,避免事态扩大。

从横向上看,各级市场监督管理部门之间构建了上下联动、信息共享的协作网络。上级部门负责对下级部门的执法工作进行业务指导、监督和培训,确保执法标准的统一性。当下级部门遇到复杂、重大的案件,或者涉及跨区域监管难题时,可上报上级部门请求协调

支持。在查处具有全国影响力的互联网平台企业的不正当竞争案件时，往往需要国家市场监督管理总局统筹调度各地力量，统一行动。

三、法律、行政法规规定由其他部门监督检查的，依照其规定

本条的"但书"条款在实践中发挥着重要作用。首先，其确保了各专门领域监管的高效性。由于不同部门在各自的领域内积累了丰富的专业知识和经验，如金融监管部门对金融市场波动的敏感度、知识产权部门对专利商标审核的严谨性，这些专业优势使其能够迅速、准确地识别和处理不正当竞争行为。

其次，其有利于形成多元共治的监管格局。市场监督管理部门与其他监管部门之间并非孤立作战，而是通过建立信息共享平台、联合办案机制等方式紧密协作。例如，在查办涉及知识产权的不正当竞争案件时，市场监督管理部门可与知识产权局联合行动，市场监督管理部门凭借其广泛的市场监测网络发现线索，知识产权局则利用其专业的知识产权鉴定能力确定侵权事实，双方优势互补，共同打击侵权行为，实现监管资源的优化配置。同时，随着经济的发展和市场的演变，新的业态和商业模式不断涌现，可能会涉及新的不正当竞争形式和监管需求。通过允许其他部门依据法律、行政法规对特定领域的不正当竞争行为进行监督检查，能够及时填补监管空白，确保法律的适应性和有效性。

第6条 【社会监督】

一、规范意义及条文修订情况

本条明确了社会监督、国家机关及其工作人员的行为规范以及行业组织在反不正当竞争中的职责，对于构建多元主体共同参与的反

不正当竞争治理格局具有重要意义。与 2019 年《反不正当竞争法》相比，本条将行业组织引导、规范的对象从"会员"扩展到"本行业的经营者"，扩大了行业组织的监管范围，强化了其在维护市场竞争秩序方面的作用，进一步完善了社会共治的反不正当竞争监管体系。

二、国家鼓励、支持和保护一切组织和个人对不正当竞争行为进行社会监督

国家鼓励、支持和保护一切组织和个人对不正当竞争行为进行社会监督，意味着社会监督在反不正当竞争工作中占据重要地位。不正当竞争行为严重扰乱市场秩序，破坏公平竞争环境，通过鼓励社会监督，能够有效遏制不正当竞争行为的发生和蔓延。社会监督作为政府监管的重要补充，可以及时发现和揭露市场中的不正当竞争行为，使执法机关能够迅速介入，维护市场的公平竞争环境，保障市场的健康运行。消费者是市场竞争的最终受益者，也是不正当竞争行为的直接受害者。社会监督能够增强消费者对不正当竞争行为的认知和辨别能力，使消费者在购买商品或服务时更加谨慎，避免受到误导和损害。同时，消费者的投诉和举报也是社会监督的重要形式，能够促使企业改进产品质量和服务水平，提高市场诚信度。企业作为市场竞争的主体，其合法权益应当受到保护。社会监督可以帮助企业及时发现自身存在的问题和潜在的法律风险，避免因不正当竞争行为而遭受损失。同时，企业也可以通过社会监督了解竞争对手的行为，维护自身的合法权益。此外，社会监督还可以促使企业加强自律，提高自身的竞争力和信誉度。

社会监督的主体广泛，包括消费者、企业、行业协会、媒体等各类组织和个人。消费者作为市场的直接参与者，对不正当竞争行为

有着敏锐的感知力，其投诉举报是发现违法线索的重要途径。例如，消费者在购买到假冒伪劣产品或遭遇虚假宣传时，可向有关部门反映，维护自身权益的同时也为打击不正当竞争贡献力量。企业作为市场竞争的主体，对同行的不正当竞争行为有着切身的利益关切，能够及时发现并监督竞争对手的经营行为。行业协会则凭借其专业性和行业影响力，可通过制定自律规范、开展行业检查等方式，对会员企业及行业内其他经营者进行监督，及时发现并纠正不正当竞争行为。媒体作为信息传播的重要平台，通过舆论监督，对不正当竞争行为进行曝光，能够有效威慑违法者，引起社会关注和监管部门的重视，推动问题的解决，如央视"3·15"晚会对各类消费侵权和不正当竞争行为的曝光，引发了社会的广泛关注和监管部门的迅速行动。

三、国家机关及其工作人员不得支持、包庇不正当竞争行为

国家机关及其工作人员不得支持、包庇不正当竞争行为，这是确保反不正当竞争执法公正性和权威性的关键要求。国家机关包括各级人民政府及其职能部门，如市场监督管理部门、商务部门等，这些机关在经济管理和服务中承担着重要职责，其工作人员在履行公务时必须保持公正廉洁。

支持不正当竞争行为的情形多种多样。例如，某些地方政府为了保护本地企业，可能会出台地方保护主义政策，限制外地企业公平竞争，对本地企业的违法行为视而不见或从轻处罚；个别监管部门工作人员可能因与企业存在利益输送关系，在执法过程中通风报信，帮助企业逃避监管，或者在处理违法案件时，不按规定程序和标准进行处罚，减轻企业的违法责任，这些都是对不正当竞争行为的支持表现。

包庇不正当竞争行为则体现在，国家机关及其工作人员对已知的不正当竞争行为故意纵容、隐瞒或掩盖，使其免予追究法律责任。例如，在接到消费者对某企业不正当竞争行为的大量投诉后，相关监管部门无正当理由拖延立案调查，或者在调查过程中，故意篡改证据、隐瞒事实真相，得出与事实不符的调查结论，使违法企业逃避法律制裁，这些行为严重损害了法律的尊严和市场的公平竞争环境。

四、行业组织应当加强行业自律，引导、规范本行业的经营者依法竞争，维护市场竞争秩序

行业组织在反不正当竞争中承担着加强行业自律，引导、规范本行业的经营者依法竞争的重要职责。行业组织是由同一行业内企业自愿组成的非营利性社会组织，具有介于政府与企业之间的特殊性质，既了解行业内部的运营特点和发展需求，又能汇集企业的力量，发挥集体优势。

行业组织可通过多种方式加强行业自律。例如，制定和发布本行业的自律规范和标准，明确经营行为准则，引导企业自觉遵守；开展行业培训和宣传教育活动，提高经营者对反不正当竞争法律法规的认识和理解，增强其合法经营意识；建立行业内部的监督和奖惩机制，对遵守自律规范的企业给予表彰和奖励，对违反规范的企业进行批评等处罚，促使企业自我约束、自我规范。同时，行业组织还可积极参与政府部门的政策制定和执法活动，提供行业意见建议，协助政府加强对本行业的监管，共同维护市场竞争秩序。

相关规定

1.《反不正当竞争法》

第 37 条 监督检查部门的工作人员滥用职权、玩忽职守、徇私舞弊或者泄露调查过程中知悉的商业秘密、个人隐私或者个人信息的,依法给予处分。

2.《旅游法》

第 32 条 旅行社为招徕、组织旅游者发布信息,必须真实、准确,不得进行虚假宣传,误导旅游者。

第 97 条 旅行社违反本法规定,有下列行为之一的,由旅游主管部门或者有关部门责令改正,没收违法所得,并处五千元以上五万元以下罚款;违法所得五万元以上的,并处违法所得一倍以上五倍以下罚款;情节严重的,责令停业整顿或者吊销旅行社业务经营许可证;对直接负责的主管人员和其他直接责任人员,处二千元以上二万元以下罚款:

(一)进行虚假宣传,误导旅游者的;

(二)向不合格的供应商订购产品和服务的;

(三)未按照规定投保旅行社责任保险的。

3.《商业银行法》

第 9 条 商业银行开展业务,应当遵守公平竞争的原则,不得从事不正当竞争。

第 47 条 商业银行不得违反规定提高或者降低利率以及采用其他不正当手段,吸收存款,发放贷款。

第 74 条 商业银行有下列情形之一,由国务院银行业监督管理机构责令改正,有违法所得的,没收违法所得,违法所得五十万元以上的，并处违法所得一倍以上五倍以下罚款；没有违法所得或者违法所得不足五十万元的，处五十万元以上二百万元以下罚款；情节特别严重或者逾期不改正的，可以责令停业整顿或者吊销其经营许可证；构成犯罪的，依法追究刑事责任：

（一）未经批准设立分支机构的；

（二）未经批准分立、合并或者违反规定对变更事项不报批的；

（三）违反规定提高或者降低利率以及采用其他不正当手段，吸收存款，发放贷款的；

（四）出租、出借经营许可证的；

（五）未经批准买卖、代理买卖外汇的；

（六）未经批准买卖政府债券或者发行、买卖金融债券的；

（七）违反国家规定从事信托投资和证券经营业务、向非自用不动产投资或者向非银行金融机构和企业投资的；

（八）向关系人发放信用贷款或者发放担保贷款的条件优于其他借款人同类贷款的条件的。

4.《保险法》

第116条 保险公司及其工作人员在保险业务活动中不得有下列行为：

（一）欺骗投保人、被保险人或者受益人；

（二）对投保人隐瞒与保险合同有关的重要情况；

（三）阻碍投保人履行本法规定的如实告知义务，或者诱导其不履行本法规定的如实告知义务；

（四）给予或者承诺给予投保人、被保险人、受益人保险合同约定以外的保险费回扣或者其他利益；

（五）拒不依法履行保险合同约定的赔偿或者给付保险金义务；

（六）故意编造未曾发生的保险事故、虚构保险合同或者故意夸大已经发生的保险事故的损失程度进行虚假理赔，骗取保险金或者牟取其他不正当利益；

（七）挪用、截留、侵占保险费；

（八）委托未取得合法资格的机构从事保险销售活动；

（九）利用开展保险业务为其他机构或者个人牟取不正当利益；

（十）利用保险代理人、保险经纪人或者保险评估机构，从事以虚构保险中介业务或者编造退保等方式套取费用等违法活动；

（十一）以捏造、散布虚假事实等方式损害竞争对手的商业信誉，或者以其他不正当竞争行为扰乱保险市场秩序；

（十二）泄露在业务活动中知悉的投保人、被保险人的商业秘密；

（十三）违反法律、行政法规和国务院保险监督管理机构规定的其他行为。

第 161 条 保险公司有本法第一百一十六条规定行为之一的，由保险监督管理机构责令改正，处五万元以上三十万元以下的罚款；情节严重的，限制其业务范围、责令停止接受新业务或者吊销业务许可证。

5.《电影产业促进法》

第 34 条 电影发行企业、电影院等应当如实统计电影销售收入，提供真实准确的统计数据，不得采取制造虚假交易、虚报瞒报销售收入等不正当手段，欺骗、误导观众，扰乱电影市场秩序。

第 51 条 电影发行企业、电影院等有制造虚假交易、虚报瞒报销售收入等行为，扰乱电影市场秩序的，由县级以上人民政府电影主管部门责令改正，没收违法所得，处五万元以上五十万元以下的罚款；违法所得五十万元以上的，处违法所得一倍以上五倍以下的罚款。情节严重的，责令停业整顿；情节特别严重的，由原发证机关吊销许可证。

电影院在向观众明示的电影开始放映时间之后至电影放映结束前放映广告的，由县级人民政府电影主管部门给予警告，责令改正；情节严重的，处一万元以上五万元以下的罚款。

6.《邮政法》

第38条　任何单位和个人不得有下列行为：

（一）扰乱邮政营业场所正常秩序；

（二）阻碍邮政企业从业人员投递邮件；

（三）非法拦截、强登、扒乘带有邮政专用标志的车辆；

（四）冒用邮政企业名义或者邮政专用标志；

（五）伪造邮政专用品或者倒卖伪造的邮政专用品。

第79条　冒用邮政企业名义或者邮政专用标志，或者伪造邮政专用品或者倒卖伪造的邮政专用品的，由邮政管理部门责令改正，没收伪造的邮政专用品以及违法所得，并处一万元以上五万元以下的罚款。

7.《证券法》

第56条　禁止任何单位和个人编造、传播虚假信息或者误导性信息，扰乱证券市场。

禁止证券交易场所、证券公司、证券登记结算机构、证券服务机构及其从业人员，证券业协会、证券监督管理机构及其工作人员，在证券交易活动中作出虚假陈述或者信息误导。

各种传播媒介传播证券市场信息必须真实、客观，禁止误导。传播媒介及其从事证券市场信息报道的工作人员不得从事与其工作职责发生利益冲突的证券买卖。

编造、传播虚假信息或者误导性信息，扰乱证券市场，给投资者造成损失的，应当依法承担赔偿责任。

第 169 条 国务院证券监督管理机构在对证券市场实施监督管理中履行下列职责：

（一）依法制定有关证券市场监督管理的规章、规则，并依法进行审批、核准、注册，办理备案；

（二）依法对证券的发行、上市、交易、登记、存管、结算等行为，进行监督管理；

（三）依法对证券发行人、证券公司、证券服务机构、证券交易场所、证券登记结算机构的证券业务活动，进行监督管理；

（四）依法制定从事证券业务人员的行为准则，并监督实施；

（五）依法监督检查证券发行、上市、交易的信息披露；

（六）依法对证券业协会的自律管理活动进行指导和监督；

（七）依法监测并防范、处置证券市场风险；

（八）依法开展投资者教育；

（九）依法对证券违法行为进行查处；

（十）法律、行政法规规定的其他职责。

第 193 条 违反本法第五十六条第一款、第三款的规定，编造、传播虚假信息或者误导性信息，扰乱证券市场的，没收违法所得，并处以违法所得一倍以上十倍以下的罚款；没有违法所得或者违法所得不足二十万元的，处以二十万元以上二百万元以下的罚款。

违反本法第五十六条第二款的规定，在证券交易活动中作出虚假陈述或者信息误导的，责令改正，处以二十万元以上二百万元以下的罚款；属于国家工作人员的，还应当依法给予处分。

传播媒介及其从事证券市场信息报道的工作人员违反本法第五十六条第三款的规定，从事与其工作职责发生利益冲突的证券买卖的，没收违法所得，并处以买卖证券等值以下的罚款。

8.《资产评估法》

第 14 条 评估专业人员不得有下列行为：

（一）私自接受委托从事业务、收取费用；

（二）同时在两个以上评估机构从事业务；

（三）采用欺骗、利诱、胁迫，或者贬损、诋毁其他评估专业人员等不正当手段招揽业务；

（四）允许他人以本人名义从事业务，或者冒用他人名义从事业务；

（五）签署本人未承办业务的评估报告；

（六）索要、收受或者变相索要、收受合同约定以外的酬金、财物，或者谋取其他不正当利益；

（七）签署虚假评估报告或者有重大遗漏的评估报告；

（八）违反法律、行政法规的其他行为。

第 47 条 评估机构违反本法规定，有下列情形之一的，由有关评估行政管理部门予以警告，可以责令停业一个月以上六个月以下；有违法所得的，没收违法所得，并处违法所得一倍以上五倍以下罚款；情节严重的，由工商行政管理部门吊销营业执照；构成犯罪的，依法追究刑事责任：

（一）利用开展业务之便，谋取不正当利益的；

（二）允许其他机构以本机构名义开展业务，或者冒用其他机构名义开展业务的；

（三）以恶性压价、支付回扣、虚假宣传，或者贬损、诋毁其他

评估机构等不正当手段招揽业务的;

(四) 受理与自身有利害关系的业务的;

(五) 分别接受利益冲突双方的委托,对同一评估对象进行评估的;

(六) 出具有重大遗漏的评估报告的;

(七) 未按本法规定的期限保存评估档案的;

(八) 聘用或者指定不符合本法规定的人员从事评估业务的;

(九) 对本机构的评估专业人员疏于管理,造成不良后果的。

评估机构未按本法规定备案或者不符合本法第十五条规定的条件的,由有关评估行政管理部门责令改正;拒不改正的,责令停业,可以并处一万元以上五万元以下罚款。

9.《电信条例》

第40条 电信业务经营者在电信服务中,不得有下列行为:

(一) 以任何方式限定电信用户使用其指定的业务;

(二) 限定电信用户购买其指定的电信终端设备或者拒绝电信用户使用自备的已经取得入网许可的电信终端设备;

(三) 无正当理由拒绝、拖延或者中止对电信用户的电信服务;

(四) 对电信用户不履行公开作出的承诺或者作容易引起误解的虚假宣传;

(五) 以不正当手段刁难电信用户或者对投诉的电信用户打击报复。

第74条 违反本条例第四十条的规定,由省、自治区、直辖市电信管理机构责令改正,并向电信用户赔礼道歉,赔偿电信用户损失;拒不改正并赔礼道歉、赔偿损失的,处以警告,并处1万元以上10万元以下的罚款;情节严重的,责令停业整顿。

10.《网络反不正当竞争暂行规定》

第 4 条　市场监督管理部门应当会同反不正当竞争工作协调机制各成员单位,贯彻落实网络反不正当竞争重大政策措施,研究网络反不正当竞争工作重大问题,联合查处重大案件,协同推进综合治理。

反不正当竞争工作协调机制各成员单位应当按照职责分工,依法加强金融、传媒、电信等行业管理,采取有效措施,预防和制止网络不正当竞争行为。

第 5 条　国家鼓励、支持和保护一切组织和个人对网络不正当竞争行为进行社会监督。对涉嫌网络不正当竞争行为,任何单位和个人有权依法向市场监督管理部门举报,市场监督管理部门接到举报后应当及时处理。

行业组织应当加强行业自律,引导、规范会员依法合规竞争。

案例指引

1. 上海某化妆品有限公司诉上海市工商行政管理局金山分局工商行政处罚决定案[①]

本案例进一步明确了县级以上人民政府履行市场监督管理职责的部门对不正当竞争行为进行监督检查的职权与执法目的。本案中，上海市工商行政管理局金山分局依据《反不正当竞争法》第3条第2款（现为第5条）的规定，对上海某化妆品有限公司的不正当竞争行为进行查处，体现了市场监督管理部门在维护市场公平竞争秩序方面的积极作为。法院判决支持行政机关的处罚决定，进一步确认了市场监督管理部门对不正当竞争行为的监管职权，为类似案件的处理提供了明确的司法审查标准。同时，本案也彰显了执法目的的正当性。本案被告工商金山分局作出行政处罚决定，旨在鼓励和保护公平竞争，制止不正当竞争行为，保护经营者和消费者的合法权益，维护正常的市场竞争秩序。这一执法目的与《反不正当竞争法》的立法宗旨高度契合，体现了行政执法不仅是为了惩罚违法行为，更是为了通过维护公平竞争的市场环境，促进经济的健康发展。

2. 某汽车服务有限公司诉上海市工商行政管理局奉贤分局行政处罚案[②]

本案例明确了县级以上人民政府履行市场监督管理职责的部门在查处不正当竞争行为时的职权与法律适用。本案中，上海市工商行政管理局奉贤分局依据《反不正当竞争法》第3条第2款（现为第5条）及《上海市反不正当竞争条例》的相关规定，对汽车服务

[①] 参见《最高人民法院公报》2009年第11期。
[②] 载人民法院案例库，案例编号：2023-12-3-001-016，最后访问日期：2025年7月7日。

有限公司在销售汽车时附加不合理条件的行为进行查处，体现了市场监督管理部门在维护市场公平竞争秩序方面的积极作为。法院判决支持行政机关的处罚决定，进一步确认了市场监督管理部门对不正当竞争行为的监管职权，为类似案件的处理提供了明确的司法审查标准。同时，本案也强调了经营者在市场交易中应遵循自愿、平等、公平、诚信的原则，不得利用优势地位向消费者附加不合理条件。对于汽车销售等具有相对优势地位的行业，本案具有重要的警示作用，促使经营者规范自身经营行为，切实维护消费者的合法权益。此外，本案的裁判还体现了法律适用的层次性和灵活性。法院在审理过程中，充分考虑了法律与地方性法规之间的衔接与补充，以及法律、行政法规对不同部门监督检查职责的划分，这为在复杂市场环境下，准确适用法律、协调不同部门的监管职责提供了有益的实践参考。

3. 某某株式会社与滁州某某电子有限公司不正当竞争案[①]

本案例通过司法裁判有力地维护了公平竞争的市场环境，体现了《反不正当竞争法》第6条第1款关于鼓励社会监督、制止不正当竞争行为的重要价值。

一是强化社会监督的重要性。本案中，某某株式会社作为国际知名企业，积极维护自身合法权益，对滁州某某电子有限公司的不正当竞争行为提起诉讼，展示了社会主体在打击不正当竞争中的积极作用。这表明企业作为市场的重要参与者，应充分利用法律赋予的权利，对不正当竞争行为保持警惕并主动维权。这种积极维权的行为不仅维护了自身合法权益，也对净化市场环境、保护消费者权

---

① 载中国裁判文书网，案号：（2019）皖01民初59号，最后访问日期：2025年7月7日。

具有重要意义。

社会公众、企业以及其他组织都应以此为鉴,增强社会监督意识,共同参与到打击不正当竞争行为中来,形成全社会共同维护公平竞争市场秩序的良好氛围。

二是明确不正当竞争行为的认定标准。法院在审理本案时,依据《反不正当竞争法》第5条(现为第6条)等相关规定,对滁州某某电子有限公司的行为进行了细致分析和准确认定。明确了擅自使用他人有一定影响的企业名称或字号,引人误认为是他人商品或者与他人存在特定联系的行为构成不正当竞争。这一认定为类似案件的处理提供了明确的裁判指引,有助于统一司法尺度,提高司法公信力。同时,也为市场经营者划定了清晰的行为边界,警示企业在经营活动中应遵循诚实信用原则和商业道德,不得通过擅自使用他人知名标识等不正当手段谋取利益,否则将依法承担相应的法律责任。

三是保护知识产权与企业合法权益。该案例凸显了法律对知识产权和企业合法权益的严格保护。某某株式会社的"某某"字号及商标在相关领域具有较高的知名度和影响力,滁州某某电子有限公司擅自使用"某某"字号的行为,侵犯了某某株式会社的企业名称权,容易导致消费者混淆,损害了某某株式会社的商业利益和市场份额。法院判决滁州某某电子有限公司停止侵权并赔偿损失,有效维护了某某株式会社的合法权益,彰显了法律对知识产权的保护力度,以及对维护公平竞争市场秩序的坚决态度,为企业的创新发展和品牌建设提供了有力的法治保障。

四是促进市场秩序的规范与健康发展。通过本案的裁判,向市场传递了明确的信号,即任何不正当竞争行为都将受到法律的制裁。

这有助于引导企业树立正确的竞争观念，自觉规范自身的经营行为，遵守市场竞争规则，以诚实守信、公平竞争的方式参与市场活动。同时，也有助于增强市场的透明度和可预期性，营造稳定、公平、透明、可预期的营商环境，促进市场经济的健康有序发展，推动形成统一开放、竞争有序的现代市场体系。

第二章　不正当竞争行为

第7条　禁止混淆

❶经营者不得实施下列混淆行为，引人误认为是他人商品或者与他人存在特定联系：

（一）擅自使用与他人有一定影响的商品名称、包装、装潢等相同或者近似的标识；

（二）擅自使用他人有一定影响的名称（包括简称、字号等）、姓名（包括笔名、艺名、网名、译名等）；

（三）擅自使用他人有一定影响的域名主体部分、网站名称、网页、新媒体账号名称、应用程序名称或者图标等；

（四）其他足以引人误认为是他人商品或者与他人存在特定联系的混淆行为。

❷擅自将他人注册商标、未注册的驰名商标作为企业名称中的字号使用，或者将他人商品名称、企业名称（包括简称、字号等）、注册商标、未注册的驰名商标等设置为搜索关键词，引人误认为是他人商品或者与他人存在特定联系的，属于前款规定的混淆行为。

❸经营者不得帮助他人实施混淆行为。

☞ 驰名商标：是指在中国为相关公众所熟知的商标。相关公众包括与使用商标所标示的某类商品或者服务有关的消费者，生产前述商品或者提供服务的其他经营者以及经销渠道中所涉及的销售者和相关人员等。

条文注释

一、规范意义及条文修订情况

本条是关于禁止混淆行为的规定。相较于2019年《反不正当竞争法》，第1款中针对经营者的混淆行为，第2项将原企业名称、社会组织名称统一合并为"名称"，条文表述更加简洁；在"姓名"中增加了"网名"；第3项中增加了"新媒体账号名称、应用程序名称或者图标"，进一步扩展了对网络标识的保护。本条同时新增了第2款对企业名称、搜索关键词构成混淆的规定以及第3款帮助他人实施混淆行为的规制。

在市场经营活动中，经营者通过自身合法经营，付出大量成本及努力开拓市场，提升自身的知名度和美誉度，使得自身的商品、服务、企业自身等获得消费者认可，在相关市场中获得影响力。而部分经营者通过"傍名牌"的方式实施混淆行为，借用他人的影响力增加自身商品或服务的交易机会、提升自身竞争优势，这种不劳而获的行为显然是典型的不正当竞争。部分企业通过注册商标将自身的商品名称等转化为商标权予以保护，但仍有大量未注册为商标的商品名称、企业名称、网络标识等商业标识被擅自使用，以及市场中存在的其他混淆行为，此时就需要本条予以规制。

二、混淆行为的构成要件及具体行为表现

本条第1款明确了对经营者实施混淆行为的禁止，同时对所禁止的类型化混淆行为表现进行了列明；第2款对当前市场中存在的新类型典型混淆行为进行补充；第3款为对帮助实施混淆行为的规制。

第一，本条中所规制的混淆行为包括主体、对象、方式、结果四

个构成要件。在主体要件上，本条第1款、第3款中对于直接实施混淆行为和帮助行为的实施主体均限定为"经营者"。而对于经营者范围的界定，根据《反不正当竞争法》第2条第3款的规定，是指从事商品生产、经营或者提供服务的自然人、法人和非法人组织。因此，本条规制的行为主体仍应为处在市场竞争之中的相关经营者。

在对象要件上，根据本条第1款中相关具体混淆行为的列举可以看出，被混淆的对象为有一定影响的标识。"有一定影响的标识"是指具有一定的市场知名度并具有区别商品来源的显著特征的标识。因此，一方面，该标识应具有区别商品来源的作用。根据本条中所规定的具体混淆行为表现，该标识应包括商品标识、主体标识等在商业活动中一切具有可识别性或区分性的市场标识，结合相关司法解释的规定，该标识特征与商标较为类似，即如果其不具有显著特征，或者按照法律规定不得作为商标使用的标志，都不属于本条所保护的权益范围。另一方面，该标识应具有一定影响，即具有一定的市场知名度。根据相关司法解释，该种知名度应当综合考虑中国境内相关公众的知悉程度，商品销售的时间、区域、数额和对象，宣传的持续时间、程度和地域范围，标识受保护的情况等因素。

在方式要件上，本条中对于混淆行为的具体表现均包括"擅自使用"的方式，即对有一定影响的标识的使用并未获得相应授权，如通过正当途径获得权利人的授权许可，且在授权期限、地域、方式等范围内进行使用，则属于合法的使用行为，而非不正当竞争行为。另外，如前所述，本条所保护的商业标识与商标较为类似，结合司法解释的相关规定，该种使用行为应当是发挥区分来源的作用的标识类使用，如并未发挥识别作用或仅是客观描述、说明商品而正当使用，即使未获授权，也不属于本条规制的混淆行为。

在结果要件上，适用《反不正当竞争法》第 7 条的要件之一系产生混淆结果，此种"混淆"应从广义来理解，不仅包括最常见和最基本的商品或服务商业来源的混淆，即认为由同一生产者生产；也应当包括关联关系的混淆，即认为两个经营者之间系关联公司；亦包括认可关系的混淆，即认为两个经营者之间就相关商品或服务存在许可或合作关系。因此对于是否构成混淆的判断还需要综合全案被诉行为整体、广义来进行判断和认定。

第二，混淆行为的具体表现。在传统经济下，混淆行为主要表现为擅自使用他人的商品标识（本条第 1 款第 1 项的商品名称、包装、装潢等）、主体标识（本条第 1 款第 2 项的名称、姓名）。随着互联网经济的发展，在互联网中具有识别作用的网络标识的价值也不断凸显，同时伴随着新技术、新业态的不断涌现，网络识别标识的形式也愈发多样，本条第 1 款第 2 项、第 3 项中所保护的标识在 2019 年《反不正当竞争法》第 6 条第 2 项、第 3 项的基础之上，新增了网名、新媒体账号名称、应用程序名称或者图标等新类型网络识别标识，进一步拓展和明确了保护范围。

为规范新经济业态和商业模式迅速更新下的新型混淆行为，本条第 1 款第 4 项作出了兜底规定，该项的适用主要包括相关商业标识无法纳入前三项的控制范围、整体性混淆行为及商业标识权利冲突造成的市场混淆行为。[①] 在适用上仍应回归到混淆条款的本质和目的，即制止市场中的混淆行为，避免相关公众产生误认。

本条第 2 款中新增了两种混淆行为。一是擅自将他人注册商标、未注册的驰名商标作为企业名称中的字号使用。该条系与《商标法》

[①] 参见孔祥俊：《反不正当竞争法新原理分论》，法律出版社 2019 年版，第 118 页。

第 58 条中的指引性条款相对应，将该内容列入《反不正当竞争法》可以使上述指引性条款有更加明确的指向和适用。二是将他人商品名称、企业名称（包括简称、字号等）、注册商标、未注册的驰名商标等设置为搜索关键词。搜索关键词是在搜索引擎中购买的词汇，当在搜索引擎中搜索该词汇，可以使购买方的推广链接在搜索结果中优先得到展示。对于搜索关键词侵权原多数出现在侵害商标权纠纷中，即将他人商标设置为搜索关键词并展示的行为，但随着商业模式的发展，尤其是互联网宣传形式的多样化，在搜索引擎中将非商标的商业标识设置为搜索关键词的情况也愈发多见，本款即是对该类行为进行了明确规制。同时需注意的是，对于第 2 款中的两种混淆行为的规制仍应以引人误认为是他人商品或者与他人存在特定联系，即造成混淆后果为前提。

本条第 3 款系对帮助实施混淆行为的规定。根据《民法典》第 1169 条第 1 款的规定，教唆、帮助他人实施侵权行为的，应当与行为人承担连带责任。不正当竞争行为作为广义的侵权行为，帮助实施不正当竞争行为亦应承担相应责任。此外，对于销售带有违反《反不正当竞争法》第 7 条规定的标识的商品的行为，如造成混淆后果，亦属于受本条所规制的混淆行为，但如合法抗辩能够成立，即销售不知道是侵权商品，能证明该商品是自己合法取得并说明提供者的，可以免除赔偿责任的承担。

> **相关规定**
>
> 《商标法》
>
> 第58条 将他人注册商标、未注册的驰名商标作为企业名称中的字号使用,误导公众,构成不正当竞争行为的,依照《中华人民共和国反不正当竞争法》处理。

> **案例指引**

1. 意大利费列罗公司诉蒙特莎（张家港）食品有限公司、天津经济技术开发区正元行销有限公司不正当竞争纠纷案[①]

（1）《反不正当竞争法》所称的知名商品，是指在中国境内具有一定的市场知名度，为相关公众所知悉的商品。在国际上已知名的商品，我国对其特有的名称、包装、装潢的保护，仍应以其在中国境内为相关公众所知悉为必要。故认定该知名商品，应当结合该商品在中国境内的销售时间、销售区域、销售额和销售对象，进行宣传的持续时间、程度和地域范围，作为知名商品受保护的情况等因素，并适当考虑该商品在国外已知名的情况，进行综合判断。

（2）《反不正当竞争法》所保护的知名商品特有的包装、装潢，是指能够区别商品来源的盛装或者保护商品的容器等包装，以及在商品或者其包装上附加的文字、图案、色彩及其排列组合所构成的装潢。

（3）对他人能够区别商品来源的知名商品特有的包装、装潢，进行足以引起市场混淆、误认的全面模仿，属于不正当竞争行为。

2. 北京某网络技术有限公司诉北京某科技有限公司、北京某电子商务有限公司不正当竞争纠纷案[②]

本案是全国首例仿冒语音指令的不正当竞争案例。本案准确把握法律原则，明确了"其他混淆行为"的保护范围和适用条件，尽管语音指令作为人工智能发展到一定阶段的产物，较之商品名称、企

---

① 参见最高人民法院指导案例 47 号。
② 参见《海淀法院发布新类型网络不正当竞争纠纷典型案例》，载海淀法院民五庭微信公众号"丹棱论坛"，最后访问日期：2025 年 7 月 5 日。

业名称、网络域名、网站名称等出现得较晚，在类型方面亦存在一定差别，但只要其能够与该商品或服务及其提供者建立起特定的联系，且具有一定的影响，即应被纳入混淆条款所规定的权益保护范围之内。擅自将他人符合上述条件的语音指令进行使用的行为，属于其他足以引人误认为是他人商品或者与他人存在特定联系的混淆行为。

本案对人工智能产品市场中恶意混淆和误导公众的行为进行了有效规制，引导市场经营者以自主研发、创新升级等正当途径进行良性竞争，维护人工智能产品市场在创新发展过程中的公平竞争秩序，同时也对广大消费者的合法权益给予了充分考虑。本案体现了司法审判对加强科技创新成果保护这一新兴产业需求的及时回应，释放出推进智能化、数字化市场健康有序发展的积极信号，也是对助力优化营商环境、提升新兴产业科技水平等相关政策的坚决落实。

3. 仁某置地（成都）有限公司、上海仁某房地产有限公司、南京仁某企业管理有限公司、新加坡仁某控股有限公司与兰州仁某房地产有限公司侵害商标权及不正当竞争纠纷案[①]

本案涉及商品房开发建设领域中的企业字号权益及商标权的保护问题，目前此类纠纷大量存在。本案对商品房领域中商标侵权的商标使用、混淆可能性以及正当使用等方面的常见问题进行了澄清，明确了适用《反不正当竞争法》第6条第2项（现为第7条第1款第2项）保护企业字号竞争性利益的审查基准与证明标准。本案裁判将侵权人明知他人在先使用字号的情节纳入"有一定影响字号"的

[①] 参见《最高人民法院发布2024年人民法院知识产权典型案例》，载最高人民法院网，https://www.court.gov.cn/zixun/xiangqing/462881.html，最后访问日期：2025年7月5日。

认定，对于房地产企业明知同业竞争者字号及商标在先使用仍注册相同字号开展同类业务，导致市场混淆的，认定构成商标侵权及不正当竞争，传递了保护诚信经营，维护公平竞争秩序的裁判理念。

4. 某海外有限公司诉广州某文化传播有限公司等不正当竞争纠纷案[①]

保护视听作品名称是跨著作权与反不正当竞争领域的交叉问题。在通过仿冒混淆规定对粤港澳大湾区内仅在香港上映而未在内地上映的电影这种特殊视听作品名称予以保护的情况下，应结合作品线下传播及信息网络传播的特点，认定作品名称的显著性和知名度。本案判决指出，除考虑电影在香港影院上映期间票房收入、电影上映前及上映期间证明宣传力度的相关数据之外；还应当考虑电影授权视频网站播放过程中的播放量、相关媒体对于电影持续报道程度、相关公众在与电影相关的豆瓣、知乎、微博等平台上对于电影评价的参与程度；及电影名称搭配电影相关情节、台词、配乐等多年来以多种方式获得持续关注，充分证明涉案电影名称达到"有一定影响"的知名度。

[①] 载人民法院案例库，案例编号：2023-09-2-488-012，最后访问日期：2025年7月5日。

第 8 条　禁止商业贿赂

❶经营者不得采用给予财物或者其他手段贿赂下列单位或者个人，以谋取交易机会或者竞争优势：

（一）交易相对方的工作人员；

（二）受交易相对方委托办理相关事务的单位或者个人；

（三）利用职权或者影响力影响交易的单位或者个人。

❷前款规定的单位和个人不得收受贿赂。

❸经营者在交易活动中，可以以明示方式向交易相对方支付折扣，或者向中间人支付佣金。经营者向交易相对方支付折扣、向中间人支付佣金的，应当如实入账。接受折扣、佣金的经营者也应当如实入账。

❹经营者的工作人员进行贿赂的，应当认定为经营者的行为；但是，经营者有证据证明该工作人员的行为与为经营者谋取交易机会或者竞争优势无关的除外。

第 9 条　禁止虚假宣传

❶经营者不得对其商品的性能、功能、质量、销售状况、用户评价、曾获荣誉等作虚假或者引人误解的商业宣传，欺骗、误导消费者和其他经营者。

条文注释

第8条 【禁止商业贿赂】

一、规范意义及条文修订情况

本条是关于禁止商业贿赂的规定，进一步明确了商业贿赂行为的法律边界，为经营者的行为提供了清晰的指引，同时也为执法和司法实践提供了更明确的依据。

相较于2019年《反不正当竞争法》，本条第1款在商业贿赂的手段的"财物"前增加了"给予"，对行为手段进一步明确，使法律条文更具可操作性，避免因表述模糊而导致的法律适用困难。同时在第2款新增了对相关单位和个人收受贿赂行为的禁止，从行为实施方和收受相对方两方均进行了规制，进一步完善了对商业贿赂行为的禁止，使法律的约束力更加全面，有助于从源头上遏制商业贿赂行为的发生。此外，第3款明确了经营者在交易活动中支付折扣或佣金的合法性条件，要求如实入账，这既规范了经营者的财务行为，又为合法的商业交易提供了明确的指引。第4款则明确了经营者的工作人员进行贿赂行为的责任归属，进一步强化了经营者对其工作人员行为的管理责任，同时也为经营者提供了免责事由，平衡了经营者与工作人员之间的责任关系。

二、商业贿赂行为的构成要件及具体行为表现

商业贿赂行为的构成应当满足行为手段、行为对象、行为目的三个要件。行为手段应为采取了给予财物或其他贿赂手段。一般来说行为手段为直接或间接给予财物，也包括以商务宴请、许诺利益等其他贿赂方式。另外，实践中给予财物的行为名目多样，为规避审

查，可能存在以垫资、借款、采购等多种名义给予财物的情形，需结合案件事实综合判断行为性质。行为对象上，本条第1款中规定了三类主体，分别为交易相对方的工作人员、受交易相对方委托办理相关事务的单位或者个人、利用职权或者影响力影响交易的单位或者个人。上述对象均与交易机会紧密相关，即可以直接影响交易机会或竞争优势的获得。行为目的应为谋取交易机会和竞争优势。交易机会或竞争优势是经营者在市场竞争中的主要争夺对象，获取了交易机会或竞争优势即可进一步转化为竞争利益。因此，判断商业贿赂行为的本质也是在于是否可以获得交易机会和竞争优势。但这种交易机会和竞争优势并不要求已现实获得方可构成商业贿赂，以此为目的并有获得之可能性亦可认定满足此项要件。

三、扩大规制主体范围

本条一方面规制参与市场竞争的竞争者，即贿赂方的商业贿赂行为，同时在第2款新增了针对行为对象的相对方不得收受贿赂的规定，从商业贿赂行为的双方主体予以规制，使得本条进一步完善。

在交易活动中，并非所有经营者与相对方的财物往来都是不正当的，交易机会和竞争优势的获得是经营者普遍追寻的目标，在市场经济规律之下，经营者必然会尽力通过拓展业务渠道、扩大自身商品流通等来增加自身收益，为此在交易活动中在不扰乱市场竞争秩序的情况下，选择不违反法律禁止性规定的方式，采取适当让利行为是合法合理的。本条第3款即是将此种合理行为在商业贿赂行为中予以排除。该种排除明确了一是要以明示的方式进行，如通过签订合同约定所支付的对价性质、范围、金额等。二是限于向交易相对方支付折扣或者向中间人支付佣金的范围，这也是市场交易活动中常见的拓宽渠道、降低成本的方式。三是行为方和接收方，即经营者与交易相对方都应当如实入账。

实践中，直接实施商业贿赂行为的往往是经营者的工作人员，对于工作人员行为责任的归属，一般而言工作人员实施该行为是在职务行为之下，为经营者谋取利益，因此通常应认定为经营者行为而由经营者承担责任。但同时，也并不排除工作人员在职务之外为私人需要而实施贿赂行为。因此，对于是否由经营者承担相应责任仍应以是否为经营者谋取交易机会或竞争优势为标准。

第 9 条　【禁止虚假宣传】

一、规范意义及条文修订情况

本条是关于禁止虚假宣传的规定。本条的修订和完善，进一步强化了对虚假宣传行为的法律规制力度，体现了对市场诚信原则的维护和对消费者权益的保护。通过明确禁止经营者对其商品的性能、功能、质量等信息作虚假或引人误解的宣传，本条为经营者的行为划定了清晰的法律边界，引导其在合法合规的框架内开展经营活动，避免通过虚假信息误导消费者和其他经营者，从而维护市场的公平竞争环境。

相较于 2019 年《反不正当竞争法》，本条在原有规定基础上，在第 1 款 "欺骗、误导消费者" 后面增加了 "和其他经营者"；在第 2 款帮助他人虚假宣传行为中新增了 "虚假评价" 方式，有效应对了互联网经济中常见的刷单、刷好评等不正当竞争行为，有助于净化网络交易环境，保障消费者的知情权和选择权。此外，本条第 2 款将行为方式以 "等" 字作了开放性规定，更灵活地针对市场经济发展中出现的其他帮助虚假宣传行为的规制，增强了法律的适应性和前瞻性，确保法律能够及时应对市场变化，持续维护市场秩序和消费者权益。

二、相关宣传活动系经营者在商业活动中进行

这也是《反不正当竞争法》作为调节市场竞争秩序的法的本意所在。如果仅为非经营活动的宣传，如政府公益宣传等，则并不在本条的规制范围。

三、宣传内容系针对自身商品或服务的相关信息

根据本条第1款的规定，既包括商品或服务自身的属性信息，如性能、功能、质量、用途、生产期限等；也包括与其来源相关的信息，如产地、生产者、生产资质信息；还包括其市场评价信息，如销售情况、用户评价、曾获荣誉等。

四、宣传内容系虚假或引人误解

本条规定的虚假宣传涉及的内容并不限于虚构、编造的自身不存在的优势内容，也包括虽客观存在但通过与他人比较、歧义表达等而引人误解的宣传内容。实践中对于"虚假"较为容易界定，与客观实际不符即可认定为虚假。但对于"引人误解"，因涉及主观判断所以经常难以把握。根据相关司法解释的规定，对于该种行为应当根据日常生活经验、相关公众一般注意力、发生误解的事实和被宣传对象的实际情况等因素来进行认定。

五、其他经营者的误认后果

经营者实施虚假宣传行为的目的即在于通过骗取消费者或其他经营者的信任而购买其商品或服务，或者误导其他经营者与其进行合作等来获得交易机会，最终仍是为了在市场竞争中获得优势地位和利益。因此，一方面，如果相关内容未产生欺骗、误导效果，如

采取明显夸大修辞的宣传，使得消费者或其他经营者能够通过常识判断其仅为夸张宣传手法，则不宜认定为虚假宣传。另一方面，该种欺骗和误导并不必须要求已经产生了客观现实结果，存在欺骗误导的潜在可能性而使得市场竞争的失衡仍可据此做出认定。

另外需注意的是，虚假宣传行为可能对不同主体均会造成损害后果。例如，消费者因经营者的虚假宣传行为受到欺诈而产生损失。而该种消费者和经营者之间的法律关系并不由《反不正当竞争法》调整，虽行为表现上同为虚假宣传，但并不属于本条所禁止的虚假宣传行为。同时，在虚假宣传纠纷的审查中需注意，虚假宣传行为所造成的损害并不必然及于提起诉讼的原告，即不能以相关公众可能产生的误导性后果来替代原告对自身因虚假宣传行为受到损害的证明。即便经营者可能存在违反有关行政许可法律、法规的不当经营行为，但并不必然对原告自身造成直接损害，对于经营者是否对原告构成不正当竞争而向原告赔偿，仍应对原告是否因此而产生损害进行审查判断。

六、帮助虚假宣传行为

关于帮助虚假宣传行为，本条第2款在原有组织虚假交易方式的基础上新增了虚假评价的方式。该款规定所规制的行为主要是在互联网平台经济下的组织"刷量"的行为，其中既有帮助电子商务从业者刷销量、刷好评等"刷单炒信"行为，也有在新媒体环境下向相关用户提供帮助刷播放、刷粉丝、刷评论等各种刷量服务的行为。该种提供帮助刷量行为既影响原平台公开数据的真实性展示，也易导致相关消费者产生虚假认知，系典型的网络"黑灰产"。本条第2款规定即是在市场发展下对该类行为的规制提供更加明晰的依据。同时需注意的是，该款所规制的是虚假交易或虚假评价的组织者，对于虚假交易或虚假评价的参与者并不在其规制的范围之内。

相关规定

1.《刑法》

第163条 公司、企业或者其他单位的工作人员,利用职务上的便利,索取他人财物或者非法收受他人财物,为他人谋取利益,数额较大的,处三年以下有期徒刑或者拘役,并处罚金;数额巨大或者有其他严重情节的,处三年以上十年以下有期徒刑,并处罚金;数额特别巨大或者有其他特别严重情节的,处十年以上有期徒刑或者无期徒刑,并处罚金。

公司、企业或者其他单位的工作人员在经济往来中,利用职务上的便利,违反国家规定,收受各种名义的回扣、手续费,归个人所有的,依照前款的规定处罚。

国有公司、企业或者其他国有单位中从事公务的人员和国有公司、企业或者其他国有单位委派到非国有公司、企业以及其他单位从事公务的人员有前两款行为的,依照本法第三百八十五条、第三百八十六条的规定定罪处罚。

2.《民法典》

第86条 营利法人从事经营活动,应当遵守商业道德,维护交易安全,接受政府和社会的监督,承担社会责任。

第1169条 教唆、帮助他人实施侵权行为的,应当与行为人承担连带责任。

教唆、帮助无民事行为能力人、限制民事行为能力人实施侵权行为的,应当承担侵权责任;该无民事行为能力人、限制民事行为能力人的监护人未尽到监护职责的,应当承担相应的责任。

案例指引

1. 某通信技术公司诉天津市市场监督管理委员会、国家市场监督管理总局行政处罚及行政复议案①

（1）建设单位应为通信配套设施出资方。经营者通过为通信配套设施"垫资"的方式谋求通信业务唯一供应商地位的，构成《反不正当竞争法》第7条第1款第3项（现为第8条第1款第3项）规定的商业贿赂行为。市场监管部门对该行为依法开展行政处罚，人民法院应予以支持。

（2）建设单位、物业管理单位等通常具有出租房屋、向入驻客户推荐电信服务或要求客户确认使用电信服务的权利，属于对电信业务交易具有较强影响力的单位。

（3）行为人是否具有在通信业务中谋取唯一供应商地位或其他竞争优势的意图，应当综合协议签订背景和内容判断，协议履行的具体情况不影响对行为目的的认定。

2. 广州王老吉大健康产业有限公司诉加多宝（中国）饮料有限公司虚假宣传纠纷案②

人民法院认定广告是否构成《反不正当竞争法》规定的虚假宣传行为，应结合相关广告语的内容是否有歧义，是否易使相关公众产生误解以及行为人是否有虚假宣传的过错等因素判断。一方当事人基于双方曾经的商标使用许可合同关系以及自身为提升相关商标商誉所做出的贡献等因素，发布涉案广告语，告知消费者基本事实，符合客观情况，不存在易使相关公众误解的可能，也不存在不

---

① 载人民法院案例库，案例编号：2024-12-3-001-019，最后访问日期：2025年7月5日。
② 参见最高人民法院指导案例第161号。

正当地占用相关商标的知名度和良好商誉的过错，不构成《反不正当竞争法》规定的虚假宣传行为。

3. 北京微某视界科技有限公司与杭州大某网络科技有限公司、爱某马（杭州）网络科技有限公司不正当竞争纠纷案[①]

本案为打击"刷粉刷量"等网络黑灰产业的典型案例。人民法院准确运用《反不正当竞争法》关于制止虚假宣传行为的法律规定，及时、有效规制为平台主播组织"刷粉刷量"、不当获取流量的虚假宣传不正当竞争行为，对于引导、促进平台主播诚信经营，保障健康直播业态，营造公平竞争、规范有序的市场环境，发挥了积极作用。

4. 北京某假日旅行社有限公司诉某计算机技术（上海）有限公司、上海某商务有限公司等虚假宣传纠纷案[②]

非法经营行为与民事侵权行为以及《反不正当竞争法》规定的不正当竞争行为存在一定的交叉，但并非所有的非法经营行为都构成民事侵权或者构成应承担民事责任的不正当竞争行为。

应承担民事责任的虚假宣传行为应当具备三个基本条件：（1）经营者之间具有竞争关系；（2）有关宣传内容足以造成相关公众误解；（3）对经营者造成了直接损害。其中，对于引人误解和直接损害的后果问题，不能简单地以相关公众可能产生的误导性后果来替代原告对自身受到损害的证明责任。

判断是否属于重复诉讼，关键要看是否为同一当事人基于同一法律关系、同一法律事实提出的同一诉讼请求。对于已为在先生效裁

---

① 参见《最高法发布反垄断和反不正当竞争典型案例》，载最高人民法院网，https://www.court.gov.cn/zixun/xiangqing/442571.html，最后访问日期：2025年7月5日。
② 载人民法院案例库，案例编号：2023-09-2-175-003，最后访问日期：2025年7月5日。

判所羁束的行为的继续实施仍属于生效裁判的既判力范围。

5. 某株式会社诉中山市某某猿服饰有限公司等著作权权属、侵权纠纷及虚假宣传纠纷案[①]

经营者在其官方网站上以抄袭模仿同业经营者品牌历史的方式发布虚假信息，进行与客观事实不符的品牌介绍，宣传其商品，明显具有攀附同业经营者知名度的主观恶意，容易导致相关公众对商品来源产生混淆误认，或者误认为其与同业经营者之间具有某种特定联系，欺骗、误导消费者，属于虚假或者引人误解的商业宣传，构成虚假宣传的不正当竞争行为。

判断被诉侵权行为是否构成侵害他人受《著作权法》保护的作品，应当从被诉侵权行为人是否具备"接触"权利人要求保护作品的可能性、被诉侵权作品与权利人要求保护的作品之间是否构成"实质相似"两个方面进行判断。

对于恶意申请注册的损害他人合法在先权利的商标，即使经过使用形成一定的商业规模，具有一定的知名度，也不应予法律上的承认和保护。对于他人恶意取得注册的商标，使用人以已经获得商标权人排他许可使用权为由抗辩不侵害他人合法在先权利的，人民法院不予支持。

[①] 载人民法院案例库，案例编号：2023-09-2-175-002，最后访问日期：2025年7月5日。

❷经营者不得通过组织虚假交易、虚假评价等方式,帮助其他经营者进行虚假或者引人误解的商业宣传。

第10条　禁止侵犯商业秘密

❶经营者不得实施下列侵犯商业秘密的行为:

(一)以盗窃、贿赂、欺诈、胁迫、电子侵入或者其他不正当手段获取权利人的商业秘密;

(二)披露、使用或者允许他人使用以前项手段获取的权利人的商业秘密;

(三)违反保密义务或者违反权利人有关保守商业秘密的要求,披露、使用或者允许他人使用其所掌握的商业秘密;

(四)教唆、引诱、帮助他人违反保密义务或者违反权利人有关保守商业秘密的要求,获取、披露、使用或者允许他人使用权利人的商业秘密。

❷经营者以外的其他自然人、法人和非法人组织实施前款所列违法行为的,视为侵犯商业秘密。

❸第三人明知或者应知商业秘密权利人的员工、前员工或者其他单位、个人实施本条第一款所列违法行为,仍获取、披露、使用或者允许他人使用该商业秘密的,视为侵犯商业秘密。

❹本法所称的商业秘密,是指不为公众所知悉、具有商业价值并经权利人采取相应保密措施的技术信息、经营信息等商业信息。

☞ **技术信息**:是指与技术有关的结构、原料、组分、配方、材料、样品、样式、植物新品种繁殖材料、工艺、方法或其步骤、算法、数据、计算机程序及其有关文档等信息。

经营信息:是指与经营活动有关的创意、管理、销售、财务、计划、样本、招投标材料、客户信息、数据等信息。客户信息,包括客户的名称、地址、联系方式以及交易习惯、意向、内容等信息。

条文注释

一、规范意义及条文修订情况

本条是关于商业秘密的规定。相较于2019年《反不正当竞争法》未有修改。商业秘密在《民法典》中被明确为知识产权保护客体。商业秘密既是市场经营者通过长期经营活动、付出大量成本积累形成的，同时因商业秘密的秘密性、价值性和保密性特征，其能够使经营者利用他人并不掌握的相应信息获得更多的交易机会或竞争优势。如商业秘密遭受侵害，则将导致经营者的长期努力付之东流并受到极大损害，也容易导致市场竞争秩序失衡。同时随着世界贸易竞争的愈发激烈，商业秘密的保护不仅关乎国内企业之间的竞争利益，同样关系到国家经济安全、技术安全及创新发展。本条通过对商业秘密的保护和对侵犯商业秘密行为的规制，进一步鼓励市场经营者自主创新，保障经济发展。

二、商业秘密的类型及构成要件

本条明确了商业秘密的构成要件，同时列明了侵犯商业秘密的具体行为。

1. 商业秘密的类型。

根据本条第4款的规定，商业秘密包括技术信息和经营信息两类。根据《最高人民法院关于审理侵犯商业秘密民事案件适用法律若干问题的规定》第1条的规定，技术信息为与技术有关的信息，包括相关的结构、原料、组分、配方、材料、样品、样式、植物新品种繁殖材料、工艺、方法或其步骤、算法、数据、计算机程序及其有关文档等；经营信息为与经营活动有关的信息，包括相关的创意、管理、销售、财务、计划、样本、招投标材料、客户信息、数据等。

技术信息和经营信息的划分关系到侵犯商业秘密案件的管辖。《最高人民法院关于第一审知识产权民事、行政案件管辖的若干规定》第1条第1款规定:"发明专利、实用新型专利、植物新品种、集成电路布图设计、技术秘密、计算机软件的权属、侵权纠纷以及垄断纠纷第一审民事、行政案件由知识产权法院,省、自治区、直辖市人民政府所在地的中级人民法院和最高人民法院确定的中级人民法院管辖。"第3条规定:"本规定第一条、第二条规定之外的第一审知识产权民事、行政案件,由最高人民法院确定的基层人民法院管辖。"因此,如果权利人主张的商业秘密包括技术信息,则应由知识产权法院,省、自治区、直辖市人民政府所在地的中级人民法院和最高人民法院确定的中级人民法院管辖;如果权利人主张的商业秘密完全不包含技术信息,即全为经营信息,则由最高人民法院确定的基层人民法院管辖。

2. 商业秘密的构成要件。

结合商业秘密的概念,其构成要件包括秘密性(不为公众所知悉)、价值性(具有商业价值)、保密性(经权利人采取相应保密措施)三个要件。

(1)秘密性的不为公众所知悉中的"公众"是一个相对特定的范畴,通常指其所属领域的相关人员,一般指同行业或同领域的工作者或竞争者。"不知悉"则指该信息不为公众所知道、了解、获得和掌握。秘密性判断的时间点应为被诉侵权行为发生时,即便后续相关信息已成为公开信息,如因侵权人行为导致公开等情形,但在侵权行为发生时仍处于不为公众所知悉状态,亦应认定具有秘密性。另外,根据《最高人民法院关于审理侵犯商业秘密民事案件适用法律若干问题的规定》第4条第2款的规定,并非所有的已公开信息均不能受到商业秘密的保护，对于公知信息，如果经过整理、改进、加工等行为，如对公开技术参数进行改进、在商业分析报告中将公开数据进行收集整合并进行分析等，所形成的新的信息，这一整体仍可能具有秘密性而受到保护。

（2）价值性的具有商业价值要求信息承载有商业价值、能够给权利人带来竞争优势。该种商业价值并不要求具有极高价值，也不限于具有可直接转化为收益的现实价值，即便是潜在的商业价值，只要能够给权利人在市场竞争中带来优势，都可以认定具有价值性。例如，《最高人民法院关于审理侵犯商业秘密民事案件适用法律若干问题的规定》第7条规定的阶段性成果，亦可能给权利人的下一步研发、规划等带来较大启发，故亦不能排除其受到商业秘密保护的可能。

（3）保密性的采取保密措施要求权利人为防止信息泄露采取与其商业价值等具体情况相适应的合理保护措施。如果权利人自身对于所主张信息未采取保密措施，则其显然未将相应信息作为商业秘密对待，故而保密性也是商业秘密构成判断的一环。保密措施的判断时间也应以被诉行为发生时间为标准，如相应措施是在侵权行为发生之后，则难谓具有保密性。另外，保密措施可能存在多种形式，如签订保密协议、限制接触人员、设置访问权限等。而对于保密措施是否适当，应当结合其商业秘密具体情况来判断。保密措施要与商业秘密的价值相适应，如对于价值相对普通的商业秘密，则不宜过分苛责权利人采取成本过高、程度极高的保密措施；而对于价值极高的商业秘密，仅是通过合同中普遍的、笼统的禁止泄露商业秘密的格式条款来对员工进行约束，显然与该商业秘密的价值不相符，不宜认定为采取了合理的保密措施。

三、侵犯商业秘密的具体行为

本条第1款规定了四种侵犯商业秘密的行为。

1. 以盗窃、贿赂、欺诈、胁迫、电子侵入或者其他不正当手段获取权利人的商业秘密。

本项规定规制的系不当获取商业秘密的行为。对于获取手段，本项列举了盗窃、贿赂、欺诈、胁迫、电子侵入，同时明确了"其他不正当手段"作为兜底。从以上规定来看，对于获取行为规制的本质系手段不正当，均是违反法律规定或商业道德的行为。如果通过正当手段获取，如签订商业秘密授权合同等，则并非不正当获取的行为。同时，《最高人民法院关于审理侵犯商业秘密民事案件适用法律若干问题的规定》第14条还规定了自行研发和反向工程的合法手段。实践中，并不能排除其他经营者通过破解技术壁垒的正当手段获得相应信息。需注意的是，反向工程的前提限于公开、合法获取相应产品，如果采取非法手段，如将他人在研发阶段尚未上市的产品以盗窃等形式不当获得后又通过反向工程破解相应信息，仍不能排除其获取手段的不正当性，属于侵害商业秘密的行为。

2. 披露、使用或者允许他人使用以不正当手段获取的权利人的商业秘密。

本项规制的系披露、使用或者允许他人使用他人商业秘密的行为。对于上述使用的商业秘密的范围应当是采取不正当手段获取的商业秘密。行为方式包括披露、使用和允许他人使用。披露即是将不当获取的商业秘密告知他人，即便后续未再使用亦属于本项规定的侵犯商业秘密行为。使用和允许他人使用中的"使用"，根据《最高人民法院关于审理侵犯商业秘密民事案件适用法律若干问题的规定》第9条的规定，包括以下三种情形：一是在生产经营活动中直接使用，如直接使用他人技术参数生产产品；二是对商业秘密进行修改、改进后使用，如在他人生产配方基础上进一步研发改进后用于自身生产经营；三是根据商业秘密调整、优化、改进有关生产经营活动，如在知晓他人标底后调整自身投标价格等。

3. 违反保密义务或者违反权利人有关保守商业秘密的要求，披露、使用或者允许他人使用权利人的商业秘密。

本项规定是对违反保密义务或保密要求的侵犯商业秘密行为的规制。本项规定下的行为人一般获取行为存在正当性，但因商业秘密的保密性要求，而负有法定的或约定的保密义务。例如，签订商业秘密授权协议的情况下，被授权人可以获取授权范围内的商业秘密，并在授权范围内进行使用，但如果违反保密协议约定，将相应商业秘密超出授权范围内披露、使用或允许他人使用，则应属侵犯商业秘密的行为。当然，此种情况下作为合同与侵权的竞合，权利人可以择一予以主张。

另外，本项规定的保密义务，并不限于明确的法律规定或双方的书面约定，根据《最高人民法院关于审理侵犯商业秘密民事案件适用法律若干问题的规定》第10条的规定，根据诚信原则以及合同的性质、目的、缔约过程、交易习惯等，被诉侵权人知道或者应当知道其获取的信息属于权利人的商业秘密的，仍属于负有保密义务。

4. 教唆、引诱、帮助他人违反保密义务或者违反权利人有关保守商业秘密的要求，获取、披露、使用或者允许他人使用权利人的商业秘密。

本项系针对教唆、引诱、帮助行为的规定。在商业秘密案件中，因商业秘密关系市场竞争优势，故为了获取权利人的商业秘密，通过教唆权利人员工窃取无访问权限的信息等不当方式来获取商业秘密的情况也愈发普遍。根据《民法典》第1169条第1款的规定，教唆、帮助他人实施侵权行为的，应当与行为人承担连带责任。侵犯商业秘密作为侵权行为，教唆、引诱、帮助的，行为人亦应承担相应责任。

四、视为侵犯商业秘密的行为

本条还规定了两种视为侵犯商业秘密的行为。

1. 将非经营者实施的前述四种行为视为侵犯商业秘密。《反不正当竞争法》系调整市场中经营者行为的法律，虽然商业秘密的保护在《反不正当竞争法》中予以规定，但因商业秘密的特殊性，尤其是实践中，侵犯商业秘密的主体虽并非市场竞争的参与者，但所实施的上述行为亦会给商业秘密的权利人造成损害。因此，本条第2款明确规定，非经营者实施前述四种行为的，视为侵犯商业秘密，使得对权利人商业秘密的保护更加周延。

2. 对第三人视为侵犯商业秘密的行为进行规定。实践中常出现因员工跳槽引发的侵犯商业秘密纠纷。本条第3款规定的第三人视为侵犯商业秘密行为中，第三人的主观状态并不要求明知，如果存在应知的故意或过失，仍可据此作出认定。而对于员工、前员工的认定，根据《最高人民法院关于审理侵犯商业秘密民事案件适用法律若干问题的规定》第11条的规定，包括法人、非法人组织的经营、管理人员以及具有劳动关系的其他人员。

相关规定

1.《刑法》

第219条 有下列侵犯商业秘密行为之一,情节严重的,处三年以下有期徒刑,并处或者单处罚金;情节特别严重的,处三年以上十年以下有期徒刑,并处罚金:

(一)以盗窃、贿赂、欺诈、胁迫、电子侵入或者其他不正当手段获取权利人的商业秘密的;

(二)披露、使用或者允许他人使用以前项手段获取的权利人的商业秘密的;

(三)违反保密义务或者违反权利人有关保守商业秘密的要求,披露、使用或者允许他人使用其所掌握的商业秘密的。

明知前款所列行为,获取、披露、使用或者允许他人使用该商业秘密的,以侵犯商业秘密论。

本条所称权利人,是指商业秘密的所有人和经商业秘密所有人许可的商业秘密使用人。

2.《民法典》

第123条 民事主体依法享有知识产权。

知识产权是权利人依法就下列客体享有的专有的权利:

(一)作品;

(二)发明、实用新型、外观设计;

(三)商标;

(四)地理标志;

(五)商业秘密;

(六)集成电路布图设计;

（七）植物新品种；

（八）法律规定的其他客体。

第501条 当事人在订立合同过程中知悉的商业秘密或者其他应当保密的信息，无论合同是否成立，不得泄露或者不正当地使用；泄露、不正当地使用该商业秘密或者信息，造成对方损失的，应当承担赔偿责任。

3.《劳动合同法》

第23条 用人单位与劳动者可以在劳动合同中约定保守用人单位的商业秘密和与知识产权相关的保密事项。

对负有保密义务的劳动者，用人单位可以在劳动合同或者保密协议中与劳动者约定竞业限制条款，并约定在解除或者终止劳动合同后，在竞业限制期限内按月给予劳动者经济补偿。劳动者违反竞业限制约定的，应当按照约定向用人单位支付违约金。

第90条 劳动者违反本法规定解除劳动合同，或者违反劳动合同中约定的保密义务或者竞业限制，给用人单位造成损失的，应当承担赔偿责任。

4.《证券法》

第41条 证券交易场所、证券公司、证券登记结算机构、证券服务机构及其工作人员应当依法为投资者的信息保密，不得非法买卖、提供或者公开投资者的信息。

证券交易场所、证券公司、证券登记结算机构、证券服务机构及其工作人员不得泄露所知悉的商业秘密。

5.《最高人民法院关于审理侵犯商业秘密民事案件适用法律若干问题的规定》

第1条 与技术有关的结构、原料、组分、配方、材料、样品、样式、植物新品种繁殖材料、工艺、方法或其步骤、算法、数据、计算机程序及其有关文档等信息，人民法院可以认定构成反不正当竞争法第九条第四款所称的技术信息。

与经营活动有关的创意、管理、销售、财务、计划、样本、招投标材料、客户信息、数据等信息，人民法院可以认定构成反不正当竞争法第九条第四款所称的经营信息。

前款所称的客户信息，包括客户的名称、地址、联系方式以及交易习惯、意向、内容等信息。

第 2 条　当事人仅以与特定客户保持长期稳定交易关系为由，主张该特定客户属于商业秘密的，人民法院不予支持。

客户基于对员工个人的信赖而与该员工所在单位进行交易，该员工离职后，能够证明客户自愿选择与该员工或者该员工所在的新单位进行交易的，人民法院应当认定该员工没有采用不正当手段获取权利人的商业秘密。

第 3 条　权利人请求保护的信息在被诉侵权行为发生时不为所属领域的相关人员普遍知悉和容易获得的，人民法院应当认定为反不正当竞争法第九条第四款所称的不为公众所知悉。

第 4 条　具有下列情形之一的，人民法院可以认定有关信息为公众所知悉：

（一）该信息在所属领域属于一般常识或者行业惯例的；

（二）该信息仅涉及产品的尺寸、结构、材料、部件的简单组合等内容，所属领域的相关人员通过观察上市产品即可直接获得的；

（三）该信息已经在公开出版物或者其他媒体上公开披露的；

（四）该信息已通过公开的报告会、展览等方式公开的；

（五）所属领域的相关人员从其他公开渠道可以获得该信息的。

将为公众所知悉的信息进行整理、改进、加工后形成的新信息，符合本规定第三条规定的，应当认定该新信息不为公众所知悉。

第 5 条 权利人为防止商业秘密泄露，在被诉侵权行为发生以前所采取的合理保密措施，人民法院应当认定为反不正当竞争法第九条第四款所称的相应保密措施。

人民法院应当根据商业秘密及其载体的性质、商业秘密的商业价值、保密措施的可识别程度、保密措施与商业秘密的对应程度以及权利人的保密意愿等因素，认定权利人是否采取了相应保密措施。

第 6 条 具有下列情形之一，在正常情况下足以防止商业秘密泄露的，人民法院应当认定权利人采取了相应保密措施：

（一）签订保密协议或者在合同中约定保密义务的；

（二）通过章程、培训、规章制度、书面告知等方式，对能够接触、获取商业秘密的员工、前员工、供应商、客户、来访者等提出保密要求的；

（三）对涉密的厂房、车间等生产经营场所限制来访者或者进行区分管理的；

（四）以标记、分类、隔离、加密、封存、限制能够接触或者获取的人员范围等方式，对商业秘密及其载体进行区分和管理的；

（五）对能够接触、获取商业秘密的计算机设备、电子设备、网络设备、存储设备、软件等，采取禁止或者限制使用、访问、存储、复制等措施的；

（六）要求离职员工登记、返还、清除、销毁其接触或者获取的商业秘密及其载体，继续承担保密义务的；

（七）采取其他合理保密措施的。

第 7 条 权利人请求保护的信息因不为公众所知悉而具有现实的

或者潜在的商业价值的，人民法院经审查可以认定为反不正当竞争法第九条第四款所称的具有商业价值。

生产经营活动中形成的阶段性成果符合前款规定的，人民法院经审查可以认定该成果具有商业价值。

第8条 被诉侵权人以违反法律规定或者公认的商业道德的方式获取权利人的商业秘密的，人民法院应当认定属于反不正当竞争法第九条第一款所称的以其他不正当手段获取权利人的商业秘密。

第9条 被诉侵权人在生产经营活动中直接使用商业秘密，或者对商业秘密进行修改、改进后使用，或者根据商业秘密调整、优化、改进有关生产经营活动的，人民法院应当认定属于反不正当竞争法第九条所称的使用商业秘密。

第10条 当事人根据法律规定或者合同约定所承担的保密义务，人民法院应当认定属于反不正当竞争法第九条第一款所称的保密义务。

当事人未在合同中约定保密义务，但根据诚信原则以及合同的性质、目的、缔约过程、交易习惯等，被诉侵权人知道或者应当知道其获取的信息属于权利人的商业秘密的，人民法院应当认定被诉侵权人对其获取的商业秘密承担保密义务。

第11条 法人、非法人组织的经营、管理人员以及具有劳动关系的其他人员，人民法院可以认定为反不正当竞争法第九条第三款所称的员工、前员工。

第12条 人民法院认定员工、前员工是否有渠道或者机会获取权利人的商业秘密，可以考虑与其有关的下列因素：

（一）职务、职责、权限；

（二）承担的本职工作或者单位分配的任务；

（三）参与和商业秘密有关的生产经营活动的具体情形；

（四）是否保管、使用、存储、复制、控制或者以其他方式接触、获取商业秘密及其载体；

（五）需要考虑的其他因素。

第 14 条　通过自行开发研制或者反向工程获得被诉侵权信息的，人民法院应当认定不属于反不正当竞争法第九条规定的侵犯商业秘密行为。

前款所称的反向工程，是指通过技术手段对从公开渠道取得的产品进行拆卸、测绘、分析等而获得该产品的有关技术信息。

被诉侵权人以不正当手段获取权利人的商业秘密后，又以反向工程为由主张未侵犯商业秘密的，人民法院不予支持。

> **案例指引**
>
> **1. 河北华穗种业有限公司与武威市博盛种业有限责任公司侵害技术秘密纠纷案**[①]
>
> 作物育种过程中形成的育种中间材料、自交系亲本等，不同于自然界发现的植物材料，是育种者付出创造性劳动的智力成果，具有技术信息和载体实物兼而有之的特点，且二者不可分离。通过育种创新活动获得的具有商业价值的育种材料，在具备不为公众所知悉并采取相应保密措施等条件下，可以作为商业秘密依法获得法律保护。
>
> 育种材料生长依赖土壤、水分、空气和阳光，需要田间管理，权利人对于该作物材料采取的保密措施难以做到万无一失，其保密措施是否合理，需要考虑育种材料自身的特点，应以在正常情况下能够达到防止被泄露的防范程度为宜。制订保密制度、签署保密协议、禁止对外扩散、对繁殖材料以代号称之等，在具体情况下均可构成合理的保密措施。
>
> **2. 济南某测试技术有限公司与济南某机电技术有限公司侵害技术秘密纠纷案**[②]
>
> 技术秘密以市场流通产品为载体的，权利人在产品上贴标签，对技术秘密作出单方宣示并禁止不负有约定保密义务的第三人拆解产品的行为，不构成《反不正当竞争法》规定的保密措施。

---

① 参见《最高人民法院公报》2023 年第 3 期。
② 参见《最高人民法院知识产权法庭裁判要旨（2020）摘要》，载最高人民法院网，https：//www.court.gov.cn/zixun/xiangqing/288131.html，最后访问日期：2025 年 7 月 5 日。

3. 北京某甲科技公司与曹某某、王某某、北京某乙科技公司侵害技术秘密纠纷案①

最高人民法院通过本案审理，综合考虑涉案各被诉侵权人的有关行为事实和情节，依法认定涉案未经许可将单位技术秘密私自拷贝并带离单位经营场所的行为构成以"盗窃"手段获取权利人的商业秘密，且一并厘清公司法定代表人个人实施的侵权行为不能简单以"履行职务行为"为由被公司行为所吸收，进而基于切实有效制止侵权行为，防止侵害后果的进一步扩大等考虑因素，在生效判决中一并明确侵权人应履行的非金钱给付义务以及如不履行所要承担的迟延履行金的计付标准，彰显了人民法院持续强化技术秘密保护、坚决打击和震慑各类侵害技术秘密行为的司法态度。

4. 香港某开发公司诉魏某乙、胡某、香港某科技公司、深圳某科技公司侵害商业秘密纠纷案②

（1）董事、监事、高级管理人员以公司仅与普通员工签订有保密协议，未单独与其签订保密协议为由，主张保密措施不成立的，人民法院一般不予支持。

（2）禁止侵害客户名单经营秘密的核心在于禁止侵权人利用该经营秘密作为"跳板"，节省以正当方式获取该经营秘密信息所应付出的时间、金钱成本，从而削弱权利人的竞争优势。被诉侵权人已经离开原单位较长时间，随着时间的推移和市场供需关系的变化，其在原单位掌握的经营秘密所能带来的竞争优势已经明显减弱甚至消失的，人民法院可以视情不再判决停止使用该经营秘密。

---

① 参见《人民法院保护科技创新典型案例》，载最高人民法院网，https：//www.court.gov.cn/zixun/xiangqing/452031.html，最后访问日期：2025 年 7 月 5 日。
② 载人民法院案例库，案例编号：2024-13-2-176-003，最后访问日期：2025 年 7 月 5 日。

> **有奖销售**：是指经营者以销售商品或者获取竞争优势为目的，向消费者提供奖金、物品或者其他利益的行为，包括抽奖式和附赠式等有奖销售。（1）抽奖式有奖销售，是指经营者以抽签、摇号、游戏等带有偶然性或者不确定性的方法，决定消费者是否中奖的有奖销售行为。（2）附赠式有奖销售是指经营者向满足一定条件的消费者提供奖金、物品或者其他利益的有奖销售行为。

第11条　禁止违法有奖销售

经营者进行有奖销售不得存在下列情形：

（一）所设奖的种类、兑奖条件、奖金金额或者奖品等有奖销售信息不明确，影响兑奖；

（二）有奖销售活动开始后，无正当理由变更所设奖的种类、兑奖条件、奖金金额或者奖品等有奖销售信息；

（三）采用谎称有奖或者故意让内定人员中奖等欺骗方式进行有奖销售；

（四）抽奖式的有奖销售，最高奖的金额超过五万元。

第12条　禁止商业诋毁

经营者不得编造、传播或者指使他人编造、传播虚假信息或者误导性信息，损害其他经营者的商业信誉、商品声誉。

第13条　网络不正当竞争行为规制

❶经营者利用网络从事生产经营活动，应当遵守本法的各项规定。

❷经营者不得利用数据和算法、技术、平台规则等，通过影响用户选择或者其他方式，实施下列妨碍、破坏其他经营者合法提供的网络产品或者服务正常运行的行为：

（一）未经其他经营者同意，在其合法提供的网络产品或者服务中，插入链接、强制进行目标跳转；

条文注释

第 11 条 【禁止违法有奖销售】

一、规范意义及条文修订情况

本条是关于禁止违法有奖销售的规定。相较于 2019 年《反不正当竞争法》，一是新增了第 2 项"有奖销售活动开始后，无正当理由变更所设奖的种类、兑奖条件、奖金金额或者奖品等有奖销售信息"的禁止情形；二是将"谎称有奖或者故意让内定人员中奖的"改为"谎称有奖或者故意让内定人员中奖等"。

本条的修订进一步完善了对有奖销售行为的法律规制，强化了对经营者有奖销售行为的约束，维护了消费者的合法权益和市场公平竞争秩序。新增的第 2 项禁止情形，明确禁止经营者在有奖销售活动开始后随意变更奖品信息，确保了消费者的知情权和兑奖权，避免因经营者随意变更规则而导致消费者权益受损。同时，第 3 项中的"等"字作为开放式规定，为未来可能出现的新型欺骗方式进行有奖销售的行为预留了法律空间，增强了法律的适应性和前瞻性。通过明确禁止各类不正当的有奖销售行为，本条为经营者设定了清晰的行为边界，引导其在合法合规的框架内开展促销活动，防止利用有奖销售误导消费者或获取不正当竞争优势，从而维护市场秩序，保障消费者和其他经营者的合法权益。

常见的有奖销售包括直接附赠财物、抽奖等方式，是经营者日常经营活动中吸引用户、增加交易机会的一种重要营销手段。随着互联网经济的发展，有奖销售不限于线下开展，线上的游戏抽奖、网购赠品等也属于有奖销售范畴。同时相关奖项也不限于现金、物品等实物，物品兑换券、虚拟货币、相关服务等均可作为有奖销售中的奖项。合法合理的有奖销售可以使消费者获益，促进市场活跃，但如果采用虚假、诱导等有奖销售，则有碍市场公平和竞争秩序。另外，有奖销售应是在经营活动中面向消费者或其他经营者进行，如果未在市场竞争环境下，如公司年会中给员工进行抽奖，则不属于本条规制范畴。

二、有奖销售活动中的禁止情形

1. 不明确的有奖销售。

有奖销售的相关信息应当是明确公示的，其中应明确参与信息（如参与条件、参与时间和地点、参与方式等）、奖项信息（如奖项种类、奖金金额或奖品类型、中奖条件、中奖概率等）、兑奖信息（如开奖时间和地点、兑奖条件、兑奖方式、联系方式等）等有奖销售信息。同时，在新经济形式发展下，相关奖品还包括代金券、兑换券等形式，此时还需要明确上述类型奖券的使用方式、期限、范围等相应信息。实践中也有多个经营者联合开展有奖销售的形式。如果需要通过其他经营者进行兑现，则也需要明确其他经营者信息及兑换方式等。

明确有奖销售信息的目的是实现消费者的承兑，因此并不要求有奖销售信息要面面俱到，如果相应信息已经足够让消费者理解有奖销售的形式、条件，并不影响最终兑奖，也不属于有奖销售信息不明确。

2. 变更有奖销售信息。

一般而言，有奖销售信息在活动开始前即已经确定，活动的开展也应按照已经确定的规则进行。但是实践中也有在有奖销售活动开始后，发现中奖概率过高、奖项承兑超出承受范围等情况，而为节约成本在活动开始后变更有奖销售信息，妨碍最后的奖项承兑。

例如，原定消费满100元即可以获赠相应礼品，但又在活动开始后更改为除消费满100元之外还须额外充值才可获赠，即属于此类情形。如果上述行为缺乏正当理由，即显然是诱导消费者消费获取市场优势后不合理损害消费者及其他经营者权益的行为，也属于不正当的有奖销售形式。

3. 欺骗方式的有奖销售。

实践中也存在为吸引用户但并不想支出奖项成本的以欺骗方式进行的有奖销售情况，典型的包括谎称有奖但实际无奖，如抽奖箱中未放置最优奖项奖签等情况，还包括让内定人员中奖，如提前安排特定人员抽取最优奖项等。只要采用欺骗手段进行的有奖销售行为均为本项规制范围。另外，对于内定人员，不仅包括本单位的员工，指定其他单位或个人亦属于故意让内定人员中奖的欺骗方式。

4. 巨额抽奖式有奖销售。

抽奖式是有奖销售的一种，一般抽奖会设置各梯次奖项，本项系对抽奖式有奖销售项下的最高奖的金额限制。对于最高奖金额超过5万的认定，《规范促销行为暂行规定》第17条列举了七种情形及兜底条款，其本质系对最高奖获得者可能获得奖项的市场价值作出了5万元之内的限定。如对最高奖金额不设限制，则很可能导致消费者为追求过高奖项而进行非实用目的的消费，亦容易产生大公司利用财务实力优势挤压小企业的不公平情形，因此对于最高奖项金额进行限制能够更有效激发健康市场交易，平衡市场竞争秩序。

第 12 条 【禁止商业诋毁】

一、规范意义及条文修订情况

本条是关于禁止商业诋毁的规定。相较于 2019 年《反不正当竞争法》，本条在行为方式上新增了"指使他人编造、传播"的商业诋毁的教唆行为；在行为对象上，从原"竞争对手"变更为"其他经营者"，将原有的狭义行为对象进一步扩展，更加符合当前市场竞争的交织环境，也符合《反不正当竞争法》中对竞争关系作广义解释的主流观点。

市场竞争中，为减损其他经营者的优势和利益，经营者进行恶意诋毁的现象并不少见。商业信誉和商品声誉的建立和维护既是经营者获得口碑从而获取交易机会的重要资源和优势，也是消费者在进行交易选择时的重要参照。商业诋毁行为系经营者并非通过自身诚信经营积累商誉的正当途径，而是编造、传播虚假或误导信息，或指使他人实施上述行为，恶意损害其他经营者的信誉，不仅使经营者经营的商品或服务声誉受损，也将误导消费者的消费选择，造成市场失衡，是违反商业道德的不正当竞争行为。

二、商业诋毁的行为主体和行为对象

从本条规定来看，商业诋毁的行为主体系市场竞争中的经营者，而行为对象也是市场竞争中的其他经营者。从此次修法也可以看出，商业诋毁中双方的关系也不限于直接竞争对手，对竞争关系的解释应当随着市场竞争的日益扩张、行业产业的日渐交融作出广义解释，只要被诉行为有可能属于经营者在生产经营活动中违反《反不正当竞争法》规定扰乱市场竞争秩序，损害其他经营者或者消费者的合法权益之行为，即可适用该法予以评判。但是，广义的竞争关系并不

意味着不存在竞争关系。竞争法仍然是调整经营者之间的法律，如果不存在竞争关系的此消彼长，则难以适用竞争法予以评价。例如，用户在消费后的恶意差评等，则难谓其系作为经营者来实施的商业诋毁行为，可能属于企业名誉权保护之范畴。

三、商业诋毁的行为表现

本条规定的商业诋毁行为表现为三种形式，即编造行为、传播行为以及指使他人编造、传播的行为。一般而言，编造和传播行为是接续实施，编造是传播的前提，传播是商业诋毁目的的最终实现。而实践中，可能存在经营者为掩饰身份，由关联公司或其他主体编造、传播相应信息进行诋毁的情况，尤其在多被告案件中，部分被告常抗辩其并未实施商业诋毁行为。对于实施主体及责任承担主体的判断要结合具体行为主体之间的关系、相关信息的具体内容及指向关系、最终受益主体等各种因素来综合判断。也是鉴于此种情况，本次修订亦新增了"指使他人编造、传播"的行为方式，对于商业诋毁行为实施主体的判断有了更明确的依据。

四、商业诋毁的内容

商业诋毁的内容包括虚假信息和误导性信息两类。虚假信息即为编造虚构的、"无中生有"的信息，如假称对方产品质量存在重大瑕疵等。误导性信息是指虽然相应内容为真实信息，但进行片面的或引人误解的表达，如片面比较广告等。

五、关于商业诋毁的行为后果

商业诋毁的最终目的和后果是使其他经营者的商业信誉和商品声誉受到损害。如果商业信誉和商品声誉受到损害，则市场中的其他经营者或消费者在进行消费选择时持否定态度，进而影响交易机会和竞争优势。而商业诋毁的实施主体则可以借此获得更多的交易可能、提升自身竞争优势。相关损害中不仅包括影响特定商品或服务在质量、效用等方面的社会评价，也包括对经营者自身的企业形象、法人名誉等方面产生的负面影响。同时，该种损害不以现实存在损害为必要，有遭受相应损害的可能即可予以认定。另外，该种损害应当是特定主体的损害。根据相关司法解释的规定，如主张经营者实施商业诋毁行为，则应由原告证明其为商业诋毁行为的特定损害对象。如并非指向原告，则原告无权就此提出商业诋毁之主张而要求赔偿损失。

第 13 条　【网络不正当竞争行为规制】

一、规范意义及条文修订情况

本条是关于网络不正当竞争行为规制的规定。相较于 2019 年《反不正当竞争法》，本条第 2 款中针对网络不正当竞争行为的行为手段，将"利用技术手段"修改为"利用数据和算法、技术、平台规则等"，使得更多网络不正当竞争行为可以纳入本条调整。本条第 3 款、第 4 款分别增加了对涉数据不正当竞争行为、滥用平台规则不正当竞争行为予以禁止的规定。

本条被称为"互联网专条"，系针对互联网环境下的网络不正当竞争行为的规制。随着互联网技术的发展，市场竞争从线下发展到线上，"互联网+"经济在创造巨大活力的同时，也因新业态、新模式的出现催生了大量新类型网络不正当竞争行为。本条即是对此类不正当竞争行为的规制。

本条第 1 款为宣示性条款，系对经营者利用网络从事生产经营活动、参与互联网环境下的市场竞争时应遵守的行为准则。该款原则性规定并不能单独作为认定被诉行为是否构成不正当竞争的直接依据。本条第 2 款系针对网络不正当竞争行为的构成要件作出明确规定，同时对于典型的网络不正当竞争行为进行了列明。本条第 3 款、第 4 款系针对近年来频发的涉数据不正当竞争行为、滥用平台规则不正当竞争行为的明确禁止，系对互联网发展背景下出现的新类型典型不正当竞争行为的总结和吸收。

二、网络不正当竞争行为的构成要件

本条第 2 款对网络不正当竞争行为的行为手段、方式、对象和结果作了明确规定。在行为手段上，应为利用数据和算法、技术、平台规则等。在行为方式上，应为通过影响用户的选择或者其他方式，具体包括误导、欺骗、强迫以及其他类似方式。其本质是违背用户的真实意愿，不正当地干扰、影响用户对不同网络产品或服务的自主选择。在行为对象上，应是其他经营者所提供的合法的网络产品或者服务。利用数据、算法、技术、平台规则等手段，通过必要方式，在合理范围内妨碍、制止其他经营者提供的网络产品或服务实施危害网络安全、侵害用户隐私、损害他人财产等非法活动的，不属于本条所规定的不正当竞争行为。在行为结果上，应是妨碍、破坏其他经营者合法网络产品或服务的正常运行。该条所规定的正常运行，既包括网络产品或服务的安装、启动、运转、设置、升级等功能正常、稳定的实现，也包括相关界面、网页等真实、完整的显示，以及相关数据的收集、存储、编辑、传输等。

三、网络不正当竞争行为的具体表现

1. 未经其他经营者同意，在其合法提供的网络产品或者服务中，插入链接、强制进行目标跳转。链接，是指插入在其他经营者所提供的网络产品或服务的相关界面、网页中，以文字、图片、标识等为表现形式的链接。插入链接的展示方式，既包括使一般用户能够明显识别出其并非来源于上述其他经营者的情形，也包括使一般用户难以分辨其来源或者容易误认为其与上述其他经营者及其网络产品或服务具有特定联系等情形。跳转，既包括在进行跳转前未作出任何提示告知用户其将离开目前所使用的网络产品或服务，也包括在进行跳转前以一般用户难以识别、感知的方式作出提示，使一般用户难以充分了解提示的内容和进行跳转的后果。强制，既包括未向用户提供任何其他选择方式即直接进行跳转，也包括虽提供了其他选择方式，但仅以不够明显、较为隐蔽或非常短暂的形式予以显示，加大一般用户的选择难度或者无法进行选择。强制跳转所导致的结果，是使其他经营者减少交易机会或流失用户，或者是使自身及与其具备利益关联的第三方增加交易机会或获取用户。

2. 误导、欺骗、强迫用户修改、关闭、卸载其他经营者合法提供的网络产品或者服务。误导、欺骗、强迫，是指以维护用户的隐私、数据或财产的安全以及操作系统或应用软件的正常、加速运行等名义，向用户发送或提示含有虚假、片面、歪曲、夸大等内容的信息，使用户因受到欺骗、误导而对其他经营者提供的网络产品或服务进行修改、关闭、卸载；或者是迫使用户在违背其真实意愿的情况下，不得不对其他经营者提供的网络产品或服务进行修改、关闭、卸载。对用户进行误导、欺骗、强迫的方式，包括采取弹窗或高亮、加粗等突出显示的方式，或者对用户进行频繁提示、要求用户进行反复选择等，以及使用户在不进行修改、关闭、卸载的情况下就无法正常使用相关设备、操作系统、网络产品或服务。修改、关闭、卸载，包括迫使用户在违背其真实意愿的情况下，对其他经营者的网络产品或者服务的设置进行修改，以及强制用户不能按照自己的意愿对上述网络产品或服务的设置进行修改。

3. 恶意对其他经营者合法提供的网络产品或者服务实施不兼容。恶意不兼容应符合以下条件：一是客观上导致了相关网络产品或者服务之间不兼容的情况；二是主观上对于不兼容后果的出现具有明显的故意；三是手段上表现为在缺乏合理理由的情况下，拒绝与其他经营者特定的网络产品或服务实施正常的兼容；四是效果上达到了扰乱市场竞争秩序，损害其他经营者及消费者的合法权益的程度。经营者基于正当经营的目的，根据自身产品或服务的特点，以及经营规划、技术水平、成本收益等方面的正当考虑，对其他经营者的网络产品或服务未提供兼容性服务的，属自主经营范围，不构成恶意不兼容。经营者利用技术手段，对其他经营者合法提供的网络产品或服务实施不兼容，可能构成滥用市场支配地位，排除、限制竞争的，应当适用《反垄断法》的相关规定予以规制。

4. 其他妨碍、破坏其他经营者合法提供的网络产品或者服务正常运行的行为。本项系网络不正当竞争行为的兜底条款，也被称为该款规定的"小兜底"条款。

5. 涉数据不正当竞争行为。数据在当前的社会生活、科技创新、市场竞争中发挥着重要作用，涉及数据的获取、使用、加工、交易等市场行为高度活跃，各地在数据交易所，数据登记部门、数据管理部门等方面的设立也都积极地在进行尝试，司法裁判也在平台数据的保护和针对平台数据不正当竞争行为的规制上不断探索并总结出相应的裁判规则和经验。

针对涉及数据的不正当竞争行为作出专门规定，是本次《反不正当竞争法》修订的重点和亮点之一，新增的第13条第3款也可以被称为"数据专条"。值得关注的是，该款所规定的"获取、使用"应当是指"获取或者使用"，而非"获取并且使用"，而不正当竞争的行为方式包括欺诈、胁迫、避开或者破坏技术管理措施等。如果是通过签订数据授权协议、通过爬虫技术在数据持有者允许范围内进行数据爬取等正当行为则不属于规制范畴。通常来说，获取是使用的前提，使用是获取的目的。一般遵循分别审查、整体判断的基本原则，即针对数据的获取、使用行为分别进行查明，再结合各行为表现来对数据竞争行为进行整体评判。

另外，在行为结果上，不正当的数据竞争行为应当是损害了其他经营者的合法权益，扰乱了市场竞争秩序。如果在合理、必要限度内对合法获取的数据进行正当使用，则不宜介入调整，否则可能导致对数据正当流通的过度干扰，影响数据资源的有效发挥。对于数据竞争行为的正当性界定，可以通过行为人对涉案数据使用行为所达到的效果和目的、所使用数据对用户产生的影响、被诉使用行为是否对经营者造成实质性替代等因素来判断。

6. 涉滥用平台规则不正当竞争行为。平台经济作为新经济形态，是新质生产力发展的重要引擎。随着互联网平台的发展，平台形态也日渐细化，社交平台、电商平台、内容平台既是市场竞争的参与主体，也为网络市场中的经营者提供了更多的交易平台，同时也为消费者提供了更多的交易选择。随着平台经济的不断发展，平台规则也正在初步形成和完善，但新的商业模式和经济形态随着市场经济发展也在不断发生变革，利用平台规则的漏洞或者滥用平台规则损害其他经营者权益的现象也愈发凸显。本条第 4 款即是对此种行为的规制。

一方面，平台中的经营者不得滥用平台规则。本条第 4 款明确规定，经营者不得滥用平台规则，直接或指使他人对其他经营者实施虚假交易、虚假评价或者恶意退货等行为。部分经营者为了使自身在平台中获得更多交易机会，可能采取上述虚假交易、虚假评价、恶意退货等方式对平台中其他经营者进行恶意打击，如电商平台中的相关店铺经营者利用电商平台中退货率超过一定比例则进行相应处罚的规则，在竞争对手店铺中进行大量下单后退货，使他人店铺遭受平台处罚，该种行为系不正当损害经营者权益的行为，应当受到规制。

另一方面，平台经营者亦不应滥用规则。不仅是平台内的经营者之间进行市场交易机会的争夺，在互联网市场下，各平台之间亦为获取更多用户、占据更大市场份额展开竞争。各平台间的良性竞争有利于促进平台经济发展，提升消费者福祉，因此市场竞争鼓励平台的百花齐放。但恶意利用平台规则实施不当行为，排挤其他平台的市场份额，则显然有违公平竞争。同时，平台经营者作为其平台规则的制定者，应当保证其平台规则的公平、公开、合理，而不应以其平台规则对其平台内的相关市场参与者作出不当限制。如果利用平台规则阻碍其平台内的其他经营者参与正当的市场竞争，扰乱市场竞争秩序，亦属不正当竞争行为。

相关规定

1.《刑法》

第 221 条　捏造并散布虚伪事实，损害他人的商业信誉、商品声誉，给他人造成重大损失或者有其他严重情节的，处二年以下有期徒刑或者拘役，并处或者单处罚金。

2.《民法典》

第 1029 条　民事主体可以依法查询自己的信用评价；发现信用评价不当的，有权提出异议并请求采取更正、删除等必要措施。信用评价人应当及时核查，经核查属实的，应当及时采取必要措施。

3.《反垄断法》

第 9 条　经营者不得利用数据和算法、技术、资本优势以及平台规则等从事本法禁止的垄断行为。

4.《数据安全法》

第 27 条　开展数据处理活动应当依照法律、法规的规定，建立健全全流程数据安全管理制度，组织开展数据安全教育培训，采取相应的技术措施和其他必要措施，保障数据安全。利用互联网等信息网络开展数据处理活动，应当在网络安全等级保护制度的基础上，履行上述数据安全保护义务。

重要数据的处理者应当明确数据安全负责人和管理机构，落实数据安全保护责任。

第 28 条　开展数据处理活动以及研究开发数据新技术，应当有利于促进经济社会发展，增进人民福祉，符合社会公德和伦理。

5.《规范促销行为暂行规定》

第 11 条 本规定所称有奖销售，是指经营者以销售商品或者获取竞争优势为目的，向消费者提供奖金、物品或者其他利益的行为，包括抽奖式和附赠式等有奖销售。

抽奖式有奖销售是指经营者以抽签、摇号、游戏等带有偶然性或者不确定性的方法，决定消费者是否中奖的有奖销售行为。

附赠式有奖销售是指经营者向满足一定条件的消费者提供奖金、物品或者其他利益的有奖销售行为。

经政府或者政府有关部门依法批准的有奖募捐及其他彩票发售活动，不适用本规定。

第 12 条 经营者为了推广移动客户端、招揽客户、提高知名度、获取流量、提高点击率等，附带性地提供物品、奖金或者其他利益的行为，属于本规定所称的有奖销售。

第 13 条 经营者在有奖销售前，应当明确公布奖项种类、参与条件、参与方式、开奖时间、开奖方式、奖金金额或者奖品价格、奖品品名、奖品种类、奖品数量或者中奖概率、兑奖时间、兑奖条件、兑奖方式、奖品交付方式、弃奖条件、主办方及其联系方式等信息，不得变更，不得附加条件，不得影响兑奖，但有利于消费者的除外。

在现场即时开奖的有奖销售活动中，对超过五百元奖项的兑奖情况，应当随时公示。

第 14 条 奖品为积分、礼券、兑换券、代金券等形式的，应当公布兑换规则、使用范围、有效期限以及其他限制性条件等详细内容；需要向其他经营者兑换的，应当公布其他经营者的名称、兑换地点或者兑换途径。

第 15 条　经营者进行有奖销售,不得采用以下谎称有奖的方式:

(一) 虚构奖项、奖品、奖金金额等;

(二) 仅在活动范围中的特定区域投放奖品;

(三) 在活动期间将带有中奖标志的商品、奖券不投放、未全部投放市场;

(四) 将带有不同奖金金额或者奖品标志的商品、奖券按不同时间投放市场;

(五) 未按照向消费者明示的信息兑奖;

(六) 其他谎称有奖的方式。

第 16 条　经营者进行有奖销售,不得采用让内部员工、指定单位或者个人中奖等故意让内定人员中奖的欺骗方式。

第 17 条　抽奖式有奖销售最高奖的金额不得超过五万元。有下列情形之一的,认定为最高奖的金额超过五万元:

(一) 最高奖设置多个中奖者的,其中任意一个中奖者的最高奖金额超过五万元;

(二) 同一奖券或者购买一次商品具有两次或者两次以上获奖机会的,累计金额超过五万元;

(三) 以物品使用权、服务等形式作为奖品的,该物品使用权、服务等的市场价格超过五万元;

(四) 以游戏装备、账户等网络虚拟物品作为奖品的,该物品市场价格超过五万元;

(五) 以降价、优惠、打折等方式作为奖品的,降价、优惠、打折等利益折算价格超过五万元;

(六) 以彩票、抽奖券等作为奖品的,该彩票、抽奖券可能的最高奖金额超过五万元;

（七）以提供就业机会、聘为顾问等名义，并以给付薪金等方式设置奖励，最高奖的金额超过五万元；

（八）以其他形式进行抽奖式有奖销售，最高奖金额超过五万元。

第18条 经营者以非现金形式的物品或者其他利益作为奖品的，按照同期市场同类商品的价格计算其金额。

第19条 经营者应当建立档案，如实、准确、完整地记录设奖规则、公示信息、兑奖结果、获奖人员等内容，妥善保存两年并依法接受监督检查。

6.《侵害消费者权益行为处罚办法》

第6条 经营者向消费者提供有关商品或者服务的信息应当真实、全面、准确，不得有下列虚假或者引人误解的宣传行为：

（一）不以真实名称和标记提供商品或者服务；

（二）以虚假或者引人误解的商品说明、商品标准、实物样品等方式销售商品或者服务；

（三）作虚假或者引人误解的现场说明和演示；

（四）采用虚构交易、虚标成交量、虚假评论或者雇佣他人等方式进行欺骗性销售诱导；

（五）以虚假的"清仓价"、"甩卖价"、"最低价"、"优惠价"或者其他欺骗性价格表示销售商品或者服务；

（六）以虚假的"有奖销售"、"还本销售"、"体验销售"等方式销售商品或者服务；

（七）谎称正品销售"处理品"、"残次品"、"等外品"等商品；

（八）夸大或隐瞒所提供的商品或者服务的数量、质量、性能等与消费者有重大利害关系的信息误导消费者；

（九）以其他虚假或者引人误解的宣传方式误导消费者。

7.《国家市场监督管理总局关于加强网络直播营销活动监管的指导意见》

(九)依法查处不正当竞争违法行为。针对网络直播营销中虚构交易或评价、网络直播者欺骗和误导消费者等不正当竞争问题,依据《反不正当竞争法》,重点查处实施虚假或者引人误解的商业宣传、帮助其他经营者进行虚假或者引人误解的商业宣传、仿冒混淆、商业诋毁和违法有奖销售等违法行为。

案例指引

1. 苏州某文化传播有限公司诉苏州市吴江区市场监督管理局不正当竞争相关行政案件[①]

经营者通过微信举办免费抽奖活动，虽不以参与者购买商品或者服务为前提，但其目的在于扩大知名度，宣传商品或服务，特别是收集参与者的报名信息，发掘潜在的客户以获取更大的经营利润，属于《反不正当竞争法》规定的有奖销售行为，应当受到《反不正当竞争法》的规制。

2. 巴州某网络科技有限公司、额敏县某生物工程有限责任公司等商业诋毁纠纷案[②]

被诉侵权人在明知权利人所销售的相关产品不存在知识产权侵权的情况下，为提升其自身淘宝店铺价格竞争优势，恶意捏造事实，向淘宝网进行虚假投诉，有违社会主义核心价值观"诚信、友善"等原则，并导致权利人相关产品被迫下架、被淘宝网给予扣分处罚，被诉侵权人行为已构成商业诋毁。

3. 新疆某食品有限公司、西安某文化科技有限公司商业诋毁纠纷案[③]

市场主体为推销商品或者服务而发布的测评类短视频属于比较广告，其对他人产品、服务或者其他经营活动进行评论或者批评时，应当遵循全面公允、客观真实、有据可循的基本原则。特别是经营者为竞争目的对他人产品、服务或者其他经营活动进行商业评论或者

[①] 载人民法院案例库，案例编号：2024-09-3-028-001，最后访问日期：2025年7月5日。
[②] 载中国裁判文书网，案号：（2022）新民终81号，最后访问日期：2025年7月5日。
[③] 载中国裁判文书网，案号：（2021）陕民终392号，最后访问日期：2025年7月5日。

批评时，更应尽到谨慎注意义务，不能无视国家、行业有关标准，采取片面的、以凸显自身优势、散布竞争对手劣势为主的直接比较方式，使相关公众对竞争对手的实际品质产生误解，损害其商业信誉与商品声誉。否则破坏了公平竞争、规范有序的市场秩序，有违诚实信用原则、一般商业伦理道德，不符合"社会主义核心价值观"的基本导向，构成商业诋毁的不正当竞争。

4. 贵州甲制药有限公司、贵州乙药业有限责任公司商业诋毁纠纷案[①]

经营者发送的函件中，将部分没有依据的信息、不完整的事实及未经定性的论断，向其竞争对手的客户进行传递，且言辞不当，明显带有主观故意性，且直接造成了损害权利人商业信誉的结果，该行为构成商业诋毁。

5. 北京某科技有限公司与北京某文化传媒有限公司不正当竞争纠纷案[②]

本案是规范数据抓取行为的典型案例。在互联网和大数据时代，数据已经成为一种重要的生产资料。随着数据产业与数据交易的发展，企业之间因数据收集、处理、利用而产生的法律纠纷日益增多。本案中，人民法院探索明确了非独创性数据集合的法律性质，区分了《著作权法》保护的权利与《反不正当竞争法》的法益范畴，保护了平台经营者收集、存储、加工、传输数据形成的合法权益。本案裁判对适用反不正当竞争法规制数据利用行为进行了积极探索。

---

① 载中国裁判文书网，案号：（2020）黔01民初1054号、（2021）黔民终144号，最后访问日期：2025年7月5日。

② 参见《2023年人民法院反垄断和反不正当竞争典型案例》，载最高人民法院网，https://www.court.gov.cn/zixun/xiangqing/411732.html，最后访问日期：2025年7月5日。

6. 上海某网络科技有限公司诉北京某网络科技有限公司等不正当竞争纠纷案[①]

安全类软件经营者利用其特权及用户信任，以保障计算机系统安全为名，超出软件运营合理限度，擅自或诱导用户变更浏览器主页，干扰其他软件正常合法运行或实施区别对待其他软件的行为，使对方不能享有平等的被选择权，损害其他经营者或消费者合法权益的，构成不正当竞争。

7. 上海某股份有限公司、上海某金融信息服务有限公司诉西安某软件科技有限公司不正当竞争纠纷案[②]

认定经营者提供网络抢购服务的行为不属于《反不正当竞争法》第12条（现为第13条）明确列明的行为类型从而适用该条兜底条款时，除应考量其对抢购服务目标平台及用户是否造成损害外，还应审查其是否具有不正当性。提供网络抢购服务的经营者利用技术手段，为目标平台的用户提供不正当抢购优势，破坏目标平台既有的抢购规则并刻意绕过其监管措施，对目标平台的用户粘性和营商环境造成严重破坏的，可以认定构成不正当竞争。

8. 北京某科技有限公司与杭州某网络科技有限公司、杭州某科技有限公司不正当竞争纠纷案[③]

本案是对网络环境下新型不正当竞争行为进行有效规制的典型案例。该案体现了人民法院对互联网经营者与消费者合法利益的有效保护，同时也体现了人民法院对创新因素的考量。本案明确了网络

[①] 载人民法院案例库，案例编号：2023-09-2-182-001，最后访问日期：2025年7月5日。
[②] 载人民法院案例库，案例编号：2024-09-2-488-002，最后访问日期：2025年7月5日。
[③] 参见《人民法院反垄断和反不正当竞争典型案例》，载最高人民法院网，https://www.court.gov.cn/zixun/xiangqing/324491.html，最后访问日期：2025年7月5日。

视频行业中新商业模式的合理边界,彰显了人民法院促进网络平台有序发展、激发社会创新活力,打造公平竞争市场环境的司法导向。

（二）误导、欺骗、强迫用户修改、关闭、卸载其他经营者合法提供的网络产品或者服务；

（三）恶意对其他经营者合法提供的网络产品或者服务实施不兼容；

（四）其他妨碍、破坏其他经营者合法提供的网络产品或者服务正常运行的行为。

❸经营者不得以欺诈、胁迫、避开或者破坏技术管理措施等不正当方式，获取、使用其他经营者合法持有的数据，损害其他经营者的合法权益，扰乱市场竞争秩序。

❹经营者不得滥用平台规则，直接或者指使他人对其他经营者实施虚假交易、虚假评价或者恶意退货等行为，损害其他经营者的合法权益，扰乱市场竞争秩序。

第14条 禁止低于成本价销售

平台经营者不得强制或者变相强制平台内经营者按照其定价规则，以低于成本的价格销售商品，扰乱市场竞争秩序。

第15条 禁止大型企业滥用优势地位

大型企业等经营者不得滥用自身资金、技术、交易渠道、行业影响力等方面的优势地位，要求中小企业接受明显不合理的付款期限、方式、条件和违约责任等交易条件，拖欠中小企业的货物、工程、服务等账款。

☞ **平台经营者：** 是指为平台内经营者提供网络经营场所、交易机会、交易规则等服务的法人或者其他组织。

中小企业： 是指在中华人民共和国境内依法设立的、人员规模、经营规模相对较小的企业，包括中型企业、小型企业和微型企业。

条文注释

第 14 条 【禁止低于成本价销售】

一、规范意义及条文新增情况

本条的新增具有重要意义,是对日益复杂的市场竞争环境和新兴商业模式的积极回应。近年来,随着电商平台的迅速发展,部分平台经营者为争夺市场份额,采取了激进的低价销售策略,并通过平台规则或算法等手段,强制或变相强制平台内经营者以低于成本的价格销售商品。这种行为严重扰乱了市场竞争秩序,损害了经营者的合法权益,也对整个市场的健康发展造成了负面影响。

与2019年《反不正当竞争法》相比,这一新增条款更加具体地针对平台内经营者的不正当竞争行为,弥补了《价格法》第14条在管辖范围上的不足。《价格法》第14条主要针对的是经营者自身的低价倾销行为,而难以对平台经营者强制平台内经营者低价倾销的行为进行有效约束。本条的新增,有望从源头上遏制这种不合理的竞争行为,缓解平台一味追求低价的情况,帮助产业界走出"低价旋涡"的怪圈,进一步助力竞争秩序的改善及产业链的良性运转。

二、平台经营者强迫平台内经营者低价销售行为的认定

1. 平台经营者的概念。

平台经营者是指为平台内经营者提供网络经营场所、交易机会、交易规则等服务的法人或者其他组织。在电子商务领域,主要指各类电商平台,如淘宝、京东等;在本地生活服务领域,如美团、饿了么等也属于平台经营者范畴。这些平台经营者通过搭建网络交易平台,为众多的平台内经营者和消费者提供交易中介服务,对平台内的交易活动具有一定的管理和控制能力。值得注意的是,随着数字

经济的发展，平台经营者的范围可能还会不断扩大和演变，如一些新兴的社交电商平台、跨境电商平台等，都可能纳入平台经营者的范畴。只要是在平台内为经营者和消费者提供交易中介服务，并对交易活动具有管理和控制能力的主体，都应当受到相关法律的约束。

2. 强制或者变相强制的具体方式。

强制是指平台经营者以明确、直接的方式要求平台内经营者按照其定价规则，以低于成本的价格销售商品。例如，平台通过合同条款明确规定平台内经营者必须以特定的低于成本的价格销售某类商品，否则将面临平台的处罚，如降低搜索排名、限制店铺流量等。变相强制则是指平台经营者虽然没有明确要求平台内经营者以低于成本的价格销售商品，但通过一些间接手段，如设置不合理的平台规则、算法推荐等，使得平台内经营者在事实上不得不以低于成本的价格销售商品。例如，平台制定的促销活动中，虽然没有直接规定价格底线，但通过设置复杂的促销规则和算法推荐机制，使得平台内经营者为了获得流量和曝光度，不得不以低于成本的价格参与促销活动，否则将难以获得竞争优势。此外，还可能存在其他变相强制的方式，如平台对未按照其定价规则销售商品的经营者进行隐蔽的惩罚，如减少曝光机会、限制参与平台活动等，这些行为都可能构成变相强制。

3. 低于成本的价格。

低于成本的价格是指平台内经营者销售商品的价格低于其生产或采购该商品的成本。成本的计算通常包括固定成本和可变成本，如原材料成本、生产加工成本、运输成本、仓储成本、营销成本等。当平台内经营者在平台经营活动中，因平台的强制或变相强制行为，以低于其自身成本的价格销售商品时，就可能构成不正当竞争行为。

例如，某平台内商家在平台的促销活动中，为了满足平台的低价要求，以低于其进货成本的价格销售商品，导致其每销售一件商品就会产生亏损，这种情况下就属于以低于成本的价格销售商品。在实践中，对于成本的认定可能会存在一定的复杂性，需要综合考虑企业的财务报表、生产记录、销售数据等多方面因素，以确保准确判断是否构成低于成本销售。

4. 需要考量的其他因素。

在界定平台经营者强迫平台内经营者低价行为时，还需要考虑平台经营者的主观过错。如果平台经营者明知或应知其行为会导致平台内经营者以低于成本的价格销售商品，仍然实施或放任该行为的发生，则可以认定其具有主观过错。例如，平台经营者在制定促销规则时，明知该规则可能会导致大部分平台内经营者为了获得流量而不得不以低于成本的价格参与，但仍然推出该规则，并且没有采取任何措施来避免这种情况的发生，那么就可以认定平台经营者具有主观过错。

主观过错的认定对于确定平台经营者的法律责任具有重要意义，只有在平台经营者具有主观过错的情况下，才能更加合理地对其进行法律制裁。界定平台经营者强迫平台内经营者低价销售行为还需考察该行为产生的后果和对市场的影响。如果平台的强制行为导致大量平台内经营者以低于成本的价格销售商品，可能会对市场竞争秩序造成严重破坏，如导致市场价格扭曲、竞争对手被迫退出市场、行业利润空间被压缩等。此外，这种行为还可能损害消费者的利益，如长期来看可能会减少市场的创新动力，导致商品质量下降、服务质量降低等。例如，在某个电商平台上，由于平台强制要求商家以低于成本的价格销售某类电子产品，使得许多小型商家因无法承受亏损而退出市场,最终导致该平台上的该类产品主要由少数几家大型商家垄断,消费者在购买时的选择范围变窄。对行为后果和影响的评估有助于全面认定平台经营者强迫平台内经营者低价销售行为的性质和危害程度,从而为法律适用提供更加充分的依据。

三、承担责任的主体、方式以及举证责任的分配

平台经营者作为强制或变相强制行为的实施主体,应当对其违法行为承担相应的法律责任。这种责任可能包括停止侵权行为、赔偿损失、消除影响等。例如,监管部门可以要求平台经营者立即停止强制平台内经营者低价销售商品的行为,修改不合理的平台规则或算法;对于因该行为给平台内经营者造成的损失,平台经营者应当承担赔偿责任,赔偿范围可能包括经营者的直接损失和预期利益损失等;此外,平台经营者还可能需要通过公开声明等方式消除因其行为对市场竞争秩序和消费者造成的不利影响。在某些情况下,如果平台经营者的违法行为情节严重,还可能会面临罚款等行政处罚。同时,对于因平台经营者的行为而受到损害的平台内经营者和消费者,也应当提供相应的法律救济途径,保障他们的合法权益得到及时有效的维护。

在司法实践中,举证责任的分配对于认定平台强迫平台内经营者低价行为至关重要。由于平台经营者通常具有信息优势和技术优势,平台内经营者在证明平台的强制行为时可能会面临一定的困难。因此,在相关案件中,可以适当考虑举证责任的转移。例如,当平台内经营者能够提供初步证据证明其销售价格低于成本且该价格是由于平台的规则或算法所导致时,可以要求平台经营者对其行为的合理性和合法性进行举证。如果平台经营者不能提供充分的证据证明其行为的正当性,那么就应当承担相应的不利后果。这种举证责任

的分配方式有助于平衡双方的举证能力，更好地保护平台内经营者的合法权益，同时也促使平台经营者在制定和执行规则时更加谨慎和规范。

四、与相关法律法规的衔接

在界定平台经营者强迫平台内经营者低价销售行为时，还需要考虑与相关法律法规的衔接。《价格法》对经营者的定价行为进行了规范，《电子商务法》对电商平台的运营规则和平台内经营者的权益保护也作出了规定。在适用本条时，应当与其他法律法规相互配合，形成合力，共同打击不正当竞争行为。例如，对于平台经营者的强制定价行为，如果同时违反了《价格法》和本条的规定，监管部门可以依据相关法律法规同时进行处罚，以确保法律的严肃性和威慑力。同时，还需要注意与《反垄断法》的衔接，对于平台经营者的行为如果构成滥用市场支配地位等垄断行为的，还应当依据《反垄断法》进行处理。

第 15 条　【禁止大型企业滥用优势地位】

一、规范意义及条文新增情况

本条的新增具有重要意义。从保障中小企业权益的角度来看，该条为中小企业提供了坚实的法律后盾。在实际的商业交易中，中小企业往往因为规模、资金、市场地位等因素，在与大型企业的合作中处于相对弱势的地位。大型企业可能会利用自身的优势，对中小企业提出不合理的交易条件，如过长的付款期限、不合理的付款方式、苛刻的合同条款以及不平等的违约责任等，甚至可能会无故拖欠中小企业的账款。这种行为不仅会对中小企业的资金流造成巨大的压力，影响其正常的生产经营活动，还可能导致中小企业面临生存危机，进而对市场生态的多样性产生负面影响。而新增本条，明确禁止了大型企业等经营者滥用优势地位的行为，为中小企业营造了一个更加公平、公正的交易环境，有助于维护中小企业的经济利益和经营稳定，促进中小企业的健康发展。

从维护市场公平竞争秩序的角度而言，本条发挥着不可或缺的作用。市场的公平竞争是经济健康发展的重要基石，然而，当大型企业凭借其优势地位对中小企业进行不公平的交易时，这种行为无疑会扭曲市场竞争机制，破坏市场的公平性。大型企业通过不合理的手段获取不正当利益，可能会挤压中小企业的生存空间，使得市场竞争变得不充分、不健康。本条通过对大型企业滥用优势地位行为的限制，确保了所有市场主体能够在公平的条件下开展竞争，有利于维护市场的正常竞争秩序，推动市场的良性发展，保护市场的活力和创新力。

本条对于促进经济的可持续发展具有深远的意义。中小企业在国民经济中占据着举足轻重的地位，它们不仅是经济增长的重要引擎，也是技术创新和就业机会的重要创造者。然而，资金问题往往是制约中小企业发展的关键因素之一。不合理的付款条件和账款拖欠会导致中小企业的资金周转困难，增加其融资成本，降低其投资和扩大生产的能力。本条的实施，有助于缓解中小企业的资金压力，提高其资金周转效率，增强中小企业的市场竞争力和创新能力，从而为经济的可持续发展注入新的动力和活力。

《民法典》合同编对合同双方的权利义务进行了全面而系统的规定，为市场主体的交易活动提供了基本的法律框架。然而，该编虽然对合同的订立、履行、变更、解除以及违约责任等方面进行了详细规定，但对于大型企业滥用优势地位这一特殊情形并未进行专门和深入的规范。而本条正是对这一问题的有力补充，专门针对大型企业等经营者滥用优势地位的行为进行规制，与《民法典》合同编共同构成了对市场主体交易行为的全方位规范。此外，《中小企业促进法》也明确强调了对中小企业权益的保护，从促进中小企业发展的角度出发，规定了一系列支持和保障中小企业的政策措施。本条则更加具体地明确了大型企业在交易中不得滥用优势地位的具体行为，进一步强化了对中小企业的法律保护，与《中小企业促进法》相得益彰，共同为中小企业的健康发展保驾护航。

二、滥用自身资金、技术、交易渠道、行业影响力等方面的优势地位的认定

在认定滥用优势地位的行为时，首先，需要关注主体要件。大型企业的界定通常依据一定的标准，这些标准往往与企业的规模、经济实力和市场地位密切相关。例如，根据《统计上大中小微型企业划分办法（2017）》，大型工业企业一般需满足营业收入大于等于4亿元，从业人员大于等于1000人的条件。这些量化指标为识别大型企业提供了较为明确的依据。然而，优势地位的范畴并非仅限于大型企业，还包括那些在资金、技术、交易渠道、行业影响力等方面具有优势的其他经营者。比如，一些企业在特定技术领域拥有核心专利技术，使其在相关市场交易中占据主导地位；或者某些企业通过长期的经营和布局，掌控了主要的销售渠道，使得中小企业在销售产品或服务时不得不依赖其渠道资源。这些企业同样可能被认定为具有优势地位的经营者，从而受到本条的规制。

其次，主观要件也是认定滥用优势地位的重要因素。在主观方面，大型企业等经营者通常具有主观故意。这意味着企业明知或应知其行为会对中小企业造成不合理的负担和损害，却仍然积极实施或放任该行为的发生。例如，企业高级管理人员在内部会议中明确指示业务部门利用自身优势地位，对中小企业提出苛刻的交易条件，以获取自身不正当利益。这种情况下，企业的主观故意显而易见。此外，即使企业没有明确的故意，但如果其行为表现出对中小企业权益的漠视或存在重大过失，也可能被认定为滥用优势地位。例如，企业在合同谈判过程中，未对合同条款进行合理的审查和评估，导致中小企业被迫接受明显不合理的付款期限等条件。而企业又无法证明其已经尽到了应有的注意义务，未能对中小企业的合理诉求进行充分考虑和回应。这种重大过失的行为同样可能构成滥用优势地位。

再次，客观要件的满足也是认定滥用优势地位行为的关键环节。这种行为主要表现为要求中小企业接受明显不合理的付款期限、方式、条件和违约责任等交易条件，以及拖欠中小企业的货物、工程、服务等账款。例如，大型企业可能会利用其优势地位，单方面制定过长的付款期限，如要求中小企业在交货后180天甚至更长时间才能收到款项。而合理的付款期限通常根据不同行业惯例和交易习惯确定，一般在30天至60天，或者大型企业可能会强制要求中小企业接受不合理的付款方式，如仅接受现金支付，而拒绝银行转账、支票、银行承兑汇票等更为常见和安全的支付方式，这无疑会增加中小企业的收款风险和资金管理成本。此外，大型企业还有可能在交易合同中设置不合理的交易条件，如要求中小企业承担不合理的运输费用、包装费用或其他附加费用，而这些费用通常应由买方承担或在双方之间合理分担。同时，大型企业还可能通过设置不平等的违约责任条款，将绝大部分的交易风险转嫁给中小企业。例如，在合同中规定，如果中小企业出现轻微的延迟交货情况，就需要支付高额的违约金，而大型企业自身即使出现严重的违约行为，也仅需承担少量的赔偿责任。

最后，拖欠账款也是滥用优势地位的一种常见表现形式。大型企业凭借其在交易中的优势地位，无故拖延支付中小企业的货物、工程、服务等款项，导致中小企业面临资金紧张、经营困难等问题。

在认定滥用优势地位行为时，还需证明该行为对中小企业造成了实际损害，并且这种损害是由大型企业的滥用行为直接引起的，即存在因果关系。例如，由于大型企业长期拖欠中小企业的账款，导致中小企业资金链断裂，无法按时支付供应商的货款，进而影响到生产环节的正常运转，甚至可能面临停产、破产等严重后果；或者因大型企业施加的不合理交易条件，使得中小企业在市场竞争中处于劣势地位，市场份额逐渐被挤压，利润空间大幅缩小，经营业绩持续下滑等。这些损害后果与大型企业的滥用优势地位行为之间存在着直接的因果关系，进一步印证了该行为的违法性和危害性。

三、明显不合理的付款期限、方式、条件和违约责任等交易条件的认定

在认定付款期限是否明显不合理时，首先，需要考虑行业惯例。不同的行业由于其业务特点、资金周转速度、市场竞争状况等因素的影响，对于付款期限有着不同的标准和习惯。例如，在服装制造业，由于产品的季节性较强，市场竞争激烈，企业的资金周转速度相对较快，因此付款期限通常较短，一般为30天至60天。如果超过这个期限，尤其是在没有合理理由的情况下，大型企业要求中小企业的付款期限长达180天甚至更久，那么这样的付款期限很可能被认定为明显不合理。而在大型机械设备制造业，由于产品的生产周期长，资金投入大，定制化程度高，付款期限相对会长一些，通常

在 90 天至 180 天。但是，如果付款期限超过了这个范围，且无法提供合理的解释，也可能构成不合理的付款期限。其次，合同的性质和金额也会对付款期限的合理性产生重要影响。对于一些小额、简单的合同，由于其涉及的金额较小，交易相对较为简便，付款期限通常较短。例如，一个价值 10 万元的小额货物采购合同，付款期限可能为 15 天至 30 天。而对于大额、复杂的合同，如价值数千万元的大型工程项目合同，由于涉及的内容多、风险大、履行周期长，付款期限可能会相对较长，通常为 60 天至 120 天甚至更长。此外，双方协商与公平原则也是认定付款期限合理性的重要因素。最后，付款期限应当是双方在平等协商的基础上达成的共识，并且要符合公平原则。如果一方利用其优势地位，单方面强行设定付款期限，而另一方由于依赖关系或市场地位的不对等，无法进行有效的协商和拒绝，那么这样的付款期限可能被认定为不合理。例如，大型企业凭借其在市场中的主导地位，要求中小企业接受付款期限为 180 天的条件，而中小企业因担心失去重要的业务订单，不得不接受这一苛刻条件。这种情况下，付款期限可能被认定为明显不合理，违反了公平原则。

在付款方式的认定方面，首先，需要考虑安全性与效率。合理的付款方式应当在保障交易安全的前提下，提高资金的流转效率。常见的付款方式包括现金、银行转账、支票、银行承兑汇票等。现金支付虽然直接，但存在风险高、不易追溯、保管成本高等问题，尤其在大额交易中，现金支付的方式往往不太常见。银行转账则相对安全、便捷，且具有银行记录可查，能够为双方提供较为可靠的交易凭证。支票作为一种传统的支付工具，在一些商业交易中仍然具有一定的应用，但其支付的及时性和便捷性相对较弱。银行承兑汇票则具有一定的融资功能，可以为企业提供资金周转的便利，但同时也可能涉及贴现利息等问题。其次，成本与负担也是认定付款方式合理性的重要因素。不同的付款方式会给双方带来不同的成本和负担。例如，采用银行承兑汇票付款，虽然可以为付款方提供一定的融资便利，但收款方可能需要承担票据贴现利息等额外成本。如果大型企业要求中小企业接受银行承兑汇票付款，而未考虑中小企业的成本负担，且无法提供合理的理由，则可能构成不合理的付款方式。此外，双方协商与行业惯例同样适用于付款方式的认定。最后，付款方式应由双方在平等协商的基础上确定，并符合行业惯例。如果大型企业单方面指定付款方式，而该方式对中小企业明显不利且不符合行业惯例，那么这种付款方式可能被认定为不合理。

对于交易条件的认定，首先，应遵循公平与合理原则。交易条件不应存在对中小企业明显不利的条款，双方应在公平、公正的基础上进行协商和确定交易条件。例如，大型企业要求中小企业承担不合理的运输费用、包装费用或其他附加费用，而这些费用通常应由买方承担或在双方之间合理分担，那么这样的交易条件可能被认定为不合理。其次，交易条件应与合同目的具有合理的关联性。如果大型企业提出与合同目的无关或关联性不合理的条件，可能被认定为不合理。例如，在货物采购合同中，大型企业要求中小企业提供与其产品无关的技术支持或服务，这可能超出了合同的合理范围，构成不合理的交易条件。最后，参考行业标准与市场惯例也是认定交易条件合理性的重要依据。如果交易条件明显偏离行业标准或市场惯例，且无法提供合理的解释，则可能被认定为不合理。例如，在同行业类似交易中，通常由卖方负责产品的安装调试，但大型企业却要求中小企业额外支付高额的安装调试费用，这可能不符合行业标准和市场惯例,从而构成不合理的交易条件。

在违约责任的认定方面,首先,应遵循对等性原则。违约责任的分配应体现公平性,双方在合同中的违约责任应相对等,不应存在对中小企业明显不利的违约责任分配。例如,如果中小企业延迟交货一天需支付高额的违约金,而大型企业延迟付款一个月仅需支付少量的违约金,这种不对等的违约责任分配可能被认定为不合理。其次,违约责任应合理且具有可预见性。违约责任的设定应基于合同履行过程中可能出现的合理风险和损失,并且双方在签订合同时能够预见到违约可能造成的损失。如果违约责任过于严苛或超出正常预见范围,可能被认定为不合理。例如,大型企业要求中小企业在延迟交货时支付相当于合同金额50%的违约金,而这种高额违约金超出了中小企业的合理预见范围,且与实际可能造成的损失悬殊,可能被认定为不合理。最后,违约责任应与违约行为的性质和严重程度相对应。轻微的违约行为不应承担过重的违约责任,反之亦然。例如,中小企业因不可抗力导致轻微延迟交货,大型企业却要求其承担解除合同并支付巨额赔偿的责任,这种与违约行为不对应的违约责任可能被认定为不合理。

相关规定

1.《反不正当竞争法》

第 30 条　平台经营者违反本法第十四条规定强制或者变相强制平台内经营者以低于成本的价格销售商品的，由监督检查部门责令停止违法行为，处五万元以上五十万元以下的罚款；情节严重的，处五十万元以上二百万元以下的罚款。

第 31 条　经营者违反本法第十五条规定滥用自身优势地位的，由省级以上人民政府监督检查部门责令限期改正，逾期不改正的，处一百万元以下的罚款；情节严重的，处一百万元以上五百万元以下的罚款。

2.《电子商务法》

第 35 条　电子商务平台经营者不得利用服务协议、交易规则以及技术等手段，对平台内经营者在平台内的交易、交易价格以及与其他经营者的交易等进行不合理限制或者附加不合理条件，或者向平台内经营者收取不合理费用。

3.《价格法》

第 14 条　经营者不得有下列不正当价格行为：

（一）相互串通，操纵市场价格，损害其他经营者或者消费者的合法权益；

（二）在依法降价处理鲜活商品、季节性商品、积压商品等商品外，为了排挤竞争对手或者独占市场，以低于成本的价格倾销，扰乱正常的生产经营秩序，损害国家利益或者其他经营者的合法权益；

（三）捏造、散布涨价信息，哄抬价格，推动商品价格过高上涨的；

（四）利用虚假的或者使人误解的价格手段，诱骗消费者或者其他经营者与其进行交易；

（五）提供相同商品或者服务，对具有同等交易条件的其他经营者实行价格歧视；

（六）采取抬高等级或者压低等级等手段收购、销售商品或者提供服务，变相提高或者压低价格；

（七）违反法律、法规的规定牟取暴利；

（八）法律、行政法规禁止的其他不正当价格行为。

4.《反垄断法》

第22条 禁止具有市场支配地位的经营者从事下列滥用市场支配地位的行为：

（一）以不公平的高价销售商品或者以不公平的低价购买商品；

（二）没有正当理由，以低于成本的价格销售商品；

（三）没有正当理由，拒绝与交易相对人进行交易；

（四）没有正当理由，限定交易相对人只能与其进行交易或者只能与其指定的经营者进行交易；

（五）没有正当理由搭售商品，或者在交易时附加其他不合理的交易条件；

（六）没有正当理由，对条件相同的交易相对人在交易价格等交易条件上实行差别待遇；

（七）国务院反垄断执法机构认定的其他滥用市场支配地位的行为。

具有市场支配地位的经营者不得利用数据和算法、技术以及平台规则等从事前款规定的滥用市场支配地位的行为。

本法所称市场支配地位，是指经营者在相关市场内具有能够控制商品价格、数量或者其他交易条件，或者能够阻碍、影响其他经营者进入相关市场能力的市场地位。

5.《消费者权益保护法》

第 10 条　消费者享有公平交易的权利。

消费者在购买商品或者接受服务时，有权获得质量保障、价格合理、计量正确等公平交易条件，有权拒绝经营者的强制交易行为。

6.《中小企业促进法》

第 53 条　国家机关、事业单位和大型企业不得违约拖欠中小企业的货物、工程、服务款项。

中小企业有权要求拖欠方支付拖欠款并要求对拖欠造成的损失进行赔偿。

7.《保障中小企业款项支付条例》

第 3 条第 1 款　本条例所称中小企业，是指在中华人民共和国境内依法设立，依据国务院批准的中小企业划分标准确定的中型企业、小型企业和微型企业；所称大型企业，是指中小企业以外的企业。

第 4 条　保障中小企业款项支付工作，应当贯彻落实党和国家的路线方针政策、决策部署，坚持支付主体负责、行业规范自律、政府依法监管、社会协同监督的原则，依法防范和治理拖欠中小企业款项问题。

第 7 条　机关、事业单位和大型企业不得要求中小企业接受不合理的付款期限、方式、条件和违约责任等交易条件，不得拖欠中小企业的货物、工程、服务款项。

中小企业应当依法经营，诚实守信，按照合同约定提供合格的货物、工程和服务。

第 9 条第 2 款 大型企业从中小企业采购货物、工程、服务，应当自货物、工程、服务交付之日起 60 日内支付款项；合同另有约定的，从其约定，但应当按照行业规范、交易习惯合理约定付款期限并及时支付款项，不得约定以收到第三方付款作为向中小企业支付款项的条件或者按照第三方付款进度比例支付中小企业款项。

第三章　对涉嫌不正当竞争行为的调查

第16条　行政查处措施

❶监督检查部门调查涉嫌不正当竞争行为，可以采取下列措施：

（一）进入涉嫌不正当竞争行为的经营场所进行检查；

（二）询问被调查的经营者、利害关系人及其他有关单位、个人，要求其说明有关情况或者提供与被调查行为有关的其他资料；

（三）查询、复制与涉嫌不正当竞争行为有关的协议、账簿、单据、文件、记录、业务函电和其他资料；

（四）查封、扣押与涉嫌不正当竞争行为有关的财物；

（五）查询涉嫌不正当竞争行为的经营者的银行账户。

❷采取前款规定的措施，应当向监督检查部门主要负责人书面报告，并经批准。采取前款第四项、第五项规定的措施，应当向设区的市级以上人民政府监督检查部门主要负责人书面报告，并经批准。

条文注释

一、规范意义及条文修订情况

本条明确了检查监督部门对不正当竞争行为的调查权,包括现场检查权、询问调查权、文件复制权、财产控制权、资金溯源权,以程序正义赋能有效监督。首先,本条为监督检查部门提供了明确的执法依据和手段,有助于增强执法的权威性和有效性。在实际的市场竞争监管中,监督检查部门需要具备相应的权力来调查涉嫌不正当竞争的行为,以便收集证据、查明事实真相,从而对违法行为进行准确的认定和处罚。本条通过详细列举监督检查部门可以采取的措施,使其在执法过程中能够有法可依,更加自信和有力地履行职责,维护市场秩序。从维护市场秩序的角度来看,赋予监督检查部门充分的调查权力,是打击不正当竞争行为、保护公平竞争环境的必要手段。不正当竞争行为往往具有隐蔽性和复杂性,违法者为了获取不正当利益,可能会采取各种手段掩盖其行为。而监督检查部门通过行使调查权,能够深入企业的经营场所、查阅相关资料、询问相关人员等,从而揭露违法行为,及时制止市场中的不正当竞争现象,保护其他经营者的合法权益,维护市场的公平、公正和透明。此外,本条还有助于提高监管效率,降低成本。在没有明确调查措施规定的情况下,监督检查部门在执法过程中可能会面临诸多障碍和不确定性,导致调查工作进展缓慢,甚至出现无法有效收集证据的情况。而有了明确的调查措施授权,监督检查部门可以更加高效地开展工作,减少不必要的行政成本和资源浪费,确保市场竞争环境的健康运行。与2019年《反不正当竞争法》相比,本条于第3款增加"依法"二字,更加强调向公众公开查处结果的法律严肃性。

二、监督检查部门及调查权的内容

1. 监督检查部门。

监督检查部门主要是指县级以上人民政府的市场监督管理部门。这些部门根据《反不正当竞争法》被赋予了对不正当竞争行为进行监督检查的职权。县级市场监督管理部门负责本行政区域内的不正当竞争行为的监督检查工作,对日常市场活动进行监管,及时发现和处理不正当竞争行为。设区的市级市场监督管理部门在县级部门工作的基础上,对重大、复杂的不正当竞争案件进行协调和指导,可以直接查处具有较大影响的案件。省级市场监督管理部门则负责对全省范围内的不正当竞争行为进行宏观指导和监督,组织跨区域的联合行动,处理重大、疑难案件,并对下级部门的执法工作进行业务指导和监督。此外,其他有关部门在法律、行政法规规定的情况下,也可以参与对不正当竞争行为的监督检查。例如,在金融领域的不正当竞争案件中,金融监管部门可以根据相关金融法规和《反不正当竞争法》的规定,对涉及金融业务的不正当竞争行为进行调查和处理;在知识产权领域的不正当竞争案件中,知识产权管理部门可以依据知识产权相关法律法规和《反不正当竞争法》,对涉及知识产权的不正当竞争行为行使调查权。

2. 调查权的主要内容。

一是进入涉嫌不正当竞争行为的经营场所进行检查。监督检查部门有权进入被调查的经营者的生产、经营场所,包括生产车间、仓库、办公室等,进行实地检查。在检查过程中,执法人员可以查看场所内的设施、设备、商品、原材料等,以确认是否存在涉嫌不正当竞争的行为。例如,如果怀疑某企业存在侵犯商业秘密的行为,监督检查部门可以进入该企业的办公场所,检查其计算机系统、文件存储设备等，查找可能涉及商业秘密侵权的证据。

二是询问被调查的经营者、利害关系人及其他有关单位、个人，要求其说明有关情况或者提供与被调查行为有关的其他资料。监督检查部门可以对被调查的经营者进行询问，要求其就涉嫌不正当竞争行为的相关情况进行说明，包括但不限于经营模式、交易情况、与竞争对手的关系等。同时，也可以对利害关系人，如与被调查经营者存在交易关系的供应商、客户，以及其他知情人，如前员工、合作伙伴等进行询问。被询问的单位和个人有义务如实回答问题，并按照要求提供相关的资料，如合同、发票、账簿、邮件、即时通讯记录等。这些资料可以是书面形式，也可以是电子数据形式。例如，在调查一起商业诋毁案件中，监督检查部门可以询问被调查企业的客户，了解他们是否收到过诋毁竞争对手的虚假信息，要求客户提供相关的邮件或书面材料作为证据。

三是查询、复制与涉嫌不正当竞争行为有关的协议、账簿、单据、文件、记录、业务函电和其他资料。监督检查部门有权查阅和复制被调查经营者及相关单位和个人保存的各类文件和资料。这包括但不限于商业协议、财务账簿、销售单据、会议记录、业务往来信函、电子邮件等。通过查询和复制这些资料，监督检查部门可以深入了解被调查者的经营活动细节，查找可能存在的不正当竞争行为线索。例如，在调查一起垄断协议案件中，监督检查部门可以查询复制涉案企业之间的合作协议、会议纪要、价格调整通知等文件，分析是否存在垄断协议的内容和实施情况。

四是查封、扣押与涉嫌不正当竞争行为有关的财物。在某些情况下，为了防止证据灭失或者避免不正当竞争行为的进一步危害，监督检查部门可以对与涉嫌不正当竞争行为有关的财物采取查封、扣押措施。这些财物可能包括涉嫌侵权的商品、用于实施不正当竞争行为的工具、设备、原材料等。查封是指将财物就地封存，禁止任何人擅自移动、使用或处分；扣押则是将财物异地扣留，由监督检查部门保管。例如，在查处一起制售假冒伪劣商品的不正当竞争案件中，监督检查部门可以查封涉案企业的生产车间，扣押尚未销售的假冒伪劣产品以及用于生产的模具、包装材料等，防止这些产品继续流入市场，损害消费者权益。

五是查询涉嫌不正当竞争行为的经营者的银行账户。监督检查部门在调查过程中，如果有必要了解被调查经营者的资金流动情况，以判断其是否存在与不正当竞争行为相关的资金往来，如商业贿赂、不正当的价格优惠等，可以查询其银行账户。这有助于全面掌握被调查者的财务状况和资金流向，为案件调查提供重要线索。例如，在调查一起商业贿赂案件中，通过查询涉嫌行贿企业的银行账户，监督检查部门可以追踪到贿赂资金的去向，确定受贿对象和受贿金额等关键信息。

三、监督检查部门行使调查权需要遵守的程序

监督检查部门在行使调查权时，必须遵循严格的程序规定，以确保调查工作的合法性、公正性和规范性。

1. 一般措施的批准程序。

监督检查部门采取进入涉嫌不正当竞争行为的经营场所进行检查、询问被调查的经营者、利害关系人及其他有关单位、个人，要求其说明有关情况或者提供与被调查行为有关的其他资料、查询、复制与涉嫌不正当竞争行为有关的协议、账簿、单据、文件、记录、业务函电和其他资料等措施，应当向监督检查部门主要负责人书面报告，并经批准。这意味着监督检查人员不能随意采取这些措施，而

必须事先准备书面报告，详细说明采取措施的必要性、调查对象的基本情况、预计调查的内容和范围等信息，提交给监督检查部门的主要负责人。主要负责人在对报告进行审查后，认为符合法定条件和调查需要的，应当予以批准。只有在获得批准后，监督检查人员才能正式实施相应的调查措施。

2. 特殊措施的批准程序。

对于查封、扣押与涉嫌不正当竞争行为有关的财物以及查询涉嫌不正当竞争行为的经营者的银行账户这两项措施，由于其对当事人的权利影响较大，程序要求更为严格。监督检查部门采取这些措施时，必须向设区的市级以上人民政府监督检查部门主要负责人书面报告，并经批准。这表明对于这些较为严厉的措施，不仅需要监督检查部门内部的审批，还要求审批权限提高到设区的市级以上人民政府的监督检查部门主要负责人。这有助于防止权力的滥用，确保在更高层次上对调查措施的必要性和合法性进行审查。例如，某县市场监督管理局在调查一起重大不正当竞争案件中，认为需要查封涉案企业的财物，此时该局必须将书面报告提交给设区的市级人民政府市场监督管理部门的主要负责人，经其审查批准后，才能实施查封措施。

3. 紧急情况下的程序。

在实际执法过程中，可能会遇到一些紧急情况，如证据可能灭失或者难以取得等。在这种情况下，监督检查部门可以依据相关法律法规的规定，先行采取查封、扣押等措施，但必须在规定的时间内（一般为48小时）补办批准手续。这一规定既保证了在紧急情况下能够及时保全证据，又防止监督检查部门滥用紧急权力，确保调查工作的合法性。

4. 其他程序要求。

一是监督检查部门应当在法定的调查期限内完成调查工作。一般情况下，调查期限为 30 日，自监督检查部门立案之日起计算。如果因案情复杂或者其他特殊情况需要延长调查期限的，经监督检查部门主要负责人批准，可以延长，但延长期限不得超过 30 日。对于特别重大、复杂的案件，经设区的市级以上人民政府监督检查部门主要负责人批准，调查期限可以再适当延长。这一规定既保证了监督检查部门有足够的时间进行深入调查，又防止调查工作无限期拖延，保障当事人的合法权益。

二是监督检查部门在进行调查工作时，调查人员不得少于 2 人，并应当向当事人或者有关人员出示证件。这是为了保证调查工作的公正性和合法性，防止个别执法人员滥用职权或者出现徇私舞弊的情况。同时，出示证件也有助于让被调查者明确执法人员的身份，配合调查工作。

三是调查人员在调查过程中，应当制作调查记录，如实记录调查的时间、地点、对象、内容、过程等情况。调查记录是调查工作的重要文字依据，不仅有助于监督检查部门内部对调查工作的管理和监督，也可以作为后续案件处理的证据材料。当事人或者其他有关人员应当在调查记录上签字或者盖章确认。如果当事人拒绝签字或者盖章的，调查人员应当在调查记录上注明情况。

四、监督检查部门在行使调查权时须严格遵守相关规则

监督检查部门在行使调查权时，必须严格遵循《行政强制法》的规定。《行政强制法》对行政机关实施行政强制措施的程序、条件、期限等作出了详细规定，监督检查部门在采取查封、扣押等措施时，必须符合《行政强制法》的要求，确保程序正当。同时，监督

检查部门应当遵循本条第 3 款的规定，依法将查处结果及时向社会公开。公开的内容一般包括案件的基本情况、调查处理的过程、处罚结果等，但涉及国家秘密、商业秘密和个人隐私的信息应当依法予以保密。公开查处结果有助于增强执法透明度，接受社会监督，维护公众的知情权。例如，监督检查部门可以在官方网站上设立专门的执法信息公开栏目，定期公布不正当竞争案件的查处情况，或者通过新闻发布会、媒体报道等方式向社会通报重大案件的处理结果。这样既可以让公众了解执法工作动态，也可以对违法者形成威慑，增强法律的权威性和公信力。

监督检查部门在行使调查权时，应当遵循正当程序原则，充分保障当事人的合法权益。在调查过程中，要严格依法办事，不得滥用职权或者超越法定权限。同时，要确保调查工作的公正性和客观性，不得先入为主或者带有偏见。调查人员应当严格遵守调查纪律，不得泄露调查工作秘密，不得利用职务之便谋取私利。对调查过程中知悉的国家秘密、商业秘密和个人隐私，应当依法予以保密。例如，在调查过程中，调查人员不得向外界透露案件的调查细节、当事人的商业秘密等信息，确保调查工作的严肃性和保密性。只有在严格遵守这些规则的前提下，监督检查部门才能依法有效地行使调查权，维护市场公平竞争秩序，保护经营者合法权益。

相关规定

《行政强制法》

第9条 行政强制措施的种类：

（一）限制公民人身自由；

（二）查封场所、设施或者财物；

（三）扣押财物；

（四）冻结存款、汇款；

（五）其他行政强制措施。

第24条 行政机关决定实施查封、扣押的，应当履行本法第十八条规定的程序，制作并当场交付查封、扣押决定书和清单。

查封、扣押决定书应当载明下列事项：

（一）当事人的姓名或者名称、地址；

（二）查封、扣押的理由、依据和期限；

（三）查封、扣押场所、设施或者财物的名称、数量等；

（四）申请行政复议或者提起行政诉讼的途径和期限；

（五）行政机关的名称、印章和日期。

查封、扣押清单一式二份，由当事人和行政机关分别保存。

第25条 查封、扣押的期限不得超过三十日；情况复杂的，经行政机关负责人批准，可以延长，但是延长期限不得超过三十日。法律、行政法规另有规定的除外。

延长查封、扣押的决定应当及时书面告知当事人，并说明理由。

对物品需要进行检测、检验、检疫或者技术鉴定的，查封、扣押的期间不包括检测、检验、检疫或者技术鉴定的期间。检测、检验、检疫或者技术鉴定的期间应当明确，并书面告知当事人。检测、检验、检疫或者技术鉴定的费用由行政机关承担。

第 26 条 对查封、扣押的场所、设施或者财物，行政机关应当妥善保管，不得使用或者损毁；造成损失的，应当承担赔偿责任。

对查封的场所、设施或者财物，行政机关可以委托第三人保管，第三人不得损毁或者擅自转移、处置。因第三人的原因造成的损失，行政机关先行赔付后，有权向第三人追偿。

因查封、扣押发生的保管费用由行政机关承担。

第 27 条 行政机关采取查封、扣押措施后，应当及时查清事实，在本法第二十五条规定的期限内作出处理决定。对违法事实清楚，依法应当没收的非法财物予以没收；法律、行政法规规定应当销毁的，依法销毁；应当解除查封、扣押的，作出解除查封、扣押的决定。

☞ 个人信息：是指以电子或者其他方式记录的能够单独或者与其他信息结合识别特定自然人的各种信息，包括自然人的姓名、出生日期、身份证件号码、生物识别信息、住址、电话号码、电子邮箱、健康信息、行踪信息等。

❸监督检查部门调查涉嫌不正当竞争行为，应当遵守《中华人民共和国行政强制法》和其他有关法律、行政法规的规定，并应当依法将查处结果及时向社会公开。

第17条　被调查对象的义务

监督检查部门调查涉嫌不正当竞争行为，被调查的经营者、利害关系人及其他有关单位、个人应当如实提供有关资料或者情况。

第18条　对经营者采取的措施

经营者涉嫌违反本法规定的，监督检查部门可以对其有关负责人进行约谈，要求其说明情况、提出改进措施。

第19条　保密义务

监督检查部门及其工作人员对调查过程中知悉的商业秘密、个人隐私和个人信息依法负有保密义务。

第20条　举报制度

❶对涉嫌不正当竞争行为，任何单位和个人有权向监督检查部门举报，监督检查部门接到举报后应当依法及时处理。

❷监督检查部门应当向社会公开受理举报的电话、信箱或者电子邮件地址，并为举报人保密。对实名举报并提供相关事实和证据的，监督检查部门应当将处理结果及时告知举报人。

条文注释

第 17 条 【被调查对象的义务】

一、规范意义

本条明确规定了监督检查部门调查涉嫌不正当竞争行为时,被调查的经营者、利害关系人及其他有关单位、个人应如实提供有关资料或情况。这一规定对于确保反不正当竞争调查的有效性、维护市场秩序的公正性、增强法律威慑力以及保障消费者权益具有重要意义。赋予监督检查部门调查取证的权力,要求相关主体配合提供资料或情况,能够有效防止被调查对象隐瞒或篡改证据,确保调查工作的顺利开展,为查明事实真相、准确认定和处理不正当竞争行为提供保障。

在反不正当竞争执法实践中,调查取证一直是难题,部分被调查对象为逃避法律责任,采取各种手段拒绝提供资料、隐瞒真实情况甚至销毁证据,严重影响了案件的调查和处理效率。许多国家或地区的反不正当竞争法律都强调被调查对象的配合义务,如美国、欧盟等,对拒绝配合调查的行为规定了严厉的处罚措施。我国在立法时借鉴了这些有益经验,将其与我国国情相结合,明确了各方在调查中的权利义务关系,提高了执法的规范化和科学化水平。

二、如实提供有关资料或者情况的义务主体

本条规定的如实提供有关资料或者情况的义务主体,包括被调查的经营者、利害关系人及其他有关单位、个人。

被调查的经营者是监督检查部门调查的重点对象,他们直接涉及涉嫌不正当竞争行为。这些经营者可能包括各类企业、个体工商户等市场主体。例如,在一起商业贿赂案件中,被调查的经营者可能

是涉嫌向医疗机构行贿以获取药品采购订单的医药公司。监督检查部门有权要求这些医药公司提供与药品采购相关的协议、账簿、发票、业务函电等资料，以及公司内部关于业务招待、费用报销等情况的记录，以便查明是否存在商业贿赂行为。

利害关系人是指与涉嫌不正当竞争行为有直接或间接利害关系的其他市场主体。他们可能包括供应商、客户、竞争对手等。例如，在一起商标侵权案件中，被侵权商标的权利人是利害关系人。监督检查部门可以要求权利人提供商标注册证明、使用许可协议、市场推广资料等，以确定侵权行为的范围和影响。同时，涉嫌侵权的经营者的客户也是利害关系人，监督检查部门可以询问客户对商品来源、质量、价格等方面的认知和体验，以及与双方交易的情况，以判断是否存在消费者混淆等损害后果。

除了被调查的经营者和利害关系人外，其他了解案件情况或持有相关资料的单位和个人也属于义务主体。这可能包括金融机构、会计师事务所、律师事务所等中介机构。例如，在调查一起涉及虚假宣传的案件中，监督检查部门可以要求为被调查经营者提供广告策划服务的广告公司提供广告文案、设计图纸、投放记录等资料，以及为经营者进行财务审计的会计师事务所提供财务报表、审计报告等。此外，行业专家、知情人等个人也可能被要求提供情况说明，如对某项技术是否构成商业秘密侵权进行专业鉴定的专家，或者曾经在被调查经营者处工作、了解内部运营情况的前员工。

三、有关资料或者情况的范围

对于被调查的经营者来说，"有关资料或者情况"主要包括协议、账簿、单据、文件、记录、业务函电等。协议包括与交易相关的各类合同、合作协议、授权许可协议等。例如，在调查一起垄断协议案件中，监督检查部门要求经营者提供与其他企业达成价格联盟、划分市场等协议的原件或复印件，以确定是否存在垄断行为。账簿、单据包括如总账、明细账、日记账、发票、收据、出入库单等。这些资料能够反映经营者的资金流向、交易金额、成本构成等重要信息。在调查不正当价格行为时，通过检查账簿和单据可以核实经营者是否存在虚报成本、低价倾销等行为。文件、记录涵盖企业的内部管理制度、会议纪要、业务流程文件、工作记录等。例如，在调查侵犯商业秘密案件时，经营者的内部文件可能包含对商业秘密的使用、保护措施、员工保密培训等方面的记录，为案件调查提供线索。业务函电包括电子邮件、传真、信函等与业务往来相关的通讯记录。这些函电可能包含经营者与交易相对人、合作伙伴等之间的沟通内容，对于查明案件事实具有重要意义。例如，在调查商业诋毁案件中，经营者发送的含有虚假信息、恶意贬低竞争对手的函电可以作为关键证据。

对于利害关系人来说，"有关资料或者情况"主要包括其受到不正当竞争行为损害的相关证据材料或者情况。一是与被调查经营者之间的合同、订单、付款凭证等交易证明，用于证明双方交易的真实性和具体情况。比如，供应商作为利害关系人，可以提供向被调查经营者供货的合同、发货单、银行转账记录等，以证明自身与被调查经营者之间的合法交易关系，以及是否存在被调查经营者拖欠货款等不正当行为。二是权益受损证据，包括因不正当竞争行为导致的经济损失证明、市场份额下降数据、商誉受损证据等。例如，竞争对手作为利害关系人，可以提供自身销售额减少、利润下降的财务报表，以及市场调研机构出具的市场份额变化报告等，来证明被调查经营者的不正当竞争行为对其造成的损害。

对于其他有关单位、个人来说，"有关资料或者情况"主要是指和涉嫌不正当竞争行为直接相关的资料或者情况。一是专业服务记录。金融机构提供的贷款记录、资金流水，会计师事务所提供的审计工作底稿，律师事务所提供的法律意见书草稿等。这些记录能够从侧面反映被调查经营者的财务状况、经营行为的合法性等。例如，金融机构的资金流水可以显示被调查经营者的大额资金异常流动情况，为调查商业贿赂等案件提供线索。二是行业专家提供的鉴定报告、证人证言等。例如，在技术类不正当竞争案件中，专家出具的关于技术相似性、侵权可能性的鉴定报告，以及知情人对案件相关情况的证人证言等，都是重要的证据资料。

四、本条的法律责任

对违反本条规定，不如实提供有关资料或者情况、拒不配合检查监督部门调查的单位和个人，应当依法追究其法律责任。按照《反不正当竞争法》第35条的规定，妨害监督检查部门依法履行职责，拒绝、阻碍调查的，由监督检查部门责令改正，对个人可以处1万元以下的罚款，对单位可以处10万元以下的罚款。

第18条 【对经营者采取的措施】

一、规范意义及条文新增情况

本条款为监督检查部门提供了一种柔性、高效的监管手段。在市场竞争监管领域，监督检查部门以往多依赖行政处罚等刚性措施应对不正当竞争行为，然而，行政处罚往往存在程序复杂、耗时较长且易引发对立等问题。新增的约谈制度赋予监督检查部门在发现问题的初期，即可与经营者相关负责人进行沟通交流的机会。通过面对面的谈话，监督检查部门能够迅速传达监管要求，经营者则可及时了解自身行为的违法风险，这种早期的沟通机制有助于将不正当竞争行为遏制于萌芽状态，减少对市场秩序的破坏，同时也降低了监管成本，提升了监管效率。约谈制度的引入有助于实现监管的预防性功能。监督检查部门在日常监测或投诉举报中发现经营者可能存在违反《反不正当竞争法》的风险时，即可启动约谈程序。例如，若某一新兴行业的企业采用了疑似具有排他性的商业策略，但尚未构成明确的不正当竞争行为，监督检查部门可及时约谈企业负责人，对其进行风险警示并引导其调整经营策略。在2025年外卖平台"补贴大战"愈演愈烈的背景下，国家市场监督管理总局于7月18日约谈三家平台企业，要求相关平台企业严格遵守《电子商务法》《反不正当竞争法》等法律法规规定，严格落实主体责任，进一步规范促销行为，理性参与竞争。[1] 这种前置性的监管措施能够有效预防潜在的不正当竞争行为演变为实际的市场危害，保护市场公平竞争环境，促进创新与经济健康发展。

因此，将约谈制度引入《反不正当竞争法》，主要有两个方面的考虑：一方面，是为了弥补传统监管方式的不足。传统的行政处罚等事后监管手段，往往只能在不正当竞争行为已经造成一定危害后果后才能介入，对于一些具有隐蔽性、渐进性的不正当竞争行为，如企业逐渐实施的垄断协议、滥用市场支配地位等，难以在行为初期进行有效干预。而约谈制度则能够在监管对象行为的早期阶段介入，通过沟通与指导，促使企业自我纠错，避免其进一步偏离公平竞争的轨道。另一方面，是适应新经济形态下市场竞争监管的需要。

---

[1] 参见《市场监管总局约谈外卖平台企业》，载国家市场监督管理总局网，https://www.samr.gov.cn/xw/mtjj/art/2025/art_ 2ed891704dd640d8967dc9a9437aef0d.html，最后访问日期：2025年7月28日。

随着数字经济、平台经济等新兴经济形态的蓬勃发展，市场竞争呈现出高度复杂性与动态性。新的商业模式不断涌现，一些创新的商业行为可能游走在不正当竞争的边缘，但又难以直接适用传统法律条款进行定性。立法者充分认识到这一现实挑战，因此引入约谈制度，旨在为监管部门提供一种灵活的监管工具，以便在面对新型复杂竞争问题时，能够及时与企业进行沟通，引导其合法经营，同时在监管实践中不断探索和明确新型商业模式的法律边界。当然，关于约谈的具体办法，还有待有关方面研究制定相关的配套制度，对本条予以细化。

二、约谈的主体和对象

约谈主体为不正当竞争监督检查部门，主要指县级以上人民政府的市场监督管理部门。这些部门依据《反不正当竞争法》被赋予对不正当竞争行为进行监督检查的职权。市场监督管理部门具备专业的执法人员和丰富的监管经验，能够准确识别和判断各类不正当竞争行为。例如，当发现某企业涉嫌通过虚假宣传误导消费者，或存在商业诋毁等行为时，县级市场监督管理部门可以启动约谈程序，要求企业相关负责人到指定地点接受询问并进行沟通。设区的市级市场监督管理部门则在跨区域不正当竞争案件，或涉及较大影响的案件中发挥主导作用，组织协调多方力量共同参与约谈，确保问题得到妥善解决。省级市场监督管理部门负责对全省范围内的不正当竞争行为进行宏观指导和监督，对于重大、疑难案件，如涉及多个地区企业的商业贿赂串案，省级部门可直接约谈涉案企业的高级管理人员，统一监管尺度，推动案件调查进展。此外，其他有关部门在法律、行政法规有特别规定的情况下，也可参与约谈程序。例如，在金融领域的不正当竞争案件中，金融监管部门可基于自身监管职责，联合市场监督管理部门对涉案金融机构负责人进行约谈，共同防范金融领域的不正当竞争风险。

约谈对象主要是经营者的相关负责人。当经营者涉嫌违反《反不正当竞争法》时,对其相关负责人进行约谈,能够确保监管部门的声音直接传达至企业决策层。其一,企业的法定代表人对企业的整体经营战略和竞争行为具有重大影响,是约谈的重要对象。在涉及企业重大竞争策略调整、商业模式创新等可能影响市场竞争格局的事项时,法定代表人的决策至关重要。约谈法定代表人有助于监管部门深入了解企业的经营意图和行为逻辑,从源头上引导企业合法合规经营。其二,企业的实际控制人虽不直接担任企业职务,但对企业运营具有实际控制力。在企业可能存在复杂的股权结构或管理层级的情况下,实际控制人的决策可能对企业竞争行为产生深远影响。例如,在一些家族企业中,实际控制人可能通过幕后指令影响企业的市场竞争行为,此时约谈实际控制人能够有效揭示企业行为背后的真正动因,确保监管的有效性。其三,企业的董事、监事、高级管理人员在企业经营决策过程中扮演着关键角色。他们负责企业的日常经营管理或监督工作,对企业的竞争行为具有重要影响力。例如,企业的总经理负责执行企业的年度经营计划,其决策可能涉及企业的定价策略、市场竞争手段等关键环节。约谈这些高级管理人员,能够使监管部门及时掌握企业的内部决策机制和潜在风险点,督促其履行合规管理职责。

除经营者自身外,其他与涉嫌不正当竞争行为存在关联的主体也可能成为约谈对象。行业协会作为行业的自律组织,对会员企业的行为具有一定的引导和约束作用。在某些行业性不正当竞争现象较为突出的情况下,监督检查部门可以约谈行业协会负责人,要求其加强行业自律,组织会员企业开展法律法规培训,共同维护行业竞争秩序。这种约谈方式能够充分发挥行业协会的组织优势，推动整个行业的规范发展。此外，与经营者存在密切业务往来的合作伙伴，如供应商、经销商等，在特定情形下也可能涉及不正当竞争行为。例如，供应商与经营者共同实施捆绑销售策略，监督检查部门可在必要时对供应商负责人进行约谈，全面了解不正当竞争行为的实施链条，以便从源头上解决问题。

三、约谈的程序

监督检查部门启动约谈程序需基于合理的怀疑或线索，表明经营者可能违反《反不正当竞争法》。这可能源于日常市场监测、消费者投诉、竞争对手举报或相关部门移送的线索等。例如，监管部门在日常市场监测中发现某企业的产品价格异常波动，且伴随市场份额的快速变化，可能暗示存在不正当价格行为。

在约谈程序启动后，监督检查部门应及时向约谈对象发送正式的约谈通知书。通知书应采用书面形式，并可通过多种法定途径进行送达，以确保约谈对象能够及时、准确地接收通知内容。监督检查部门工作人员围绕涉嫌违反《反不正当竞争法》的行为，向约谈对象提出问题，要求其进行详细说明。同时，工作人员应认真倾听约谈对象的陈述，对其提供的信息进行现场记录，并在必要时要求其提供书面说明或补充证据。询问过程应全程录音录像，以保证约谈的透明度和可追溯性。这不仅有助于监管部门全面了解情况，还能够增强约谈对象对监管工作的认同感和配合度。在约谈即将结束时，监督检查部门工作人员对本次约谈进行简要总结，概括约谈对象的陈述要点以及监管部门的初步看法。同时，工作人员应明确告知约谈对象下一步的监管措施或要求。例如，若经约谈初步判断企业存在轻微的不正当竞争行为，但情节较轻且未造成严重后果，可告知企业需在规定时间内提交整改报告,并自行纠正相关行为;若行为涉嫌严重违法,则告知企业将面临进一步的调查和可能的行政处罚程序。约谈结束后,工作人员应及时整理约谈记录,确保记录内容完整、准确、客观。约谈记录应包括约谈的时间、地点、参与人员、谈话内容、证据材料清单以及约谈对象的陈述等关键信息,以便在后续监管过程中随时查阅和追溯约谈情况。

在一次约谈后,若监管部门认为仍有未解决的问题或需要进一步核实的情况,可依据新的线索或证据再次启动约谈程序。若约谈对象无正当理由拒绝参加约谈,监督检查部门可以进行催告。若经催告后,约谈对象仍拒不参加约谈,监督检查部门可根据《反不正当竞争法》第35条的规定,认定其拒绝、阻碍调查,并依法责令改正。对于个人拒绝约谈的,可处1万元以下的罚款;对于单位拒绝约谈的,可处10万元以下的罚款。

四、约谈中经营者应当说明的情况及提出改进措施的内容

1. 经营者应当说明的情况。

监督检查部门约谈时,经营者应当说明的情况主要有以下三点:

一是经营者需详细说明涉嫌违反《反不正当竞争法》的行为从发生到被发现的整个过程,包括行为的起始时间、参与人员、实施的具体步骤等关键要素。例如,若企业涉嫌通过商业贿赂获取交易机会,负责人应说明贿赂行为最初发生的时间、涉及的业务部门、参与实施的员工名单以及贿赂的金额、方式等具体细节。同时,还需说明行为发生的背景和原因,如是否存在市场竞争压力、客户要求或其他外部因素促使企业采取了不正当竞争手段,以便监管部门全面了解行为的动机和意图。

二是经营者应详细阐述与涉嫌行为相关的内部决策机制和流程。

这有助于监管部门判断企业内部是否存在管理漏洞或合规风险，同时也可评估企业对市场竞争法规的重视程度和执行力度。此外，还需说明内部决策过程中是否对行为的合法性进行了评估，是否有法务部门或外部法律顾问的参与，以及他们的意见和建议是否得到了充分考虑。

三是经营者应说明与竞争对手或利害关系人之间的关系状况，包括是否存在合作关系、竞争关系或潜在的利益冲突等情况。例如，在商业诋毁案件中，被约谈企业负责人需详细说明与被诋毁竞争对手的业务往来情况、市场地位对比、历史竞争关系等背景信息，以及是否存在因商业纠纷或其他原因导致的恶意诋毁行为。同时，还需说明与利害关系人的沟通情况，如是否收到过消费者的投诉或合作伙伴的反馈，企业对此采取了哪些应对措施等，以便监管部门全面评估涉嫌不正当竞争的行为对市场竞争秩序和相关主体权益的影响。

2. 经营者应当提出的改进措施。

一是经营者应制订明确的计划，确保涉嫌不正当竞争的行为立即停止。计划应包括具体的时间表和责任分工，明确各个阶段的任务目标和责任人。例如，若企业存在虚假宣传行为，应立即停止发布相关虚假广告和宣传材料，在规定时间内通过原宣传渠道发布澄清声明，更正错误信息，并召回已发布的宣传资料。二是经营者需提出加强内部合规管理的具体措施，以防止再次发生不正当竞争行为。这包括建立或完善内部的法律合规部门，配备专业的法务人员，负责日常的法律风险防控和合规审查工作。同时，企业应制定详细的内部规章制度，明确员工在市场竞争中的行为准则和禁止行为清单，将合规要求融入企业的日常经营管理流程中。企业还应定期组织员工参加法律知识培训，提高员工的法律意识和合规意识，营造良好的企业合规文化氛围。三是经营者应明确表达积极配合监管部门后续调查和监管工作的态度，并制订相应的行动计划。例如，承诺在规定时间内按监管部门要求提供所需的文件、数据和信息，积极配合监管人员的现场检查和询问工作。同时，主动接受监管部门的监督和指导，定期向监管部门报告企业的整改进展情况和内部合规管理工作的实施情况，以便监管部门及时了解企业的整改动态，确保监管工作的有效性。

五、本条的法律责任

根据《反不正当竞争法》第35条的规定，妨害监督检查部门依法履行职责，拒绝、阻碍调查的，由监督检查部门责令改正，对个人可以处1万元以下的罚款，对单位可以处10万元以下的罚款。这意味着，如果经营者或相关人员无正当理由拒绝参加约谈，或者在约谈过程中不如实说明情况、隐瞒事实真相、提供虚假信息，将面临相应的法律责任。

例如，某企业负责人在收到约谈通知书后，无正当理由两次拒绝参加约谈，监督检查部门可依据上述规定，对该负责人处以5000元罚款，并责令其改正，要求其在规定时间内参加约谈。若该负责人仍拒不改正，监督检查部门可进一步加大处罚力度，直至其履行配合调查的法定义务。对于单位而言，如某企业不仅拒绝参加约谈，还在后续调查中故意销毁相关证据、阻碍监管人员进入经营场所进行检查，监督检查部门可对该企业处以10万元以下的罚款，并责令其立即停止妨害行为，全面配合调查工作。同时，监督检查部门可将该企业的违法行为向社会公开，将其列入企业信用记录，对其未来参与市场竞争、获取信贷支持、享受政策优惠等方面产生负面影响，进一步增强法律的威慑力。

第 19 条 【保密义务】

一、规范意义及条文修订情况

本条对监督检查部门及其工作人员的保密义务进行了重要修订，新增了对个人隐私和个人信息的保护，这一修订强化了对市场主体合法权益的全方位保护。在反不正当竞争调查过程中，监督检查部门及其工作人员可能会接触到企业的核心商业机密、个人隐私以及大量敏感的个人信息。这些信息一旦泄露，不仅会对相关企业的市场竞争地位造成严重损害，还可能侵犯个人的隐私权和信息安全。通过明确规定监督检查部门及其工作人员的保密义务，能够有效防止这些敏感信息的泄露，维护市场主体的商业信誉和个人的合法权益，营造一个安全、稳定的市场环境。

同时，这一修订也是顺应时代发展需求的必然之举。2019 年《反不正当竞争法》仅规定了对商业秘密的保护，未涵盖个人隐私和个人信息。随着市场环境的变化和技术的进步以及数字经济的蓬勃发展，个人信息已经成为一种重要的资产，这一规定已不能充分满足现实需求。在监督检查部门调查不正当竞争行为的过程中，涉及的个人隐私和个人信息越来越多，如消费者投诉信息、员工个人信息等，这些信息同样需要得到严格保护。若不加以规范，可能导致信息滥用和侵权问题的发生，影响社会的稳定和公众对法律的信任。因此，扩大保密义务的范围，将个人隐私和个人信息纳入其中，旨在完善法律体系，填补 2019 年《反不正当竞争法》在个人信息和隐私保护方面的空白，使监督检查部门及其工作人员在调查过程中能够全面、有效地履行保密义务。

本次修改也是为了加强行政执法与个人信息保护之间的平衡。在强化反不正当竞争执法力度的同时，必须确保不侵犯个人和企业的合法权益。将个人隐私和个人信息纳入保密义务范围，有助于规范监督检查部门及其工作人员的行为，防止其在执法过程中过度收集、使用或泄露相关信息，确保执法行为的合法性、公正性和规范性，提高行政执法的公信力和权威性。

另外，从国际经验来看，许多国家和国际组织在相关法律文件中也强调了保密义务的重要性。例如，《与贸易有关的知识产权协定》（TRIPs协议）第二部分第七节规定，成员方应确保行政管理部门在保护知识产权的过程中，对涉及的商业秘密予以保密。这表明在国际知识产权保护领域，保密义务是维护权利人利益的重要保障。同样，美国的《统一商业秘密法》也明确规定，政府机构在调查过程中获取的商业秘密应予以保密，不得随意披露。这些国际法和外国法律的规定与我国《反不正当竞争法》的保密义务条款相契合，体现了对保密义务的国际共识。

二、监督检查部门及其工作人员的保密义务

监督检查部门作为反不正当竞争调查的主体，承担着重要的保密责任。其在调查过程中会接触到大量的敏感信息，这些信息不仅涉及企业的商业秘密，还可能包含个人隐私和个人信息。监督检查部门必须建立健全内部管理制度，加强对工作人员的保密教育和培训，确保每一个参与调查的人员都清楚了解保密义务的重要性和违法后果。例如，监督检查部门应制定专门的保密工作规程，明确信息的收集、存储、使用、传输等各个环节的操作规范，限制信息的访问权限，只有经过授权的人员才能接触和处理相关信息，并且要对信息的使用情况进行严格记录和监控。

同时，监督检查部门在与其他部门或机构协作调查时，也需确保

信息的保密性。例如，在涉及跨部门联合调查不正当竞争行为时，监督检查部门应与协作部门签订保密协议，明确各方的保密责任和义务，约定信息共享的范围和条件，防止信息在协作过程中泄露。在委托第三方机构或人员协助调查时，也应对其进行全面的背景审查，确保其具备相应的保密能力和资质，并要求其遵守严格的保密协议，对违反保密义务的行为约定明确的违约责任。

监督检查部门的工作人员作为直接接触和处理信息的个体，同样负有不可推卸的保密责任。他们必须严格遵守法律法规和部门内部的规定，在调查过程中保持高度的警惕和责任感。工作人员在执行职务时，应当仅收集与调查目的直接相关的必要信息，避免过度收集无关信息，从而减少信息泄露的风险。例如，在询问被调查对象或相关证人时，应明确告知询问的目的和范围，只获取与涉嫌不正当竞争行为有关的事实和证据，不得打听或记录与案件无关的个人隐私或商业秘密。

在处理和使用信息时，工作人员必须遵循合法、正当、必要的原则。他们不得将所知悉的信息用于调查工作之外的任何目的，不得向他人透露或公开相关信息，包括在非工作场合的闲谈中也不得提及。工作人员在调离工作岗位或退休后，其保密义务并不自动解除，仍然需要对之前调查过程中知悉的商业秘密、个人隐私和个人信息保密，直至这些信息依法公开或失去保密价值。此外，工作人员应当妥善保管在调查过程中获取的纸质文件、电子文档等资料，采取加密、备份等措施防止信息丢失或被盗用。如因工作需要向他人提供信息，必须经过严格的审批程序，并确保接收方具备相应的保密能力。

三、保密信息的范围

监督检查部门及其工作人员对调查过程中有义务进行保密的信息

主要包括商业秘密、个人隐私和个人信息。

一是商业秘密。商业秘密，是指企业在生产经营活动中所形成的技术信息、经营信息等不为公众所知悉、具有商业价值并经权利人采取相应保密措施的信息。在反不正当竞争调查中，监督检查部门可能会接触到各类商业秘密，如企业的技术配方、生产工艺、研发数据、客户名单、营销策略、财务报表等。这些信息是企业的核心竞争力所在，一旦泄露，将给企业带来巨大的经济损失和市场竞争劣势。例如，某科技公司在研发一款新型电子产品时，采用了独特的技术解决方案和创新的设计理念，这些信息作为公司的商业秘密受到法律保护。监督检查部门在调查该公司与其他企业之间的商业纠纷是否涉及不正当竞争行为时，需要审查该公司的技术文档、产品设计图纸、内部研发报告等资料。此时，监督检查部门及其工作人员必须严格保密，不得将这些商业秘密泄露给其他企业或个人，否则将严重损害该科技公司的利益，破坏公平竞争的市场环境。

二是个人隐私。个人隐私，是指与个人有关的、不愿被他人知晓的私密信息，包括个人的身体状况、家庭关系、婚姻状况、财产状况、行踪轨迹、通信记录、医疗记录等。在反不正当竞争调查过程中，监督检查部门可能会收集和处理涉及个人隐私的信息，尤其是在调查涉及消费者权益保护、员工权益保护等案件时。例如，在调查某企业是否存在通过非法手段获取消费者个人信息并进行滥用的不正当竞争行为时，监督检查部门需要收集消费者的个人信息，如姓名、身份证号码、联系电话、消费记录等，以核实企业的违法行为。这些个人信息有些属于个人隐私范畴，监督检查部门及其工作人员必须严格遵守保密义务，确保这些信息仅用于调查目的，不得泄露给无关人员或用于其他非法用途，以保护消费者的隐私权。

三是个人信息。个人信息是以电子或者其他方式记录的能够单独或者与其他信息结合识别特定自然人的各种信息，包括自然人的姓名、出生日期、身份证件号码、生物识别信息、住址、电话号码、电子邮箱、健康信息、行踪信息等，不包括匿名化处理后的信息。在反不正当竞争调查中，监督检查部门可能会获取大量的个人信息，例如，在调查电商平台的不正当竞争行为时，需要收集买卖双方的注册信息、交易记录、评价信息等。这些个人信息的保护至关重要，一旦泄露，可能导致个人受到骚扰、诈骗、身份被盗用等安全威胁。因此，监督检查部门及其工作人员必须采取严格的技术和管理措施，保障个人信息的安全。例如，在存储个人信息时，应采用加密技术进行加密处理，确保数据在传输和存储过程中的保密性；在使用个人信息时，应遵循最小化原则，只使用与调查直接相关的必要信息，并限制信息的访问权限，确保只有经过授权的人员才能在合法的范围内使用这些信息。

四、保密义务的程序要求

监督检查部门及其工作人员在履行保密义务时，应遵循严格的程序要求。在收集信息时，必须遵循合法、正当、必要的原则，明确信息收集的目的和范围，并严格按照法定程序进行。收集到的信息应当妥善存储，采取加密、访问控制等技术措施，防止信息泄露或滥用。在使用信息时，必须遵循授权原则，确保信息仅用于调查不正当竞争行为的合法目的，并对信息的使用情况进行详细记录。同时，监督检查部门应根据情况建立健全信息销毁程序，确保不再需要的信息能够安全、彻底地销毁，防止信息被不当泄露或滥用。

五、违反保密义务的法律责任

一是行政责任。监督检查部门及其工作人员如果违反保密义务，将首先面临行政责任的追究。根据《反不正当竞争法》第37条的规定，对于监督检查部门的工作人员未依法履行保密义务，泄露调查过程中知悉的商业秘密、个人隐私或者个人信息的，依法给予处分。处分措施旨在惩戒违法工作人员，督促其改正错误，并警示其他工作人员严格遵守保密义务。

二是民事责任。如果监督检查部门及其工作人员的泄密行为给当事人的合法权益造成了实际损害，还应当依法承担民事赔偿责任。当事人可以向人民法院提起民事诉讼，要求监督检查部门或者其工作人员赔偿因信息泄露所遭受的经济损失和其他相关费用，如为制止侵权行为所支付的合理开支、因商业信誉受损导致的间接损失等。在确定民事赔偿责任时，应当遵循填平原则，即赔偿金额应当足以弥补当事人所遭受的全部损失。

三是刑事责任。对于情节严重、构成犯罪的泄密行为，监督检查部门及其工作人员将依法追究刑事责任。《刑法》规定了侵犯公民个人信息罪，即违反国家有关规定，向他人出售或者提供公民个人信息，情节严重的，处3年以下有期徒刑或者拘役，并处或者单处罚金；情节特别严重的，处3年以上7年以下有期徒刑，并处罚金。违反国家有关规定，将在履行职责或者提供服务过程中获得的公民个人信息，出售或者提供给他人的，依照前款的规定从重处罚。窃取或者以其他方法非法获取公民个人信息的，依照第1款的规定处罚。单位犯前三款罪的，对单位判处罚金并对其直接负责的主管人员和其他直接责任人员，依照各该款的规定处罚。

六、与其他法律的衔接

《公务员法》对公务员的保密义务作出了明确规定，要求公务员在履行职责过程中必须保守国家秘密和工作秘密。这与《反不正当竞争法》对监督检查部门及其工作人员的保密要求相一致。公务员在执行反不正当竞争调查任务时，接触到的商业秘密、个人隐私和个人信息属于工作秘密的范畴，应当严格遵守《公务员法》的保密规定。例如，监督检查部门及其工作人员在调查过程中获取的企业内部战略规划、未公开的财务数据等商业秘密，以及个人隐私信息，如健康状况、家庭住址等，都应当予以保密。《公务员法》为公务员的保密行为提供了明确的行为准则，与《反不正当竞争法》共同构成了对监督检查部门及其工作人员在反不正当竞争调查中保密行为的双重约束机制，确保监督检查部门及其工作人员在履行职责时，能够全面、严格地保护各类敏感信息，维护国家利益、企业权益和个人隐私。

《数据安全法》旨在保障数据的安全，规范数据处理活动，促进数据的合理利用。在反不正当竞争调查中，监督检查部门需要处理大量的数据，包括企业经营数据、个人信息数据等。《数据安全法》要求国家机关在数据处理活动中采取必要的措施保障数据的安全，防止数据泄露、篡改或被不当利用。这与《反不正当竞争法》规定的保密义务条款相辅相成。监督检查部门在调查过程中，应当依据《数据安全法》的规定，建立健全数据安全管理制度，采取技术保护措施，如加密存储、访问控制、数据备份等，确保所收集和处理的数据的保密性、完整性和可用性，确保在反不正当竞争调查中的数据处理活动符合《数据安全法》和《反不正当竞争法》的保密要求。

《个人信息保护法》是我国首部专门针对个人信息保护的法律,全面规定了个人信息处理的原则、规则、权利和义务等内容。在反不正当竞争调查中,监督检查部门对个人信息的处理必须遵循《个人信息保护法》的基本原则,如合法、正当、必要、诚信原则等。《反不正当竞争法》规定的保密义务条款与《个人信息保护法》在保护个人信息方面形成了紧密的衔接。监督检查部门在调查过程中收集个人信息时,应当具有明确、合理的目的,并限于实现该目的的最小范围,不得过度收集个人信息。例如,在调查电商平台的不正当竞争行为时,收集消费者的个人信息应当仅限于与案件相关的必要信息,如交易时间、金额、商品名称等,不得收集与案件无关的其他个人信息,如消费者的浏览历史、兴趣爱好等。

第20条 【举报制度】

一、规范意义及条文修订情况

本条进一步完善了不正当竞争行为举报机制,强化了对举报人权益的保护以及监督检查部门的责任。

一是举报机制为公众参与市场竞争监督提供了一个便捷、有效的途径,使社会力量能够广泛参与到打击不正当竞争行为中来。通过鼓励举报,可以充分发挥人民群众的监督作用,及时发现和揭露不正当竞争行为,弥补行政执法资源的有限性,增强市场监管的广度和深度。例如,在一些隐蔽性较强的商业贿赂案件中,内部员工或知情消费者可能通过举报向监管部门提供关键线索,使监管部门能够深入调查并查处违法行为,维护市场的公平竞争环境。

二是及时处理举报有助于迅速制止不正当竞争行为,减少其对市场秩序的破坏。不正当竞争行为往往会对市场竞争机制产生负面影响，如扭曲市场价格信号、误导消费者决策、挤压其他企业的生存空间等。监督检查部门通过及时处理举报，能够及时介入调查，制止违法行为的进一步发展，恢复市场的正常竞争秩序，保障市场的公平、公正和有效运行。例如，在一起价格垄断案件中，监督检查部门接到举报后及时展开调查，并责令垄断企业停止违法行为，调整价格策略，使得市场上的价格能够真实反映供求关系，保护了消费者的合法权益和市场公平竞争环境。

三是明确规定监督检查部门为举报人保密以及及时告知处理结果的义务，充分体现了对举报人权益的保护。这种保护有助于消除举报人的后顾之忧，增强他们参与监督的积极性和主动性。同时，告知处理结果也满足了举报人的知情权和参与感，使他们能够了解自己举报行为的后续影响，进一步激励公众参与市场监督。例如，举报人可以通过了解处理结果，看到自己的举报对维护市场秩序起到了积极作用，从而在今后更加关注市场动态，积极提供监督线索。

四是举报机制的规范化运行，尤其是要求监督检查部门及时告知举报人处理结果，有助于提高执法工作的透明度。透明的执法过程能够增强公众对监管部门的信任，使公众更加了解监管部门的工作流程和执法依据，减少对监管部门工作的误解和质疑。同时，也有利于接受公众的监督，促使监管部门依法行政，提高执法质量和公正性。例如，监督检查部门在告知举报人处理结果时，需要详细说明处理的依据和理由，这促使监管部门在作出处理决定时更加谨慎和规范，确保每一个处理决定都经得起公众的检验。

此次修改在 2019 年《反不正当竞争法》基础上增加了"及时"二字，确保了举报人能够在最短时间内了解案件的处理进展和结果，增强了执法工作的透明度，使举报人能够及时获得反馈，了解自己举报行为的后续影响。及时处理举报并反馈结果，有助于增强公众对监管部门的信任。公众作为市场的参与者和监督者，更愿意积极参与到打击不正当竞争行为中来，因为他们知道自己的举报会得到及时关注和处理，这将进一步促进社会共治，形成全社会共同维护公平竞争市场秩序的良好氛围。从国际视角来看，许多国家和地区的竞争法都强调对举报的及时处理和反馈。例如，美国联邦贸易委员会（FTC）在接到消费者或企业的举报后，会迅速进行初步评估，并在规定时间内决定是否展开全面调查，同时及时向举报人反馈调查进展和结果。

二、对不正当竞争行为的举报权

本条明确规定"任何单位和个人"都有权进行举报，体现了举报主体的广泛性。这意味着无论是企业、社会组织还是公民个人，只要发现涉嫌不正当竞争行为，都可以成为举报人。例如，同行业企业可能因对竞争对手的经营行为有所了解，更容易察觉到不正当竞争行为的发生；消费者作为市场的直接受众，在购买商品或接受服务过程中，往往能第一时间发现虚假宣传、商业贿赂等不正当竞争行为，他们的举报对于监管部门及时发现线索具有重要价值。举报必须基于合理的怀疑或确切证据，不能凭空捏造或恶意举报。举报人应对其举报内容的真实性负责，否则可能承担相应的法律责任。同时，举报内容应与不正当竞争行为相关，不能超出《反不正当竞争法》所规定的范畴。例如，举报人不能以举报为名，对被举报人进行诋毁或报复，其举报行为必须是为了维护市场公平竞争秩序和自身合法权益。

监督检查部门应当主动向社会公开受理举报的电话、信箱或者电子邮件地址等信息，确保举报渠道畅通无阻。公开举报渠道不仅是方便举报人进行举报的需要，也是增强执法透明度、接受社会监督的重要举措。例如，监督检查部门可以通过官方网站、新闻媒体、公共场所公告栏等多种途径，广泛宣传举报渠道，提高社会知晓度。对于实名举报并提供了相关事实和证据的案件，监督检查部门在完成调查处理后，应当及时将处理结果告知举报人。这一规定不仅保障了举报人的知情权，也体现了对举报人积极参与监督的尊重和反馈。

三、举报制度的程序

举报人可以根据自己的意愿和实际情况，选择合适的举报形式，如电话举报、信函举报、电子邮件举报等。不同的举报形式各有优势，电话举报方便快捷，能够及时与监督检查部门取得联系；信函举报则适合对举报内容进行较为详细、正式的陈述，并且可以留下书面记录；电子邮件举报便于传输相关证据材料，且发送和接收时间容易追溯。为了使监督检查部门能够准确、高效地开展调查工作，举报人应尽量提供详细的举报内容，包括涉嫌不正当竞争行为的主体和行为发生的时间、地点、方式、具体情节以及相关证据等。证据可以是书证、物证、视听资料、电子数据等多种形式。例如，在举报某企业进行商业诋毁行为时，举报人可以提供该企业发布诋毁信息的宣传资料、网站链接、微信公众号文章截图等证据，以及能够证明该信息虚假性的对比材料，如自身产品的质量检测报告、用户好评记录等。

监督检查部门在接到举报后，应当对举报内容进行初步审查，判断举报事项是否属于《反不正当竞争法》的调整范围，以及是否具备立案调查的基本条件。初步审查主要依据举报人提供的信息和材料进行，如果举报内容不完整或存在明显不合理之处，监督检查部门可以要求举报人补充相关信息或作出进一步说明。经过初步审查，监督检查部门应当在规定的时间内作出是否受理举报的决定。对于符合受理条件的举报，应当及时立案，并告知举报人受理情况；对于不符合受理条件的举报，如不属于监督检查部门职责范围、举报内容不实等，应当通知举报人不予受理的决定，并说明理由。监督检查部门受理举报后，应当及时启动调查程序，按照《反不正当竞争法》及相关法规规定的调查措施和权限，对涉嫌不正当竞争行为进行全面、客观、公正的调查。调查过程中，监督检查部门有权要求被调查的经营者、利害关系人及其他有关单位、个人配合调查，提供相关资料和情况说明。

本条第 2 款规定了监督检查部门为举报人保密的义务。在调查过程中，监督检查部门及其工作人员必须严格遵守保密义务，不得向无关人员泄露举报内容和调查进展情况。如果因泄密导致举报人受到打击报复或者被举报人的不正当竞争行为得以提前掩盖，将严重影响调查工作的顺利进行，并可能给举报人和市场秩序带来严重损害。因此，监督检查部门应当采取必要的保密措施，如限制调查信息的知悉范围、对调查资料进行加密处理等，确保调查工作的保密性。

经过调查，监督检查部门应当根据调查结果，依法作出相应的处理决定。如果认定存在不正当竞争行为，应当依据《反不正当竞争法》的规定，对违法经营者给予行政处罚，如责令停止违法行为、没收违法所得、罚款等；如果经调查认定不存在不正当竞争行为或者证据不足无法认定违法事实的，应当作出不予处罚的决定，并向举报人说明理由。处理决定应当以书面形式作出，并送达被举报人和实名举报人。对于实名举报并提供了相关事实和证据的案件，监督检查部门在作出处理决定后，应当及时将处理结果告知举报人。这里的"及时"通常指根据案件复杂程度和实际情况，在合理的时间范围内尽快告知举报人。监督检查部门应建立举报处理结果告知的跟踪机制，确保告知工作按时完成，避免因告知不及时而引发举报人的不满或投诉。

相关规定

1.《反不正当竞争法》

第 6 条 国家鼓励、支持和保护一切组织和个人对不正当竞争行为进行社会监督。

国家机关及其工作人员不得支持、包庇不正当竞争行为。

行业组织应当加强行业自律,引导、规范本行业的经营者依法竞争,维护市场竞争秩序。

第 16 条 监督检查部门调查涉嫌不正当竞争行为,可以采取下列措施:

(一)进入涉嫌不正当竞争行为的经营场所进行检查;

(二)询问被调查的经营者、利害关系人及其他有关单位、个人,要求其说明有关情况或者提供与被调查行为有关的其他资料;

(三)查询、复制与涉嫌不正当竞争行为有关的协议、账簿、单据、文件、记录、业务函电和其他资料;

(四)查封、扣押与涉嫌不正当竞争行为有关的财物;

(五)查询涉嫌不正当竞争行为的经营者的银行账户。

采取前款规定的措施,应当向监督检查部门主要负责人书面报告,并经批准。采取前款第四项、第五项规定的措施,应当向设区的市级以上人民政府监督检查部门主要负责人书面报告,并经批准。

监督检查部门调查涉嫌不正当竞争行为,应当遵守《中华人民共和国行政强制法》和其他有关法律、行政法规的规定,并应当依法将查处结果及时向社会公开。

第 35 条 妨害监督检查部门依照本法履行职责,拒绝、阻碍调查的,由监督检查部门责令改正,对个人可以处一万元以下的罚款,对单位可以处十万元以下的罚款。

第 37 条　监督检查部门的工作人员滥用职权、玩忽职守、徇私舞弊或者泄露调查过程中知悉的商业秘密、个人隐私或者个人信息的，依法给予处分。

2.《反垄断法》

第 55 条　经营者、行政机关和法律、法规授权的具有管理公共事务职能的组织，涉嫌违反本法规定的，反垄断执法机构可以对其法定代表人或者负责人进行约谈，要求其提出改进措施。

3.《公务员法》

第 14 条　公务员应当履行下列义务：

（一）忠于宪法，模范遵守、自觉维护宪法和法律，自觉接受中国共产党领导；

（二）忠于国家，维护国家的安全、荣誉和利益；

（三）忠于人民，全心全意为人民服务，接受人民监督；

（四）忠于职守，勤勉尽责，服从和执行上级依法作出的决定和命令，按照规定的权限和程序履行职责，努力提高工作质量和效率；

（五）保守国家秘密和工作秘密；

（六）带头践行社会主义核心价值观，坚守法治，遵守纪律，恪守职业道德，模范遵守社会公德、家庭美德；

（七）清正廉洁，公道正派；

（八）法律规定的其他义务。

4.《个人信息保护法》

第 13 条　符合下列情形之一的，个人信息处理者方可处理个人信息：

（一）取得个人的同意；

（二）为订立、履行个人作为一方当事人的合同所必需，或者按照依法制定的劳动规章制度和依法签订的集体合同实施人力资源管理所必需；

（三）为履行法定职责或者法定义务所必需；

（四）为应对突发公共卫生事件，或者紧急情况下为保护自然人的生命健康和财产安全所必需；

（五）为公共利益实施新闻报道、舆论监督等行为，在合理的范围内处理个人信息；

（六）依照本法规定在合理的范围内处理个人自行公开或者其他已经合法公开的个人信息；

（七）法律、行政法规规定的其他情形。

依照本法其他有关规定，处理个人信息应当取得个人同意，但是有前款第二项至第七项规定情形的，不需取得个人同意。

第 16 条 个人信息处理者不得以个人不同意处理其个人信息或者撤回同意为由，拒绝提供产品或者服务；处理个人信息属于提供产品或者服务所必需的除外。

5.《数据安全法》

第 27 条 开展数据处理活动应当依照法律、法规的规定，建立健全全流程数据安全管理制度，组织开展数据安全教育培训，采取相应的技术措施和其他必要措施，保障数据安全。利用互联网等信息网络开展数据处理活动，应当在网络安全等级保护制度的基础上，履行上述数据安全保护义务。

重要数据的处理者应当明确数据安全负责人和管理机构，落实数据安全保护责任。

6.《政府信息公开条例》

第 14 条　依法确定为国家秘密的政府信息,法律、行政法规禁止公开的政府信息,以及公开后可能危及国家安全、公共安全、经济安全、社会稳定的政府信息,不予公开。

7.《网络反不正当竞争暂行规定》

第 28 条　市场监督管理部门应当加强对网络不正当竞争行为的监测,发现违法行为的,依法予以查处。

市场监督管理部门在查办网络不正当竞争案件过程中,被调查的经营者、利害关系人及其他有关单位、个人应当如实提供有关资料或者情况,不得伪造、销毁涉案数据以及相关资料,不得妨害市场监督管理部门依法履行职责,不得拒绝、阻碍调查。

案例指引

1. 某省企业质量管理中心与某省市场监督管理局等行政处罚及行政复议案[1]

本案例的典型意义在于通过司法裁判强调了监督检查部门调查取证的权威性和被调查主体配合调查的义务，对于规范市场竞争秩序、维护公平竞争环境具有重要的示范作用。

本案中，某省企业质量管理中心在面对监督检查部门的调查时，存在拒不提供相关材料、提供虚假材料、故意隐瞒评比收费事实等行为，违反了《反不正当竞争法》的规定。这种不配合调查的行为不仅阻碍了监督检查部门的正常执法活动，也使得不正当竞争行为难以得到及时、有效的查处，严重破坏了市场秩序的公平性和透明度。法院在判决中明确指出，监督检查部门在调查涉嫌不正当竞争行为时，被调查的经营者、利害关系人及其他有关单位、个人应当如实提供有关资料或者情况。这一判决结果强化了法律的执行力度，为监督检查部门在今后的执法过程中要求相关主体配合调查提供了有力的司法支持。

监督检查部门在调查过程中能够依法获取准确、完整的资料和情况，对于及时发现、制止和惩处不正当竞争行为至关重要。这不仅有助于保护其他经营者的合法权益，维护市场的正常秩序，也能够增强消费者对市场的信任，促进经济的健康发展。因此，本案也提醒广大市场主体，应当自觉遵守《反不正当竞争法》的相关规定，在监督检查部门进行调查时，积极配合，如实提供所需资料和情况。

---

[1] 载中国裁判文书网，案号：（2019）京02行终1743号，最后访问日期：2025年7月14日。

这不仅是市场主体的法定义务，也是维护自身合法权益、促进市场健康发展的必要之举。只有各方共同努力，才能营造一个公平、公正、透明的市场竞争环境，推动经济的可持续发展。

2. 郭某与上海市某某区市场监督管理局要求履行法定职责案[①]

本案例的典型意义在于，通过司法裁判进一步明确了《反不正当竞争法》举报制度的具体适用，特别是强调了监督检查部门在处理举报事项时应遵循的程序和义务，以及对举报人权益的保护。

首先，本案凸显了举报制度在发现和制止不正当竞争行为中的重要作用。《反不正当竞争法》赋予了任何单位和个人对涉嫌不正当竞争行为进行举报的权利。在本案中，郭某作为消费者，对拼多多平台上的"1分钱抽宝马"活动产生质疑，认为其可能存在违反《反不正当竞争法》的情形，于是向某某市场局进行举报。这一行为体现了举报制度在发现和制止市场不正当竞争行为方面的积极作用，公众的广泛参与能够有效弥补行政机关监管资源的有限性，增强执法的广度和深度。

其次，本案明确了举报处理程序的合法性要求。某某市场局在收到郭某的举报后，进行了核查，并在规定时间内将不予立案的决定通过短信方式告知郭某。这表明监督检查部门在处理举报事项时应当遵循法定程序，包括及时受理举报、开展调查核实、在合理期限内作出处理决定以及将处理结果告知举报人等环节。这有助于提高执法效率，确保举报渠道的畅通和有效，同时也保障了举报人的知情权。

再次，本案界定了举报人的诉讼主体资格。根据《行政诉讼法》

[①] 载中国裁判文书网，案号：(2019) 沪03行终727号，最后访问日期：2025年7月14日。

的相关规定，原告需与被诉行政行为具有法律上的利害关系才能提起行政诉讼。本案中，郭某虽提交了举报信，但因其未实际参与所举报的活动，与某某市场局对举报事项的处理之间不存在法律上的利害关系，故法院裁定驳回其起诉。这一裁定明确了举报人在何种情况下具有诉讼主体资格，即只有当举报事项与举报人的合法权益存在直接且实际的影响时，举报人才能作为适格原告提起行政诉讼，防止了司法资源的滥用，维护了行政诉讼的正常秩序。

最后，本案体现了在处理举报相关案件时，需要在保障举报人监督权利和维护行政效率之间寻求平衡。一方面要鼓励公众积极参与举报，另一方面也要防止因举报人滥用诉权而导致行政机关和司法机关资源的浪费，确保举报制度能够高效、有序地运行，真正发挥其维护市场公平竞争秩序的作用。

> 处置措施：包括对违规经营者的警告、下架违规商品、限制其参与平台营销活动、降低其搜索排名、暂停或终止其平台服务资格等。
>
> 合理开支：是指为制止侵权所支付的合理的律师费、公证费、取证费、交通费等开支。

第21条 平台内公平竞争规则

平台经营者应当在平台服务协议和交易规则中明确平台内公平竞争规则，建立不正当竞争举报投诉和纠纷处置机制，引导、规范平台内经营者依法公平竞争；发现平台内经营者实施不正当竞争行为的，应当及时依法采取必要的处置措施，保存有关记录，并按规定向平台经营者住所地县级以上人民政府监督检查部门报告。

第四章 法律责任

第22条 民事责任

❶ 经营者违反本法规定，给他人造成损害的，应当依法承担民事责任。

❷ 经营者的合法权益受到不正当竞争行为损害的，可以向人民法院提起诉讼。

❸ 因不正当竞争行为受到损害的经营者的赔偿数额，按照其因被侵权所受到的实际损失或者侵权人因侵权所获得的利益确定。经营者故意实施侵犯商业秘密行为，情节严重的，可以在按照上述方法确定数额的一倍以上五倍以下确定赔偿数额。赔偿数额还应当包括经营者为制止侵权行为所支付的合理开支。

❹ 经营者违反本法第七条、第十条规定，权利人因被侵权所受到的实际损失、侵权人因侵权所

条文注释

第 21 条 【平台内公平竞争规则】

一、规范意义及条文新增情况

本条对平台经营者的责任和义务进行了全面规范，具有极为重要的意义。随着数字经济的发展，网络交易平台成为商品和服务交易的重要场所，其交易规模不断扩大，平台内经营者之间的竞争日益激烈。部分平台内经营者为了获取不正当利益，采取虚假宣传、商业诋毁、刷单炒信等不正当竞争手段，严重扰乱了平台内市场秩序，损害了其他经营者和消费者的合法权益。本条通过要求平台经营者制定公平竞争规则、建立举报投诉和纠纷处置机制、及时采取处置措施并报告监督检查部门等，为平台内竞争秩序的维护提供了明确的法律依据和操作指引。这有助于营造公平、公正、有序的平台交易环境，促进平台经济的健康可持续发展，增强消费者对网络购物的信任和满意度，推动我国数字经济整体质量的提升。

2025 年《反不正当竞争法》特别新增加本条的原因主要有以下三点。

一是应对平台经济领域不正当竞争行为的挑战。网络交易平台的复杂性和隐蔽性给传统监管模式带来巨大挑战，平台内经营者实施不正当竞争行为的方式更加多样化和隐蔽化，如通过算法操控搜索结果、利用虚假用户评价提升商品排名、实施网络爬虫窃取商业秘密等。这些行为不仅损害平台内其他经营者的合法权益，还可能对平台的整体声誉和用户信任造成严重冲击。立法机关在修订《反不正当竞争法》时，充分认识到平台经济领域不正当竞争行为的特殊性和危害性，因此新增本条，旨在通过明确平台经营者在竞争秩序维护中的责任，形成平台内部自我监管和外部监督检查相结合的治理模式，有效遏制平台内不正当竞争行为。

二是促进平台经济健康发展的内在要求。平台经济的健康发展依赖于公平竞争的市场环境，不正当竞争行为可能导致"劣币驱逐良币"的逆向选择问题，最终损害平台的长远利益。通过立法要求平台经营者积极履行竞争秩序维护义务，可以引导平台企业将资源投入到技术创新和商业模式创新上，而不是通过不正当手段获取竞争优势，从而促进平台经济沿着健康的轨道发展。

三是平衡平台经营者、平台内经营者和消费者之间的利益关系。在网络交易平台中，平台经营者、平台内经营者和消费者三方构成了一个紧密相连的生态系统，平台经营者的规则制定和管理行为直接影响着平台内经营者的经营环境和竞争机会，进而影响消费者的利益。本条的新增旨在通过规范平台经营者的行为，确保其在追求自身商业利益的同时，能够充分尊重和保障平台内经营者的合法权益，为消费者提供真实、可靠的商品和服务信息。

二、平台经营者在竞争秩序维护中的义务

1. 明确平台内公平竞争规则。

平台经营者应当在平台服务协议和交易规则中明确平台内公平竞争规则，这是其履行竞争秩序维护义务的基础性工作。公平竞争规则应涵盖平台内经营者在商品展示、搜索排名、交易流程、广告投放、用户评价等方面的行为规范，确保所有经营者在相同的规则框架内开展竞争。例如，平台应明确规定禁止平台内经营者进行虚假交易刷单、恶意诋毁竞争对手、盗用他人商业标识等不正当竞争行为，并对违反规则的行为设定明确的处罚措施。这些规则应当具有明确性、可操作性和公正性，既要保障平台内经营者的合法权益，

又要体现平台对公平竞争的引导和监督作用。

2. 建立不正当竞争举报投诉和纠纷处置机制。

建立有效的举报投诉和纠纷处置机制是平台经营者及时发现和处理不正当竞争行为的重要手段。平台经营者应当设置专门的举报投诉渠道,如在平台显著位置公布举报电话、电子邮箱、在线客服入口等信息,方便平台内经营者和消费者进行举报投诉。同时,平台应制定详细的举报投诉处理流程,包括对举报信息的登记、核实、调查、处理和反馈等环节,确保举报投诉得到及时、公正的处理。对于因不正当竞争行为引发的纠纷,平台经营者应当提供多元化的纠纷解决途径,如调解、仲裁等,促进双方当事人快速、友好地解决争议,避免纠纷升级对平台秩序造成更大影响。

3. 及时依法采取必要的处置措施。

平台经营者在发现平台内经营者实施不正当竞争行为时,应当及时依法采取必要的处置措施。这些措施可以包括对违规经营者的警告、下架违规商品、限制其参与平台营销活动、降低其搜索排名、暂停或终止其平台服务资格等。

对于初次违规且情节较轻的行为,平台经营者可以向违规经营者发出警告通知,明确指出其行为违反了平台规则和相关法律法规,要求其在规定的期限内进行整改。警告可以以书面形式或平台内部消息的形式送达违规经营者,同时记录在平台的违规档案中。例如,若某平台内经营者存在轻微的虚假宣传行为,如对商品性能的描述略有夸张但未对消费者造成实质误导,平台可先发出警告,要求其修改商品描述,规范宣传用语。

如果平台内经营者的不正当竞争行为涉及特定商品,如销售假冒伪劣商品、侵犯他人知识产权的商品等,平台经营者有权立即将该违规商品下架，防止其继续对市场竞争秩序和消费者权益造成损害。下架措施可以迅速阻止违规商品的传播和销售，减少对市场和其他经营者的负面影响。例如，在某电商平台发现有商家销售仿冒知名品牌的商品，平台应迅速下架该商品，并对商家进行相应的处理。

平台经营者可以限制违规经营者参与平台举办的各类营销活动，如限时折扣、团购、直播带货等。这些营销活动通常能够为经营者带来显著的流量和曝光机会，通过限制其参与，可以有效降低违规经营者在平台内的竞争力，促使其纠正不正当竞争行为。例如，对于经常进行恶意刷单的商家，平台可以在一定期限内禁止其参加平台的促销活动，减少其通过不正当手段获取的交易机会。

平台经营者可以通过调整算法等技术手段，降低违规经营者的搜索排名，使其商品或服务在平台搜索结果中的展示位置靠后，减少其曝光度和流量获取能力。这种措施可以基于违规行为的严重程度和次数进行分级实施，对于情节较轻的违规行为，可以暂时降低排名；对于屡教不改或情节严重的违规行为，可以长期降低排名。例如，若某商家存在对商品质量进行虚假宣传的行为，平台可将其搜索排名降低，使消费者在搜索相关商品时更难发现该商家的商品，从而减少其不正当竞争行为带来的利益。

对于情节严重、屡教不改的违规经营者，平台经营者可以暂停或终止其平台服务资格，即停止为其提供网络交易平台服务。这是对违规经营者最为严厉的处罚措施，旨在彻底切断其在平台内的经营活动，维护平台的竞争秩序和声誉。例如，对于多次实施商业诋毁行为、严重破坏平台交易环境的经营者，平台有权终止与其的服务协议，关闭其店铺，禁止其再次入驻。

在采取处置措施时，平台经营者应遵循比例原则，根据不正当竞争行为的性质、情节和后果，选择适当的处置方式。例如，对于初次违规且情节较轻的行为，可以先发出警告并要求整改；对于屡教不改或情节严重的违规行为，可以采取更为严厉的措施，如暂停服务资格。同时，平台经营者应当确保处置措施的透明性和公正性，向涉事经营者说明处置理由和依据，并给予其陈述和申辩的机会。

4. 保存有关记录，并报告监督检查部门。

平台经营者在处理不正当竞争行为过程中，应当妥善保存所有相关的记录，包括违规行为的证据、调查过程、处置结果等信息。这些记录不仅有助于平台内部的管理和追溯，也为监督检查部门的调查提供了重要依据。根据《网络反不正当竞争暂行规定》第6条的规定，记录保存时间自作出处置措施之日起计算，不少于3年。当发现平台内经营者存在不正当竞争行为时，平台经营者应当按照规定向平台经营者住所地县级以上人民政府监督检查部门报告。报告内容应包括不正当竞争行为的基本情况、平台已采取的处置措施、相关证据材料等。平台经营者应当与监督检查部门保持密切沟通，积极配合其调查工作，形成平台自治与政府监管的协同效应。

三、平台经营者未履行义务的法律责任

平台经营者若未履行本条规定的义务，将面临相应的法律责任。在行政责任方面，监督检查部门可依法责令平台经营者限期改正，并根据情节轻重处以罚款。情节较轻的，如未及时公示公平竞争规则、举报投诉渠道不畅通等，可能面临警告及限期整改要求；情节严重的，如放任不正当竞争行为、故意隐瞒违规事实等，将被处以高额罚款。同时，若平台经营者的不作为或不当作为导致其他经营者或消费者合法权益受损，应依法承担民事赔偿责任，赔偿范围涵盖经济损失及为制止侵权行为所支付的合理开支等。在极端情况下，

如平台经营者与平台内经营者勾结实施严重不正当竞争行为，可能构成刑事犯罪，依法追究刑事责任。

四、与相关法律法规的衔接

一是与《电子商务法》的衔接。《电子商务法》对电子商务平台经营者的责任和义务进行了全面规范，要求平台经营者遵循公平、公正、公开原则，制定平台服务协议和交易规则，保护平台内经营者合法权益，建立便捷、有效的投诉举报机制等。这些规定与本条在立法精神和具体要求上高度一致，共同构成对电子商务平台经营者行为的严格监管框架。平台经营者需同时遵守两部法律，确保竞争秩序维护行为合法合规。

二是与《网络交易监督管理办法》的衔接。《网络交易监督管理办法》进一步细化了网络交易平台经营者的责任和义务，要求其建立健全内部管理制度，加强对平台内交易活动的监测和管理，及时发现和处理不正当竞争行为。例如，平台经营者需对平台内经营者的身份信息进行核实和登记，对交易商品和服务信息进行检查，防止虚假信息传播，对异常交易行为进行重点监控等。这些规定为本条的实施提供了更具操作性的指引，有助于平台经营者更好地履行竞争秩序维护职责。

三是与《消费者权益保护法》的衔接。《消费者权益保护法》强调了经营者向消费者提供真实、准确、完整信息的义务，禁止虚假宣传和误导消费者。平台经营者作为网络交易的重要组织者和管理者，有责任通过维护公平竞争的平台环境，保障消费者的知情权和选择权。本条与《消费者权益保护法》相衔接，要求平台经营者积极防范和制止平台内经营者的不正当竞争行为，间接保护消费者合法权益，营造安全、放心的网络消费环境。

第 22 条 【民事责任】

一、规范意义及条文修订情况

本条是关于不正当竞争行为的民事责任承担的规定。相较于 2019 年《反不正当竞争法》的相关规定，本条在第 3 款中，对于不正当竞争行为的损害赔偿数额计算方式，在实际损失和侵权获利的适用关系上由原有的"实际损失难以计算的，按照侵权人因侵权所获得的利益确定"改为按照"因被侵权所受到的实际损失或者侵权人因侵权所获得的利益"来确定。同时为了统一惩罚性赔偿的适用，将原规定的"恶意"修改为"故意"，在适用要件上与其他知识产权惩罚性赔偿要件保持一致，防止适用标准差异。

本条的修订进一步完善了不正当竞争行为的民事责任体系，为经营者因不正当竞争行为受到损害时的赔偿提供了明确的法律依据。本条第 1 款系对实施不正当竞争行为应当承担民事责任的宣示性规定，强调了法律对不正当竞争行为的制裁力度。第 2 款系对不正当竞争行为请求司法救济的诉权规定，为经营者提供了司法救济的途径，保障了其合法权益。第 3 款系关于因不正当竞争行为受到损害的经营者的赔偿数额的计算方式，包括实际损失、侵权获利、惩罚性赔偿，同时也针对合理开支的赔偿作出明确规定，不仅为司法实践中的赔偿计算提供了明确的标准，也进一步增强了法律的可操作性。第 4 款系对法定赔偿的规定。通过这些修订，本条不仅增强了对不正当竞争行为的威慑力，也为维护市场公平竞争环境和保护经营者合法权益提供了坚实的法律保障。

二、不正当竞争行为的责任主张及承担方式

经营者在面对他人的不正当竞争行为时，可以向人民法院提起不

正当竞争纠纷之诉,请求司法救济。而对于不正当竞争行为的民事责任,结合《民法典》第179条关于承担民事责任的方式的规定,不正当竞争行为造成损害的实际情况,以及相应救济方式的现实可能,针对不正当竞争行为的民事责任承担方式主要有停止侵害、消除影响和赔偿损失。

1. 停止不正当竞争行为。

停止不正当竞争行为即是停止侵害,是最首要、直接、快速的救济方式。因为行为不停止,经营者即会持续受到不正当竞争行为造成的损害。由于当前不正当竞争行为并不限于线下形式,线上实施的不正当竞争行为愈发多样,对于停止侵害的方式也从线下的去除不正当竞争标识、销毁不正当竞争行为载体等,扩展至删除或屏蔽不正当信息、关停不正当竞争的服务等线上方式。具体的停止方式应当与原不正当竞争行为相匹配,最终效果是要实现相应行为不再持续、防范损害的进一步扩大。

2. 消除影响。

消除影响是非财产性承担民事责任的方式,其主要是将公众范围内所产生的不良影响予以消除,因此,其适用前提是有不良影响存在。一般来说,混淆、虚假宣传、商业诋毁等会在市场竞争及消费者群体中产生不良影响,因此在该类不正当竞争纠纷中常予以适用,以通过客观事实陈述给公众予以交代。但是仍应当根据案件的实际情况,即不正当竞争行为在社会公众中产生的实际影响,来具体判断是否有必要适用消除影响。另外,不正当竞争中一般不会采用赔礼道歉的责任承担方式,主要原因在于赔礼道歉主要针对侵害人格权的侵权行为中产生的精神损害予以抚慰,但不正当竞争发生在参与市场竞争的经营者之间,一方面相关主体常为法人,并不存在精神情感需要抚慰的情况；另一方面，相关不正当行为也主要围绕利益进行争夺，基本不会产生精神损害。

3. 赔偿损失。

赔偿损失顾名思义系对经济损失予以赔偿。如前所述，不正当竞争行为会导致经营者交易机会的减少、竞争利益的受损，而反之实施不正当竞争的经营者因此而获得竞争优势。此种竞争利益的此消彼长直接反映在营业收入、经营利润上。因此金钱利益的填平在不正当竞争纠纷中是最为关键的，也是平衡市场竞争秩序的最有效方式。另外，本条在赔偿损失中亦作出了为制止侵权行为所支付的合理开支予以一并赔偿的规定，亦是对知识产权维权成本高的填补。

三、不正当竞争行为的赔偿数额确定

1. 实际损失或侵权获利。

如前所述，赔偿损失通常遵循填平原则，因此，如果权利人的实际损失能够计算，则侵权人应当将损失予以填平。而对于实际损失的计算，《民法典》第1184条规定财产损失按照损失发生时的市场价格或者其他合理方式计算，如可以以权利人因不正当竞争行为流失的交易机会数量乘以利润来进行计算。而与权利人损失所对应的，侵权人因不正当竞争行为而获得相应利益，该种利益的获得系通过不正当手段获取，将其赔付给权利人是让侵权人的不正当竞争行为无利益获得，也是合理的赔偿方式。侵权人的获利一般也可以结合所获得交易机会乘以利润来进行计算。

2. 惩罚性赔偿。

在不正当竞争损害赔偿的计算中，为规制侵犯商业秘密的行为，特别规定了惩罚性赔偿的适用。对于惩罚性赔偿的适用，应严格按照

《最高人民法院关于审理侵害知识产权民事案件适用惩罚性赔偿的解释》来进行适用。对于不正当竞争纠纷中的适用主要应注意以下几点：第一，不正当竞争纠纷中仅涉及侵犯商业秘密的行为才可以适用惩罚性赔偿，对于其他的不正当竞争行为，无论是类型化的行为还是适用一般条款评价的行为，均无惩罚性赔偿的适用空间。第二，侵犯商业秘密行为仅在符合"故意"及"情节严重"的要件时才可以适用，如不存在上述情节则不应适用。第三，惩罚性赔偿应当以实际损失或侵权获利作为计算的基数，法定赔偿不可以作为基数计算，同时合理开支亦不纳入基数计算。

3. 法定赔偿。

实践中，不正当竞争行为给权利人造成的交易机会的损失、给侵权人带来的交易机会获得，以及相关利润率往往难以证明，即便可以看出双方的此消彼长，但相应行为在该种此消彼长中所起到的作用往往也存在较大争议、难以计算。因此，本条在实际损失和侵权获利之外，为保障权利人的损失得到弥补，明确了500万元的法定赔偿上限。对于法定赔偿的适用，第一，适用于混淆、侵犯商业秘密的不正当竞争行为，但对于其他的不正当竞争行为可以参照适用。第二，法定赔偿的适用前提在于经济损失或侵权获利难以计算，如果能够计算，则应当以实际损失或侵权获利的数额作为赔偿数额，而不应再适用法定赔偿进行估算确定。第三，法定赔偿的考量因素主要在于侵权行为的情节，如侵权规模、范围、持续时间等，需要说明的是，虽然法定赔偿是结合侵权情节的估算确认，但仍应以市场价值为准绳，作出符合市场价值的判断。

4. 举证妨碍。

举证妨碍是指在权利人已经尽到了初步举证责任，而相关证据由被告掌握时，法院可以依据权利人申请责令被告提交，如被告无正当理由拒不提供或者不如实提供的，人民法院可以根据权利人的主张和提供的证据支持权利人的请求。在知识产权赔偿中，举证妨碍具有重要作用，因作为侵权获利重要参考的侵权人财务账册、交易情况等证据由侵权人自身所掌握，权利人对此较难举证。而如为摆脱高额判赔，侵权人应对其获利不高尽力举证，如在法院责令其提交相应证据而无正当理由拒不提交或不如实、全面地提交，则对其作出不利推定。作为民事诉讼法的相关规定，举证妨碍对于不正当竞争中的损害赔偿计算也同样适用，如《最高人民法院关于审理侵犯商业秘密民事案件适用法律若干问题的规定》第24条对于侵害商业秘密纠纷中侵权获利计算的举证妨碍作出了相应规定。

> **相关规定**

1.《电子商务法》

第29条　电子商务平台经营者发现平台内的商品或者服务信息存在违反本法第十二条、第十三条规定情形的,应当依法采取必要的处置措施,并向有关主管部门报告。

第59条　电子商务经营者应当建立便捷、有效的投诉、举报机制,公开投诉、举报方式等信息,及时受理并处理投诉、举报。

2.《民法典》

第179条　承担民事责任的方式主要有:

(一) 停止侵害;

(二) 排除妨碍;

(三) 消除危险;

(四) 返还财产;

(五) 恢复原状;

(六) 修理、重作、更换;

(七) 继续履行;

(八) 赔偿损失;

(九) 支付违约金;

(十) 消除影响、恢复名誉;

(十一) 赔礼道歉。

法律规定惩罚性赔偿的,依照其规定。

本条规定的承担民事责任的方式,可以单独适用,也可以合并适用。

第1184条　侵害他人财产的,财产损失按照损失发生时的市场价格或者其他合理方式计算。

第1185条 故意侵害他人知识产权,情节严重的,被侵权人有权请求相应的惩罚性赔偿。

第1187条 损害发生后,当事人可以协商赔偿费用的支付方式。协商不一致的,赔偿费用应当一次性支付;一次性支付确有困难的,可以分期支付,但是被侵权人有权请求提供相应的担保。

3.《网络交易监督管理办法》

第3条 网络交易经营者从事经营活动,应当遵循自愿、平等、公平、诚信原则,遵守法律、法规、规章和商业道德、公序良俗,公平参与市场竞争,认真履行法定义务,积极承担主体责任,接受社会各界监督。

4.《网络反不正当竞争暂行规定》

第6条 平台经营者应当加强对平台内竞争行为的规范管理,发现平台内经营者采取不正当竞争方式、违法销售商品、提供服务,或者侵害消费者合法权益的行为,应当及时采取必要的处置措施,保存有关记录,并按规定向平台经营者住所地县级以上市场监督管理部门报告。记录保存时间自作出处置措施之日起计算,不少于三年。

5.《最高人民法院关于审理侵害知识产权民事案件适用惩罚性赔偿的解释》

第1条 原告主张被告故意侵害其依法享有的知识产权且情节严重,请求判令被告承担惩罚性赔偿责任的,人民法院应当依法审查处理。

本解释所称故意,包括商标法第六十三条第一款和反不正当竞争法第十七条第三款规定的恶意。

第2条 原告请求惩罚性赔偿的，应当在起诉时明确赔偿数额、计算方式以及所依据的事实和理由。

原告在一审法庭辩论终结前增加惩罚性赔偿请求的，人民法院应当准许；在二审中增加惩罚性赔偿请求的，人民法院可以根据当事人自愿的原则进行调解，调解不成的，告知当事人另行起诉。

第3条 对于侵害知识产权的故意的认定，人民法院应当综合考虑被侵害知识产权客体类型、权利状态和相关产品知名度、被告与原告或者利害关系人之间的关系等因素。

对于下列情形，人民法院可以初步认定被告具有侵害知识产权的故意：

（一）被告经原告或者利害关系人通知、警告后，仍继续实施侵权行为的；

（二）被告或其法定代表人、管理人是原告或者利害关系人的法定代表人、管理人、实际控制人的；

（三）被告与原告或者利害关系人之间存在劳动、劳务、合作、许可、经销、代理、代表等关系，且接触过被侵害的知识产权的；

（四）被告与原告或者利害关系人之间有业务往来或者为达成合同等进行过磋商，且接触过被侵害的知识产权的；

（五）被告实施盗版、假冒注册商标行为的；

（六）其他可以认定为故意的情形。

第4条 对于侵害知识产权情节严重的认定，人民法院应当综合考虑侵权手段、次数，侵权行为的持续时间、地域范围、规模、后果，侵权人在诉讼中的行为等因素。

被告有下列情形的，人民法院可以认定为情节严重：

（一）因侵权被行政处罚或者法院裁判承担责任后，再次实施相同或者类似侵权行为；

（二）以侵害知识产权为业；

（三）伪造、毁坏或者隐匿侵权证据；

（四）拒不履行保全裁定；

（五）侵权获利或者权利人受损巨大；

（六）侵权行为可能危害国家安全、公共利益或者人身健康；

（七）其他可以认定为情节严重的情形。

第5条 人民法院确定惩罚性赔偿数额时，应当分别依照相关法律，以原告实际损失数额、被告违法所得数额或者因侵权所获得的利益作为计算基数。该基数不包括原告为制止侵权所支付的合理开支；法律另有规定的，依照其规定。

前款所称实际损失数额、违法所得数额、因侵权所获得的利益均难以计算的，人民法院依法参照该权利许可使用费的倍数合理确定，并以此作为惩罚性赔偿数额的计算基数。

人民法院依法责令被告提供其掌握的与侵权行为相关的账簿、资料，被告无正当理由拒不提供或者提供虚假账簿、资料的，人民法院可以参考原告的主张和证据确定惩罚性赔偿数额的计算基数。构成民事诉讼法第一百一十一条规定情形的，依法追究法律责任。

第6条 人民法院依法确定惩罚性赔偿的倍数时，应当综合考虑被告主观过错程度、侵权行为的情节严重程度等因素。

因同一侵权行为已经被处以行政罚款或者刑事罚金且执行完毕，被告主张减免惩罚性赔偿责任的，人民法院不予支持，但在确定前款所称倍数时可以综合考虑。

6.《最高人民法院关于审理侵犯商业秘密民事案件适用法律若干问题的规定》

第 16 条　经营者以外的其他自然人、法人和非法人组织侵犯商业秘密，权利人依据反不正当竞争法第十七条的规定主张侵权人应当承担的民事责任的，人民法院应予支持。

第 24 条　权利人已经提供侵权人因侵权所获得的利益的初步证据，但与侵犯商业秘密行为相关的账簿、资料由侵权人掌握的，人民法院可以根据权利人的申请，责令侵权人提供该账簿、资料。侵权人无正当理由拒不提供或者不如实提供的，人民法院可以根据权利人的主张和提供的证据认定侵权人因侵权所获得的利益。

案例指引

1. 嘉兴市中某化工有限责任公司、上海欣某新技术有限公司诉王某集团有限公司、宁波王某科技股份有限公司等侵害技术秘密纠纷案[①]

权利人举证证明被诉侵权人非法获取了完整的产品工艺流程、成套生产设备资料等技术秘密且已实际生产出相同产品的，人民法院可以认定被诉侵权人使用了全部技术秘密，但被诉侵权人提供相反证据足以推翻的除外。被诉侵权人构成故意侵害技术秘密的，人民法院可以被诉侵权人相关产品销售利润为基础，计算损害赔偿数额；销售利润难以确定的，可以依据权利人相关产品销售价格及销售利润率乘以被诉侵权人相关产品销售数量为基础，计算损害赔偿数额。

2. 广州天某高新材料股份有限公司、九江天某高新材料有限公司诉安徽纽某精细化工有限公司等侵害技术秘密纠纷案[②]

本案系侵犯商业秘密适用惩罚性赔偿的典型案件。判断侵害知识产权行为是否构成情节严重并适用惩罚性赔偿时，可以综合考量被诉侵权人是否以侵害知识产权为业、是否受到刑事或者行政处罚、是否构成重复侵权、诉讼中是否存在举证妨碍行为，以及侵权行为造成的损失或者侵权获利数额、侵权规模、侵权持续时间等因素。行为人明知其行为构成侵权，已实际实施侵权行为且构成其主营业务的，可以认定为以侵害知识产权为业。对于以侵害知识产权为业，

---

① 参见最高人民法院指导性案例220号。
② 参见最高人民法院指导性案例219号。

长期、大规模实施侵权行为的,可以依法从高乃至顶格适用惩罚性赔偿倍数确定损害赔偿数额。

3. 西某股份公司、西某(中国)有限公司与宁波奇某电器有限公司、昆山新某某电器有限公司等侵害商标权及不正当竞争纠纷案①

本案是打击仿冒混淆行为的典型案例。本案中,人民法院认定将与他人有一定影响的企业名称中的字号及注册商标相同或相近似的标识作为字号使用,并从事经营活动的行为构成《反不正当竞争法》规定的不正当竞争行为。同时,在现有证据无法证明侵权获利及实际损失具体数额的情况下,人民法院细化了确定赔偿数额的考量因素。因生产、销售被诉侵权产品而获得的利益明显超过反不正当竞争法规定的法定赔偿最高限额,现有证据无法证明侵权获利及侵权损失,可综合考虑被侵权人的知名度、侵权人主观恶意、侵权规模、侵权持续时间、侵权产品利润率等因素确定损失。本案裁判对混淆行为的认定、赔偿数额的计算等法律适用问题具有示范意义。

4. 浙江吉某控股集团有限公司、浙江吉某汽车研究院有限公司诉威某汽车制造温州有限公司等侵害技术秘密纠纷案②

(1)对于有组织、有计划、大规模挖取其他企业人才及技术资源而引发的被诉侵害技术秘密行为,人民法院在审理时应当作整体分析和综合判断。如果被诉侵权人在明显短于独立研发所需合理时间内即生产出与涉案技术秘密相关的产品,而被诉侵权人有渠道或者机会获取涉案技术秘密,此时因侵权可能性极大,应当进一步减轻

---

① 参见《2023年人民法院反垄断和反不正当竞争典型案例》(2023年9月14日最高人民法院公布),载最高人民法院网,https://www.court.gov.cn/zixun/xiangqing/411732.html,最后访问日期:2025年7月14日。
② 载人民法院案例库,案例编号:2025-13-2-176-002,最后访问日期:2025年7月14日。

技术秘密权利人对于侵害技术秘密行为的证明负担，直接推定被诉侵权人实施了侵害权利人技术秘密的行为。被诉侵权人否认其实施侵害技术秘密行为的，应当提供证据予以反驳。

（2）为有效制止和震慑侵权并增强裁判的可执行性，人民法院在确定停止侵害民事责任的具体承担方式时，既可以根据权利人对停止侵害责任承担的具体主张，必要时也可直接依职权确定停止侵害的具体方式、内容、范围；要在充分考虑受保护权益的性质和侵权行为的恶劣程度特别是侵权行为的现实危害状态以及未来继续侵权可能性的基础上，重点考虑采取有关具体措施对于保护该权益的必要性、合理性、可执行性等因素。

（3）根据案件具体情况，停止侵害技术秘密的具体措施可以包括：停止使用涉案技术秘密自行制造或者委托他人制造相关产品，停止销售使用涉案技术秘密制造的相关产品；未获真正权利人的同意，侵权人不得自己实施、许可他人实施、转让、质押或者以其他方式处分利用非法获取的涉案技术秘密申请的相关专利，包括恶意放弃专利权；在人民法院监督或者权利人见证下销毁侵权人及有关单位和人员持有或控制的载有涉案技术秘密的相关载体或者将其移交技术秘密权利人；以公告和/或内部通知的形式，通知公司股东、高级管理人员、有关员工、关联公司及可能获知涉案技术秘密的上下游厂商等积极配合履行人民法院判决中有关停止侵害的要求，并就企业内部知识产权合规运营作出明确指引；将相关停止侵害的要求逐一通知自技术秘密权利人处离职至侵权人及其关联公司处工作的有关员工、侵权人及其关联公司其他所有负责或者参与相关研发工作的人员（含有关高级管理人员）以及可能获知涉案技术秘密的上下游厂商，并与其签署保守涉案商业秘密及不侵权承诺书。

（4）为确保判决得到及时全面的执行，人民法院可以根据案件具体情况，综合考虑侵权行为性质、情节和违反有关停止侵害等非金钱给付义务可能产生的损害、负面影响以及增强判决的威慑力等因素，对判决所涉非金钱给付义务迟延履行金的计付标准一并予以明确，有关计付标准可视情按日或月等期间计算或者一次性定额计算。

5. 陈某、运城某公司等侵害技术秘密纠纷案[①]

侵害技术秘密纠纷案件中，被诉侵权设备构成技术秘密载体的，通常有必要判令销毁该设备。销毁的方式包括采取实质性改造等措施，改造限度以使该设备不再具有技术秘密载体属性为准。被诉侵权设备并非技术秘密载体，而仅是技术秘密侵权工具时，因销毁该设备既非制止侵权行为继续发生的必要措施，也不利于节约资源，通常不具有必要性和合理性，一般不应判令销毁该设备，但有证据证明该侵权设备系侵权专用品，即其不具有其他实质非侵权用途的除外。

---

① 参见《最高人民法院知识产权法庭裁判要旨摘要（2023）》（2024年2月23日发布），载最高人民法院网，https://www.court.gov.cn/zixun/xiangqing/425892.html，最后访问日期：2025年7月14日。

获得的利益难以确定的，由人民法院根据侵权行为的情节判决给予权利人五百万元以下的赔偿。

第 23 条　实施混淆行为的行政责任

❶经营者违反本法第七条规定实施混淆行为或者帮助他人实施混淆行为的，由监督检查部门责令停止违法行为，没收违法商品。违法经营额五万元以上的，可以并处违法经营额五倍以下的罚款；没有违法经营额或者违法经营额不足五万元的，可以并处二十五万元以下的罚款；情节严重的，并处吊销营业执照。

❷销售本法第七条规定的违法商品的，依照前款规定予以处罚；销售者不知道其销售的商品属于违法商品，能证明该商品是自己合法取得并说明提供者的，由监督检查部门责令停止销售，不予行政处罚。

❸经营者登记的名称违反本法第七条规定的，应当及时办理名称变更登记；名称变更前，由登记机关以统一社会信用代码代替其名称。

第 24 条　实施商业贿赂的行政责任

❶有关单位违反本法第八条规定贿赂他人或者收受贿赂的，由监督检查部门没收违法所得，处十万元以上一百万元以下的罚款；情节严重的，处一百万元以上五百万元以下的罚款，可以并处吊销营业执照。

条文注释

第 23 条　【实施混淆行为的行政责任】

一、规范意义及条文修订情况

本条是关于实施混淆行为的行政责任承担的规定。相较于 2019 年《反不正当竞争法》，本条第 1 款中为对应《反不正当竞争法》第 7 条中新增的帮助实施混淆行为的规定，在责任承担中亦将该行为予以增加；并将吊销营业执照作为并处的行政处罚。第 2 款为新增条款，系针对销售带有混淆标识的商品的行为主体，在合法来源抗辩成立情况下行政处罚责任的免除。第 3 款系企业名称构成混淆情况下行政责任的承担。

本条的修订进一步完善了对混淆行为的法律规制，明确了实施混淆行为及相关帮助行为的行政责任，增强了法律的威慑力和可操作性。第 1 款通过增加对帮助实施混淆行为的责任追究，确保了对不正当竞争行为的全链条打击，同时将吊销营业执照作为情节严重的处罚手段，进一步强化了对违法行为的制裁力度。第 2 款新增的合法来源抗辩条款，为销售者提供了合理的免责事由，体现了法律的公平性和灵活性，避免因销售者不知情而受到不合理的行政处罚，平衡了执法力度与市场主体的合法权益保护。第 3 款针对企业名称构成混淆的情况，明确了行政责任的承担方式，包括责令变更名称和以统一社会信用代码代替名称等措施，有效解决了企业名称混淆带来的市场秩序混乱问题，维护了市场公平竞争环境。总体而言，本条的修订为打击混淆行为提供了更明确、更全面的法律依据，有助于保护经营者和消费者的合法权益，维护市场秩序和公平竞争的市场环境。

二、混淆行为的行政责任的种类和承担方式

从本条规定来看,实施混淆行为和帮助实施混淆行为的行政责任种类包括责令停止、没收、罚款、吊销营业执照。同时,针对企业名称构成混淆的,结合该实际情况,还包括企业名称变更登记的方式。相较于民事责任对于作为权益主体的经营者救济,行政责任的承担更多是通过对相应行为的处罚,进一步规范市场竞争行为、维护消费者权益和市场竞争秩序的平衡。

对于责令停止和没收违法商品,系为防止混淆后果在市场中进一步扩大。一般来说,不仅要经营者停止正在持续的混淆行为,还要对带有混淆标识的商品予以没收,防止这些商品在市场中的流通而进一步加深市场混淆。对于罚款,以违法经营额5万元为分界线,分别处以违法经营额5倍以下或25万元以下的罚款。从规定来看,违法经营额并不扣除成本。对于吊销营业执照,是对其他行政处罚的补充,如情节严重,则在上述行政处罚基础上对实施混淆行为的经营者吊销营业执照。

另外,因混淆行为中存在擅自将他人注册商标、未注册的驰名商标作为企业名称中的字号使用的混淆行为,因此,针对该种行为的实际性质和效果,在责令停止的基础上,规定了企业名称变更登记的特殊处理方式。因企业名称变更登记手续办理需要周期,为解决周期问题,该条亦明确了在完成名称变更登记之前,以统一社会信用代码对相应主体进行指代,可以有效实现停止市场中混淆行为的效果。

三、混淆行为行政责任的免除

针对混淆条款,相关司法解释规定了销售商合法来源抗辩的情形,系对合法来源抗辩成立情况下民事赔偿责任免除的规定。合法来

源抗辩旨在保护市场中的销售商的合理信赖，销售商作为直接联系商品与消费者的纽带，在其客观行为具有合法来源和合理理由、主观状态不存在恶意的情况下，对销售商责任的过分苛责将不利于市场活跃，亦影响消费者商品或服务的获得和体验。因此，在此种情况下，在行政责任的承担上对于该种销售商的行政处罚责任予以免除。但需注意的是，虽然罚款、吊销营业执照等行政处罚责任被免除，但仍应责令其停止销售，并没收侵权商品，防止侵权商品的继续流通。

第 24 条 【实施商业贿赂的行政责任】

一、规范意义及条文修订情况

本条是关于实施商业贿赂行为的行政责任承担的规定。相较于 2019 年《反不正当竞争法》，本条第 1 款中系对有关单位商业贿赂行为的规定，为与第 2 款个人责任相区分，第 1 款的行为主体由"经营者"改为"有关单位"。同时为对应《反不正当竞争法》第 8 条中新增的不得收受贿赂的规定，新增了对收受贿赂行为的行政责任。在罚款计算上根据情节轻重不同，作出了不同区分，同时对罚款金额计算进行了调整。对于吊销营业执照的处罚新增了"可以并处"的表述，可供监督检查部门根据实际情况灵活适用。第 2 款为新增内容，系对实施和收受贿赂相关个人应承担行政责任的规定。实施贿赂和收受贿赂不仅损害经营者竞争利益，同时也扰乱市场竞争秩序，甚至可能导致犯罪。

二、有关单位商业贿赂行为的行政责任

本条第 1 款虽将行为主体规定为"有关单位"，但结合第 2 款的规定，该款所规制的主体应系作为单位的经营者。对于采取行政处罚

的商业贿赂行为既包括实施贿赂方，亦包括收受贿赂方。

对于商业贿赂行为未作出停止违法行为的行政责任规定，主要在于商业贿赂行为并不像混淆、虚假宣传等行为，对相关标识的使用或内容的宣传是持续进行的，商业贿赂行为一般是短时的、一次性的，在给予动作完成时即停止，即在进行行政责任确认时该行为已经停止，因此无须对其再行要求停止。

没收违法所得即是没收实施贿赂和收受贿赂涉及的经济利益，同时也包括因该违法行为所获得的收益。如因贿赂获得的交易机会产生的获利等。对于罚款，本条作出了10万元以上的最低金额规定，同时根据不同的行为情节，以100万元进行区分，并将最高罚款金额提升至500万元，明确了打击商业贿赂行为的严厉态度。对于单位实施或收受贿赂的行为，同时列明了可以并处吊销营业执照的规定。

三、有关个人商业贿赂行为的行政责任

一般而言，商业贿赂涉及的主体为市场竞争中的各单位，最终获益的也是经营者自身。但从商业贿赂行为来看，其应系经营者单位中的相关个人向相对方的个人直接进行的。因此本条新增了对实施和收受商业贿赂个人的没收违法所得、罚款的行政处罚规定，进一步加大对商业贿赂行为的处罚打击力度。另外，该种行政责任承担主体应当是对实施商业贿赂负有个人责任或收受贿赂的个人，不宜进一步扩张至所有知情参与者，以防行政打击范围过泛而产生的过度干预。

> **相关规定**
>
> 《网络反不正当竞争暂行规定》
>
> 第 33 条　经营者违反本规定第七条的，由市场监督管理部门依照反不正当竞争法第十八条的规定处罚。
>
> 第 35 条　经营者违反本规定第十条的，由市场监督管理部门依照反不正当竞争法第十九条的规定处罚。

案例指引

1. 青岛某酒业有限公司与蛟河市市场监督管理局工商行政处罚纠纷案[①]

经营者未经许可擅自在经营的商品中使用与权利人的商品名称、包装、装潢等相近似的标识，极易导致误认，构成混淆行为，相关行政部门依法对其不正当竞争行为作出处罚，事实清楚、证据充分，适用法律法规正确，处罚额度适当，其行政处罚行为合法。这体现了行政机关对事关民生的食品案例等领域的违法生产经营行为依法及时履行监管职责。在执法过程中，坚持执法公正与执法目的、执法形式的有机统一。处罚措施适当，最大限度地净化了市场秩序，保护了知识产权权利人的合法权益。

2. 江苏某生物科技有限公司商业混淆案[②]

近年来，市场上婴幼儿产品种类越来越多，价格越来越高，消费者也更青睐进口产品。在高额利润的诱惑下，有些不法商家通过申请注册与国外知名品牌近似的商标、嫁接国外知名品牌的悠久历史等手段将本土产品包装成进口产品，而一般消费者无法分辨产品的产地，从而误以为是进口产品。上述混淆行为严重扰乱了婴幼儿产品市场秩序、侵犯了消费者的合法权益，市场监管部门将在婴幼儿产品领域保持高压态势，在"强"监管、"保"质量、"稳"价格、

---

① 参见《2019吉林省知识产权司法保护十大典型案例》（2020年4月20日发布），载吉林法院网，http://jlfy.e-court.gov.cn/article/detail/2020/04/id/5101596.shtml，最后访问日期：2025年7月14日。
② 参见《江苏省反垄断反不正当竞争执法十大典型案例（2019-2022）》（2022年11月29日发布），载江苏法院网，http://www.jsfy.gov.cn/article/94696.html，最后访问日期：2025年7月14日。

"维"秩序上下功夫,为消费者营造放心安全的消费环境。

3. 苏州某机电有限公司商业贿赂案①

商业贿赂行为有着较强的隐蔽性,发现和掌握案件线索是查办案件的前提和关键环节。本案是在查办一起商业秘密案件时,通过对海量数据资料反复梳理,发现了行贿行为的违法线索,从而进一步锁定相关违法事实,并最终认定经营者为谋取交易机会,向交易相对方工作人员行贿,违反《反不正当竞争法》,应当受到行政处罚。加大对商业贿赂行为的查处力度,市场监管部门要进一步强化与相关司法部门的沟通对接,拓宽线索发现渠道,建立双向移送机制。在该案办理过程中,市场监管部门充分发挥与公安等部门的通力协作,实现了案件的成功查办。

---

① 参见《江苏省反垄断反不正当竞争执法十大典型案例(2019-2022)》(2022年11月29日发布),载江苏法院网,http://www.jsfy.gov.cn/article/94696.html,最后访问日期:2025年7月14日。

❷经营者的法定代表人、主要负责人和直接责任人员对实施贿赂负有个人责任,以及有关个人收受贿赂的,由监督检查部门没收违法所得,处一百万元以下的罚款。

第 25 条　实施虚假宣传的行政责任

❶经营者违反本法第九条规定对其商品作虚假或者引人误解的商业宣传,或者通过组织虚假交易、虚假评价等方式帮助其他经营者进行虚假或者引人误解的商业宣传的,由监督检查部门责令停止违法行为,处一百万元以下的罚款;情节严重的,处一百万元以上二百万元以下的罚款,可以并处吊销营业执照。

❷经营者违反本法第九条规定,属于发布虚假广告的,依照《中华人民共和国广告法》的规定处罚。

第 26 条　侵犯商业秘密的行政责任

经营者以及其他自然人、法人和非法人组织违反本法第十条规定侵犯商业秘密的,由监督检查部门责令停止违法行为,没收违法所得,处十万元以上一百万元以下的罚款;情节严重的,处一百万元以上五百万元以下的罚款。

第 27 条　违法进行有奖销售的行政责任

经营者违反本法第十一条规定进行有奖销售的,由监督检查部门责令停止违法行为,处五万元以上五十万元以下的罚款。

条文注释

第 25 条　【实施虚假宣传的行政责任】

本条是关于实施虚假宣传行为行政责任承担的规定。相较于 2019 年《反不正当竞争法》，本条第 1 款为对应《反不正当竞争法》第 9 条的规定，新增了"虚假评价"行为的行政责任的规定；对罚款金额计算进行了调整，将"处二十万元以上一百万元以下的罚款"修改为"处一百万元以下的罚款"；对于吊销营业执照的处罚新增了"并处"的表述，可供监督检查部门根据实际情况灵活适用。第 2 款未作修改。

行政责任的承担意味着虚假宣传行为的存在，结合《反不正当竞争法》第 9 条虚假宣传的规定，既包括直接实施的虚假宣传行为，亦包括帮助虚假宣传的行为。作为具有持续性的宣传行为，如在行政查处时相关宣传内容仍持续存在，行政机关应责令其停止违法行为。在罚款金额上，本条未作出最低罚款金额的规定，而是根据不同的情节，以 100 万元进行区分，最高罚款金额可至 200 万元，同时列明了可以并处吊销营业执照。虚假宣传不仅损害经营者权益，更是误导消费者，使消费者产生错误认知而购买错误的商品或服务。因此，加重对虚假宣传行为的处罚，亦有利于消费者权益保护。

虚假宣传行为常以广告形式出现，因此与《广告法》中相关规定衔接紧密。《广告法》对虚假广告作出了较为详细的规定，同时针对不同类型的商品或服务所禁止宣传的内容也予以明确，为虚假宣传行为的认定提供了较为有力的参考。如果被诉虚假宣传行为构成虚假广告，则相应行政责任的承担依据《广告法》来进行处理，其中亦包括责令停止、罚款等，同时还有消除影响等责任承担。

第 26 条　【侵犯商业秘密的行政责任】

一、规范意义及条文修订情况

本条是关于实施侵犯商业秘密行为行政责任承担的规定。相较于 2019 年《反不正当竞争法》，本条针对罚款金额对于情节严重的情形，将罚款的最低数额从 50 万元提高至 100 万元。这一调整表明了立法对商业秘密保护的重视，进一步加大了对侵犯商业秘密行为的惩处力度，体现了对商业秘密这一重要知识产权的严格保护态度，为保护商业秘密提供了更明确、更有力的法律保障，有助于维护企业的核心竞争力和市场创新动力。

二、明确侵犯商业秘密行为的行政责任

本条明确了侵犯商业秘密行为的行政责任包括责令停止违法行为、没收违法所得和罚款。对于停止违法行为，侵犯商业秘密的行为包括获取、披露、使用行为，其中获取行为一般为瞬时行为，不具备停止的必要，因此，对于停止通常要求侵权人停止再向第三方披露、自行或允许他人使用的行为。关于没收违法所得，通常来说与侵权获利存在紧密关联，但在具体计算上应当以违法行为所获得的总收入作为基准，更大程度严惩侵犯商业秘密行为。对于罚款，本条作出了 10 万元的最低金额规定，同时根据不同的行为情节，以 100 万元进行区分，规定了 500 万元的最高金额。其中对于情节严重的将罚款最低数额提升至 100 万元，一方面可以明确对情节严重的罚款予以区分，另一方面亦明确表明了制止侵犯商业秘密行为，鼓励自主研发创新，营造公平市场竞争的态度。

第 27 条 【违法进行有奖销售的行政责任】

本条是关于实施禁止有奖销售行为行政责任承担的规定。相较于 2019 年《反不正当竞争法》，本条没有实质性修改。本条明确了在有奖销售中存在违反《反不正当竞争法》第 11 条的情形时的行政责任。

构成不正当竞争的有奖销售的行政责任包括责令停止违法行为、罚款。对于责令停止违法行为，应审查行政查处时行为的状态。如果不正当有奖销售正在进行中，如在促销活动正在进行的期限内的有奖销售信息不明确的情况下，则可以责令其停止该违法行为。但如果是相关促销活动已经结束，如谎称有奖的抽奖活动已经举办完毕的情况下，则再行要求其停止并无现实依据。

对于有奖销售的罚款，本条规定了 5 万元的最低数额和 50 万元的最高数额。对于具体罚款数额应当根据具体情节来确定。

相关规定

1.《广告法》

第4条 广告不得含有虚假或者引人误解的内容,不得欺骗、误导消费者。

广告主应当对广告内容的真实性负责。

第28条 广告以虚假或者引人误解的内容欺骗、误导消费者的,构成虚假广告。

广告有下列情形之一的,为虚假广告:

(一)商品或者服务不存在的;

(二)商品的性能、功能、产地、用途、质量、规格、成分、价格、生产者、有效期限、销售状况、曾获荣誉等信息,或者服务的内容、提供者、形式、质量、价格、销售状况、曾获荣誉等信息,以及与商品或者服务有关的允诺等信息与实际情况不符,对购买行为有实质性影响的;

(三)使用虚构、伪造或者无法验证的科研成果、统计资料、调查结果、文摘、引用语等信息作证明材料的;

(四)虚构使用商品或者接受服务的效果的;

(五)以虚假或者引人误解的内容欺骗、误导消费者的其他情形。

第55条 违反本法规定,发布虚假广告的,由市场监督管理部门责令停止发布广告,责令广告主在相应范围内消除影响,处广告费用三倍以上五倍以下的罚款,广告费用无法计算或者明显偏低的,处二十万元以上一百万元以下的罚款;两年内有三次以上违法行为或者有其他严重情节的,处广告费用五倍以上十倍以下的罚款,广告费用无法计算或者明显偏低的,处一百万元以上二百万元以下的罚款,可以吊销营业执照,并由广告审查机关撤销广告审查批准文件、一年内不受理其广告审查申请。

医疗机构有前款规定违法行为,情节严重的,除由市场监督管理部门依照本法处罚外,卫生行政部门可以吊销诊疗科目或者吊销医疗机构执业许可证。

广告经营者、广告发布者明知或者应知广告虚假仍设计、制作、代理、发布的,由市场监督管理部门没收广告费用,并处广告费用三倍以上五倍以下的罚款,广告费用无法计算或者明显偏低的,处二十万元以上一百万元以下的罚款;两年内有三次以上违法行为或者有其他严重情节的,处广告费用五倍以上十倍以下的罚款,广告费用无法计算或者明显偏低的,处一百万元以上二百万元以下的罚款,并可以由有关部门暂停广告发布业务、吊销营业执照。

广告主、广告经营者、广告发布者有本条第一款、第三款规定行为,构成犯罪的,依法追究刑事责任。

2.《民法典》

第501条　当事人在订立合同过程中知悉的商业秘密或者其他应当保密的信息,无论合同是否成立,不得泄露或者不正当地使用;泄露、不正当地使用该商业秘密或者信息,造成对方损失的,应当承担赔偿责任。

3.《规范促销行为暂行规定》

第5条　经营者开展促销活动,应当真实准确,清晰醒目标示活动信息,不得利用虚假商业信息、虚构交易或者评价等方式作虚假或者引人误解的商业宣传,欺骗、误导消费者或者相关公众(以下简称消费者)。

第 27 条 违反本规定第十三条第一款、第十四条、第十五条、第十六条、第十七条，由市场监督管理部门依据反不正当竞争法第二十二条的规定进行处罚。

4.《网络反不正当竞争暂行规定》

第 34 条 经营者违反本规定第八条、第九条的，由市场监督管理部门依照反不正当竞争法第二十条的规定处罚。

5.《对十三届全国人大二次会议第 3415 号建议的答复》

一、关于《反不正当竞争法》"虚假宣传"的罚则过重、处罚下限额度过高的建议

《反不正当竞争法》经修订后自 2018 年 1 月 1 日起施行，为了有效打击、遏制不正当竞争行为，加大了对违法行为的行政处罚力度，对七种不正当竞争行为的法律责任规定均进行了提高和加强，最高可处三百万元的罚款。《反不正当竞争法》第八条及第二十条有关"虚假宣传"行为的法律构成及法律责任规定，是与其他不正当竞争行为以及《广告法》有关虚假广告的规定相一致的。

对于建议中提到的实践中行政处罚下限过高问题，《反不正当竞争法》第二十五条规定：经营者违反本法规定从事不正当竞争，有主动消除或者减轻违法行为危害后果等法定情形的，依法从轻或者减轻行政处罚；违法行为轻微并及时纠正，没有造成危害后果的，不予行政处罚。因此，对于建议中提到的情形，监督部门可以依据《反不正当竞争法》相关条款及第二十五条的规定，对具体不正当竞争行为在充分考虑主观故意、客观行为、社会危害后果等因素基础上，综合作出认定。

> **案例指引**

1. 中卫市某调理店诉中卫市市场监督管理局、中卫市人民政府罚款案①

经营者应对广告宣传内容的真实性承担审查注意义务，除医疗、药品、医疗器械广告外，不得在任何广告涉及疾病治疗功能。如果宣传广告中记载的商品性能、功能、质量、销售状况、用户评价、曾获荣誉等不真实、不客观，与商品本身不相匹配，含有虚假或者引人误解的内容欺骗、误导消费者的，构成虚假广告。人民法院经审查认为市场监管部门认定经营者的行为构成虚假商业广告行为，依据《反不正当竞争法》以及国家市场监督管理总局《关于规范市场监督管理行政处罚裁量权的指导意见》的相关规定，作出行政处罚决定，事实清楚、处罚结果与行为的危害性适当、处罚程序合法的，依法应予支持。

2. 冯某某诉武隆区市场监督管理局行政处罚决定案②

在网络商业宣传过程中，提供不真实的商品相关信息，欺骗、误导相关公众的虚假商业宣传行为，属于网络不正当竞争行为，行政机关依法给予行政处罚的，人民法院应当给予支持。

当下网络预订、网上消费便捷、时尚，逐渐被大众尤其是年轻消费群体所接受。不少消费者在出差或者休假旅游时，为能顺利在外地入住，通常会优先选择在网络平台上预订酒店。这种只见图不见房、先收钱再入住的交易方式，如经营者不提供与实际相符的房间

---

① 载人民法院案例库，案例编号：2024-12-3-001-034，最后访问日期：2025 年 7 月 14 日。
② 参见《重庆市高级人民法院发布 2022 年度重庆行政诉讼典型案例》（2023 年 6 月 10 日发布），载重庆市高级人民法院微信公众号，最后访问日期：2025 年 7 月 14 日。

真实信息,而消费者又无法到实地进行考察或者对比,稍不注意就会"入坑",其合法权益将受到侵害。本典型案例系冯某某在网络平台公示并开展酒店住宿营销预订服务,但实际并没有与之对应的线下实体酒店,其在网络平台以虚假的酒店名称、外观照片并盗用他人的经营地址、营业执照等开展酒店住宿营销预订服务,欺骗、误导了消费者,构成虚假宣传,扰乱了市场竞争秩序。

本案的处理,合理界定了网络不正当竞争行为,有利于维护网络空间消费者的合法权益,规范网络市场竞争秩序,保障网络空间法治化发展;对经营者的不诚信行为予以处罚,有利于营造诚实守信的良好社会风尚,弘扬了社会主义核心价值观,对类似案件的处理具有较强的指导作用。

3. 成都市锦江区市场监督管理局与某国际有限公司行政处罚案[1]

虚假宣传是反不正当竞争法规制的重要行为之一。市场经营活动中,经营者应对自己提供的商品或服务进行客观、准确的宣传,不得超越商品或服务本身作出虚假或引人误解的宣传,误导消费者。判断虚假宣传行为是否足以达到欺骗、误导消费者的程度,是确定是否构成虚假宣传不正当竞争行为的关键。因本案中的商品为进口商品,其标注产地为中国上海而非中国南京,并不会增加其竞争优势或交易概率,也不会导致消费者将该商品与其他商品产生混淆。因此,本案最终认定该经营者的行为不构成虚假宣传。本案为如何确定虚假宣传行为的行政审查和司法审查标准提供了有益的参考。

---

[1] 参见《四川法院不正当竞争典型案例(2019—2021)》(2022 年 3 月 18 日发布),载四川省高级人民法院网,http://scfy.scssfw.gov.cn/article/detail/2022/03/id/6611465.shtml,最后访问日期:2025 年 7 月 14 日。

4. 江苏某食品有限公司侵犯商业秘密案[①]

商业秘密是企业知识产权的重要组成部分，是企业的核心竞争力。加强商业秘密保护，有利于维护正常的市场竞争秩序，有助于树立公平、诚实、信用的市场经营理念。当前不少企业对于商业秘密保护认识不到位，对其拥有的各种不为公众所知悉的具有重大价值的技术信息、经营信息等商业信息未采取保密措施，造成了被侵权时无法正当维权。本案的举报人注重企业商业秘密保护，制定了相关保密制度，和员工签订了保密协议，对重要的文件都标注了密级等，为办案部门成功办理此案打下了基础。商业秘密保护工作任重道远，市场监管部门需要进一步加强对企业的培训力度，引导企业进一步增强商业秘密保护意识，提高主动防范、自我保护和依法维权能力。

[①] 参见《江苏省反垄断反不正当竞争执法十大典型案例（2019-2022）》（2022年11月29日发布），载江苏法院网，http://www.jsfy.gov.cn/article/94696.html，最后访问日期：2025年7月14日。

第 28 条　损害商业信誉、商品声誉的行政责任

经营者违反本法第十二条规定损害其他经营者商业信誉、商品声誉的,由监督检查部门责令停止违法行为、消除影响,处十万元以上一百万元以下的罚款;情节严重的,处一百万元以上五百万元以下的罚款。

第 29 条　利用网络从事不正当竞争的行政责任

经营者违反本法第十三条第二款、第三款、第四款规定利用网络从事不正当竞争的,由监督检查部门责令停止违法行为,处十万元以上一百万元以下的罚款;情节严重的,处一百万元以上五百万元以下的罚款。

第 30 条　低于成本价销售的行政责任

平台经营者违反本法第十四条规定强制或者变相强制平台内经营者以低于成本的价格销售商品的,由监督检查部门责令停止违法行为,处五万元以上五十万元以下的罚款;情节严重的,处五十万元以上二百万元以下的罚款。

第 31 条　滥用优势地位的行政责任

经营者违反本法第十五条规定滥用自身优势地位的,由省级以上人民政府监督检查部门责令限期改正,逾期不改正的,处一百万元以下的罚款;情节严重的,处一百万元以上五百万元以下的罚款。

条文注释

第28条 【损害商业信誉、商品声誉的行政责任】

本条是关于实施商业诋毁行为行政责任承担的规定。相较于2019年《反不正当竞争法》,本条在行为对象上,结合《反不正当竞争法》第12条中对于行为对象由"竞争对手"修改为"其他经营者",本条作出了对应调整。在罚款金额上,将基本罚款金额从10万元以上50万元以下调整至10万元以上100万元以下;同时将情节严重的罚款金额从50万元以上300万元以下调整至100万元以上500万元以下。

针对其他经营者实施商业诋毁行为的行政责任包括责令停止、消除影响和罚款。一般来说,商业诋毁行为的相关信息是持续发布,只要其处于公开状态,即持续对经营者产生不良影响。因此,责令停止违法行为是最为迫切和必要的。对于责令停止不仅包括线下行为的停止,随着互联网讯息的迅速传播,如存在线上行为亦应当予以停止。

商业诋毁行为会直接给其他经营者的商业信誉和商品声誉造成不良影响。因此为消除该种不良影响,在行政责任中亦规定了消除影响的责任承担方式。该种消除影响相较于民事责任中的消除影响,更侧重恢复到商业诋毁前的市场竞争前的状态,更注重客观事实的阐明和市场秩序的平衡。

在罚款金额上,本条规定了最低罚款金额为10万元,同根据具体情节,以100万元进行区分,规定了最高罚款金额500万元。尤其在当前信息时代背景下,信息传播速度相较传统市场已不可同日而语,正因如此,为博眼球实施的商业诋毁行为给市场秩序造成的不良影响更加严重，对罚款数额的提升也能够更有力地打击恶意诋毁行为，维护良好市场秩序。

第 29 条 【利用网络从事不正当竞争的行政责任】

本条是关于实施网络不正当竞争行为行政责任承担的规定。相较于 2019 年《反不正当竞争法》，本条根据互联网专条的调整，对于相应不正当网络竞争行为进行了修改。同时在罚款金额上，将基本罚款金额从 10 万元以上 50 万元以下调整至 10 万元以上 100 万元以下；同时将情节严重的罚款金额从 50 万元以上 300 万元以下调整至 100 万元以上 500 万元以下。

根据本条的规定，对网络不正当竞争行为处以行政责任仅限于《反不正当竞争法》第 13 条第 2 款、第 3 款、第 4 款规定的情形。网络不正当竞争行为在影响经营者的正常网络经营的同时，亦影响到用户对网络服务的正常获得，同时影响网络市场竞争环境。因此，在网络技术发展背景下，对网络不正当竞争行为予以行政规制确有必要。

网络不正当竞争行为的行政责任承担方式包括责令停止和罚款。不同于以往线下不正当竞争行为的停止方式，网络不正当竞争行为的停止可能涉及删除网页、断开链接、关停服务器等不同方式，具体应当根据网络不正当竞争行为性质来进行对应处理。

在罚款金额上，本条规定了最低罚款金额为 10 万元，同根据具体情节，以 100 万元进行区分，规定了最高罚款金额 500 万元。在网络技术发展背景下，网络黑灰产业也逐渐蔓延，其以不正当方式获得极大利益，甚至影响网络安全和消费者人身财产安全。因此，对罚款数额的提升也能够更有力地打击网络不正当竞争行为，维护纯净网络环境。

第 30 条 【低于成本价销售的行政责任】

一、规范意义及条文新增情况

本条是 2025 年《反不正当竞争法》的新增条款，精准剑指平台经营者强制或变相强制平台内经营者以低于成本价销售商品的行为。此规定犹如一记重拳，有力地维护了平台经济领域的公平竞争秩序，为平台内经营者撑起了一把"保护伞"，避免其陷入被强制压价的困境，从而保障了整个市场的健康发展。它清晰地向平台经营者划出了法律的"红线"，任何试图通过强制手段扭曲市场竞争的行为都将受到严厉制裁。这一立法举措的背后，是平台经济迅猛发展的时代背景下，对市场秩序维护和经营者权益保护的迫切需求。在电商平台激烈竞争的环境中，部分平台经营者为了一己私利，利用自身优势地位对平台内经营者进行不合理的定价干预，这种行为不仅破坏了公平竞争的市场环境，还可能引发一系列负面连锁反应，如商品质量下降、服务水平降低等，最终损害消费者的利益。为了有效遏制这种不良趋势，本条应时而立，以法律的权威为平台经济的有序运行保驾护航。

二、违法行为的认定

判断平台经营者的行为是否构成"强制"或"变相强制"是适用本条的关键。从形式上明确"强制"行为，这通常表现为平台经营者通过合同条款、平台规则或直接指令等方式，明确要求平台内经营者以低于成本的价格销售商品。例如，平台在合作协议中加入条款，规定经营者必须以特定的低价参与促销活动，否则将面临合约违约的风险，这种明文规定的行为无疑属于"强制"。

而"变相强制"则更为隐蔽，往往不以直接命令的形式出现，而是通过一系列间接手段实现相同目的。比如，平台经营者可能利用其对搜索排名、流量分配的掌控权，暗示平台内经营者若不以低于成本价销售商品，就会在搜索结果中被降权，导致商品曝光度降低；或者通过限制参与促销活动的资格等手段，迫使经营者就范。这些行为虽未明确以命令形式出现，但实质上却对经营者的自主定价权形成了强制性干预。

判断"强制"或"变相强制"还需考虑平台经营者行为的合理性和必要性。如果平台的定价要求超出了正常商业合作的范畴，无法用提升平台整体竞争力、促进公平竞争等合理理由解释，那么很可能被认定为不正当的强制行为。例如，平台要求经营者长期、持续地以远低于成本价销售商品，且这种低价销售与平台提供的服务或促销活动明显不成比例，这就很可能构成对经营者自主经营权的不当侵犯。

此外，还需关注平台经营者与平台内经营者之间的谈判地位和力量对比。在大多数情况下，平台经营者相对处于优势地位，其制定的规则和政策可能对平台内经营者产生压倒性影响。当平台利用这种优势地位，不顾及经营者的合理利益诉求，单方面推行低于成本价销售的要求时，即使没有明确的合同条款约束，也可能构成"变相强制"。

在实际操作中，监管部门会综合考量平台经营者的具体行为方式、平台内经营者的反馈、市场普遍定价水平以及平台的运营模式等多方面因素，来精准判断是否存在"强制"或"变相强制"行为。比如，通过审查平台的内部文件、与经营者的往来通信记录、促销活动的策划方案等，挖掘平台是否存在诱导或迫使经营者低于成本价销售的意图和事实。同时，也会收集平台内经营者的投诉和证据，了解其是否因拒绝低价要求而遭受平台的报复性措施，如流量限制、推荐位撤销等，以此来确定平台行为是否超出了正常商业合作的界限，构成了对经营者自主定价权的强制侵犯。

三、对"情节严重"的认定

在本条中，"情节严重"是加重处罚的关键因素。其定义涉及对违法行为性质、程度及后果的综合考量。监管部门需全方位评估行为的主观恶意、影响范围、持续时间及危害后果等多个维度，以判定是否达到"情节严重"的标准。主观恶意是判断情节是否严重的重要主观要素。若平台经营者明知其行为违法，仍积极追求或放任平台内经营者以低于成本价销售商品的结果，以谋取自身利益或打击竞争对手，那么其主观恶意明显，情节自然更为严重。例如，平台在收到监管部门的警示或平台内经营者的多次投诉后，依然我行我素，继续推行强制低价策略，这种情形充分体现出平台的主观故意，理应认定为情节严重。

具体而言，以下几种情形可作为判断"情节严重"的重要参考。一是若强迫行为涉及众多平台内经营者，扰乱了整个行业的价格体系和竞争格局，甚至对上下游产业产生连锁负面反应，则表明行为影响范围极广，严重破坏了市场秩序，属于情节严重。二是当强制行为导致平台内经营者普遍陷入经营困境，出现大规模亏损、倒闭潮时，这不仅损害了经营者的合法权益，还可能引发就业问题等一系列社会不稳定因素，情节自然严重。三是若平台经营者在监管部门责令改正后，拒不执行，继续实施违法行为，其抗拒监管的态度和持续违法的状态进一步加剧了行为的危害性，情节的严重性不言而喻。四是如果平台经营者的强制行为引发了严重的社会舆论风波，引发公众对市场公平性和消费安全的强烈质疑，造成恶劣的社会影响，也会被认定为情节严重。

四、法律责任与处罚措施

根据本条的规定，平台经营者若实施了强制或变相强制平台内经营者以低于成本价销售商品的行为，将依法承担相应的法律责任。首先，监督检查部门有权责令平台经营者立即停止违法行为，这是纠正违规行为、恢复市场秩序的第一步。同时，平台经营者将面临 5 万元以上 50 万元以下的罚款，若情节严重，罚款金额则提高至 50 万元以上 200 万元以下，这一递进式的罚款设置，充分体现了法律对情节严重程度的差异化应对，旨在通过加重经济处罚，对恶劣行为形成更强有力的威慑，促使平台经营者自觉遵守市场竞争规则，维护平台经济的健康生态。

第 31 条　【滥用优势地位的行政责任】

一、规范意义及条文新增情况

本条是 2025 年《反不正当竞争法》的新增条款。本条对经营者滥用优势地位的行为作出明确规范，旨在维护市场公平竞争秩序，保护中小企业权益，促进经济健康发展。随着市场经济的快速发展，部分大型企业凭借自身优势地位，对中小企业实施不合理的交易条件，严重影响了市场活力和创新动力。为应对这一问题而新增本条，规定违反《反不正当竞争法》第 15 条的法律责任，为规范市场行为、保障中小企业权益提供了有力的法律武器。本条也是《反不正当竞争法》中唯一一条规定处罚主体是省级以上人民政府监督检查部门的法条，足以体现立法对经营者滥用自身优势地位行为的重视，以及对滥用自身优势地位行为认定及处罚的审慎程度。

一方面，随着我国经济的持续增长，市场主体之间的竞争日益激烈。在市场竞争中，一些大型企业凭借其资金、技术、市场份额等方面的优势，逐渐形成了对中小企业的不对等交易关系。这种不对等关系使得中小企业在与大型企业的交易过程中往往处于弱势地位，不得不接受不合理、不公平的交易条件，如被要求接受过短的付款期限、过高的违约金条款等，严重损害了中小企业的合法权益，导致其经营压力增大，甚至影响到企业的生存和发展。另一方面，滥用优势地位的行为不仅会对个别中小企业造成损害，还会对整个市场竞争秩序产生负面影响。不合理的交易条件破坏了市场的公平竞争环境，使得中小企业在市场竞争中处于不利地位，难以充分发挥其创新活力和市场竞争力，进而影响到整个市场的活力和经济的可持续发展。此外，从国际经验来看，许多国家和地区都非常重视对滥用优势地位行为的规制，通过立法和执法手段来维护市场竞争秩序和中小企业权益。例如，欧盟、美国等发达国家和地区都有较为完善的反垄断和反不正当竞争法律体系，对大型企业的滥用行为进行严格监管。我国作为全球最大的发展中国家，市场主体众多，经济结构日益复杂，也需要通过完善相关法律法规，加强市场监管，以适应经济发展的新形势和新要求。

二、滥用优势地位行为的认定

1. 优势地位及滥用行为。

优势地位通常指经营者在交易过程中，凭借其资金、技术、交易渠道、行业影响力等方面的优势，能够对交易相对方产生实质性影响。这种优势可能源于市场份额、技术垄断、品牌影响力等多种因素。根据《反不正当竞争法》第15条的规定，大型企业等经营者不得滥用自身资金、技术、交易渠道、行业影响力等方面的优势地位。这里的"大型企业等经营者"并非仅限于传统意义上的大型企业集团，也包括在特定市场或交易领域中具有显著优势地位的其他经营主体。例如，在一些细分市场中，虽然企业的整体规模可能并不庞大，但由于其掌握着关键技术和核心资源，或者在该细分市场中占据较高的市场份额，也可能构成具有优势地位的经营者。这种优势地位的认定需要综合考虑多个因素，包括但不限于经营者的市场份额、交易相对方的依赖程度、经营者的市场控制力等。

滥用优势地位的行为主要表现为对中小企业设置不合理的付款期限、方式、条件和违约责任等。例如，大型企业可能利用其市场支配地位，要求供应商接受极短的付款期限或不合理的付款方式，增加供应商的资金压力；或者在合同中设定显失公平的违约责任条款，使中小企业在交易中处于不利地位。具体而言，以下几种情形较为常见。

一是不合理付款期限。大型企业可能会要求中小企业在货物交付或服务提供后的极短时间内即完成付款，而自身却拖延支付货款或服务费用，这无疑加重了中小企业的资金周转负担。例如，某大型零售商要求其供应商在货物交付后的7天内即开具增值税专用发票并完成对账，但自身却在收到发票后的60天甚至90天后才支付货款，而供应商往往由于对零售商的依赖，不得不接受此类不公平的付款期限。

二是不合理付款方式。大型企业可能会利用自身优势地位，强迫中小企业接受不安全或不便利的付款方式，如要求中小企业接受商业承兑汇票作为主要付款方式，而中小企业可能因市场地位较低、资金紧张等原因，难以将此类汇票顺利贴现或流通，从而面临较大的资金回收风险。

三是不合理交易条件。大型企业可能会在合同中设定不合理的交货地点、质量标准、售后服务条款等，增加中小企业的履约成本和风险。例如，要求中小企业将货物运输至偏远地区且不承担任何运输费用，或者对产品质量提出远超行业标准的要求，而这些要求往往并不具备合理性和必要性。

四是不合理违约责任。大型企业可能会在合同中设置不对等的违约责任条款，使得中小企业在轻微违约的情况下即需承担巨额违约金或赔偿责任，而自身却只需承担相对较小的责任。例如，某大型企业在采购合同中规定，若供应商未能按时交货，需按照合同总金额的20%支付违约金，而自身若未能按时付款，却只需按照未付款项的0.1%支付违约金，这种显失公平的条款严重损害了中小企业的合法权益。

2. 对市场竞争和中小企业的影响。

滥用优势地位的行为严重破坏了市场公平竞争原则，使中小企业在交易中处于被动地位，阻碍了其正常发展。这种行为不仅损害了中小企业的合法权益，还可能影响整个产业链的稳定和创新动力。在市场交易中，中小企业由于资源有限、市场地位相对较弱等原因，往往难以与具有优势地位的大型企业进行平等协商和谈判。当大型企业滥用优势地位时，中小企业可能不得不接受不公平的交易条件，甚至为了维持与大型企业的合作关系而放弃自身的合法权益。长期来看，这将导致中小企业的经营成本增加、利润空间被压缩，进而影响其技术改造、产品研发和市场拓展等方面的投入，最终削弱中小企业的市场竞争力和创新能力。对于市场竞争而言，滥用优势地位行为破坏了公平竞争的市场环境，使得中小企业难以在平等的基础上与其他企业竞争，不利于市场的优胜劣汰机制发挥作用。此外，这种行为还可能导致市场集中度过高，形成大型企业的垄断地位，进一步抑制市场的活力和创造力。

3. 认定标准的细化。

在认定滥用优势地位行为时，需综合考虑经营者的市场地位、行为的合理性、对市场秩序的影响等因素。例如，判断付款期限是否合理，应考虑行业惯例、交易习惯以及中小企业的实际经营状况。具体来说，市场地位的评估可以通过分析经营者的市场份额、市场控制力、交易相对方的依赖程度等指标来进行。市场份额是衡量经营者市场地位的重要指标之一，较高的市场份额通常意味着经营者在市场上具有较大的影响力和控制力。但需要注意的是，市场份额并非唯一的衡量标准，即使市场份额较低的经营者，在特定交易关系中也可能因其掌握独特的技术、资源而具有优势地位。行为的合理性判断则需要考虑该行为是否符合正常的商业习惯和交易惯例，以及是否存在正当理由。例如，经营者要求较短的付款期限可能是基于行业普遍的资金周转需求，但如果是出于排挤竞争对手、获取不正当利益等目的，则可能被认定为不合理行为。对市场秩序的影响则主要体现在该行为是否对市场竞争、中小企业发展、消费者利益等方面产生了负面效应。如果滥用优势地位行为导致市场集中度上升、中小企业经营困难加剧、消费者选择减少或价格上升等后果，则表明该行为对市场秩序产生了严重破坏，应当予以认定和制止。

三、对情节严重的认定

1. 情节严重的考量因素。

情节严重是指滥用优势地位行为对市场竞争秩序和中小企业权益造成严重损害的情况。在认定情节是否严重时，需综合考虑行为的主观恶意、影响范围、持续时间及危害后果等多个维度。

主观恶意是判断情节是否严重的重要主观要素。如果经营者明知其行为会对中小企业造成重大损害,仍故意实施滥用优势地位的行为,以谋取自身利益或打击竞争对手,那么其主观恶意明显,情节自然更为严重。例如,某大型企业为了排挤新进入市场的竞争对手,故意对与其有长期合作关系的供应商施压,要求其降低价格并接受不合理的付款条件,甚至以终止合作相威胁。这种情况下,大型企业的主观恶意非常明显,其行为的目的就是打击竞争对手,破坏市场竞争秩序,应当认定为情节严重。

影响范围也是认定情节严重的重要因素之一。如果滥用行为涉及多个中小企业,或者对特定行业、领域产生重大负面影响,则表明该行为的影响范围较广,情节较为严重。例如,某大型电商平台在其平台上实施滥用优势地位行为,强迫众多中小企业接受不合理的交易条件,导致大量中小企业经营困难,甚至出现倒闭潮。这种行为不仅损害了众多中小企业的利益,还可能引发一系列社会问题,如失业率上升、产业链断裂等,对整个行业的稳定和发展造成严重冲击,应当认定为情节严重。

持续时间的长短同样影响情节的严重程度。如果滥用行为长期存在,且经营者未采取任何改正措施,表明其对市场秩序和中小企业权益的漠视态度,情节自然更为严重。例如,某大型企业多年来一直利用其优势地位,对上下游的中小企业实施不合理的交易条件,如拖欠货款、强制压低采购价格等。尽管期间中小企业多次向有关部门投诉反映,有关部门也作出了相应的处罚,但该大型企业仍未停止其滥用行为,反而变本加厉。这种长期持续的滥用优势地位行为,对市场公平竞争环境和中小企业的发展造成了严重的、难以逆转的损害,应当认定为情节严重。

危害后果是认定情节严重的核心内容。当滥用行为导致中小企业陷入经营困境，甚至破产倒闭，或者对市场公平竞争秩序造成不可逆的损害时，可认定为情节严重。例如，由于大型企业的滥用行为，中小企业可能无法按时支付员工工资、供应商货款，甚至无法维持正常的生产经营活动，最终导致企业破产。这种情况下，大量员工失业，供应商也遭受巨大经济损失，市场供应受到影响，消费者的选择减少，整个社会经济秩序受到严重干扰，应当认定为情节严重。

　　2. 具体情节严重的认定情形。

　　除了上述考量因素外，以下几种情形也可作为判断情节严重的具体参考。

　　第一，经营者多次实施滥用优势地位行为且屡教不改。如果经营者在过去已经因类似行为受到过监管部门的警告、罚款等处罚，但仍然不思悔改，继续实施滥用行为，这表明其主观恶意极深，对市场秩序和中小企业权益的破坏具有惯性和持续性，应当认定为情节严重。例如，某大型连锁超市多次因拖欠供应商货款、强迫供应商接受不合理促销费用等问题被监管部门处罚，但其并未改正错误，反而不断寻找新的方式来逃避监管，继续对供应商实施不公平的交易条件。这种情况下，监管部门可以根据其多次违法记录，认定其情节严重，依法从重处罚。

　　第二，滥用行为导致市场垄断或显著增强市场支配地位。当大型企业通过滥用优势地位行为，如不合理地限制中小企业的发展空间、排挤竞争对手等，最终实现市场垄断或显著增强自身的市场支配地位时，这种行为对市场竞争秩序的破坏达到了极致，情节极为严重。例如，某大型互联网企业在其主导的市场上，通过滥用优势地位，对新进入的小型企业实施不合理的封禁、限制措施，同时强迫现有合作伙伴签订排他性协议，使得自己在市场上的份额不断上升，其他竞争对手难以生存。这种行为不仅限制了市场竞争，还可能导致消费者面临更高的价格、更少的选择和更低的质量服务，应当认定为情节严重，并依据相关法律进行严厉制裁。

第三，滥用行为引发重大社会舆情或公共事件。如果滥用优势地位行为引发了广泛的社会关注和负面舆情，甚至导致了公共事件的发生，如大规模的中小企业抗议活动、消费者权益保护组织的强烈谴责等，这表明该行为已经超出了普通的市场竞争纠纷范畴，对社会公共利益和稳定造成了严重影响，情节严重。例如，某大型企业对中小企业实施极端的不公正交易条件，导致众多中小企业主联合起来进行抗议活动，引起了社会各界的广泛关注。这种情况下，监管部门应当及时介入，认定该行为情节严重，迅速采取措施制止滥用行为，恢复市场秩序，维护社会稳定。

四、法律责任与整改要求

省级以上人民政府监督检查部门在发现滥用优势地位行为后，应首先责令经营者限期改正。这是为了给经营者一个自我纠错的机会，避免进一步的法律后果。责令限期改正的具体期限应根据案件的复杂程度和经营者的实际整改难度来确定，一般不少于30日。在责令改正期间，监督检查部门可以对经营者进行指导和监督，帮助其制定合理的整改方案，确保整改措施能够有效消除对市场竞争秩序和中小企业权益的不利影响。例如，监督检查部门可以要求经营者重新协商合同条款，调整付款期限、方式、条件和违约责任等，使其符合公平合理的商业原则；同时，督促经营者加强对内部人员的培训，增强其法律意识和合规经营水平，防止类似行为再次发生。

如果经营者逾期不改正，监督检查部门可处以100万元以下的罚款；情节严重的，处100万元以上500万元以下的罚款。罚款的具体数额应根据行为的性质、情节和危害后果等因素合理确定。在确定罚款数额时，监督检查部门应当综合考虑以下因素：第一，滥用行为的主观恶意程度，如经营者是否存在故意或重大过失，是否在明知其行为违法的情况下仍然实施滥用行为等；第二，滥用行为的影响范围和持续时间，包括涉及的中小企业数量、交易金额、市场范围以及行为持续的时间长短等；第三，滥用行为造成的实际损害后果，如中小企业的经济损失、市场份额变化、市场公平竞争秩序的破坏程度等；第四，经营者在调查过程中的配合程度，是否积极主动配合监管部门的调查取证工作，是否采取了积极有效的措施减轻损害后果等。通过综合考量这些因素，确保罚款数额能够准确反映滥用行为的严重程度，既能对违法行为形成有效威慑，又能避免过度处罚对经营者造成的不合理负担。

经营者在改正违法行为时，需采取有效措施，消除对市场竞争秩序和中小企业权益的不利影响。经营者应重新协商合同条款，确保付款期限、方式、条件和违约责任等合理公平；加强内部合规管理，防止类似行为再次发生。具体而言，经营者应当对现有的合同文本进行全面审查，删除不合理的条款，与中小企业重新协商确定公平合理的交易条件。在付款期限方面，应参考行业惯例和中小企业的实际经营状况，给予合理的付款周期；在付款方式上，应优先选择安全、便捷、符合中小企业利益的方式，如银行转账等；对于违约责任条款，应当遵循公平原则，合理分配双方的权利义务，避免出现显失公平的情况。同时，经营者应建立健全内部合规管理制度，加强对员工的培训和教育，提高员工对相关法律法规的认识和理解，确保经营活动的各个环节都符合法律要求。此外，经营者还可以建立定期的内部审计和评估机制，及时发现和纠正潜在的滥用优势地位行为，防范法律风险。

　　监督检查部门应对经营者的整改情况进行跟踪监督，确保整改措施落实到位。监督检查部门可以通过定期检查、不定期抽查、要求经营者提交整改报告等方式，对整改情况进行全面了解和监测。同时，监督检查部门还应加强对经营者的宣传教育，引导其树立正确的经营理念和法律意识，自觉遵守法律法规，维护市场公平竞争秩序。

相关规定

1. 《反不正当竞争法》

第 14 条　平台经营者不得强制或者变相强制平台内经营者按照其定价规则，以低于成本的价格销售商品，扰乱市场竞争秩序。

第 15 条　大型企业等经营者不得滥用自身资金、技术、交易渠道、行业影响力等方面的优势地位，要求中小企业接受明显不合理的付款期限、方式、条件和违约责任等交易条件，拖欠中小企业的货物、工程、服务等账款。

2. 《反垄断法》

第 9 条　经营者不得利用数据和算法、技术、资本优势以及平台规则等从事本法禁止的垄断行为。

第 22 条　禁止具有市场支配地位的经营者从事下列滥用市场支配地位的行为：

（一）以不公平的高价销售商品或者以不公平的低价购买商品；

（二）没有正当理由，以低于成本的价格销售商品；

（三）没有正当理由，拒绝与交易相对人进行交易；

（四）没有正当理由，限定交易相对人只能与其进行交易或者只能与其指定的经营者进行交易；

（五）没有正当理由搭售商品，或者在交易时附加其他不合理的交易条件；

（六）没有正当理由，对条件相同的交易相对人在交易价格等交易条件上实行差别待遇；

（七）国务院反垄断执法机构认定的其他滥用市场支配地位的行为。

具有市场支配地位的经营者不得利用数据和算法、技术以及平台规则等从事前款规定的滥用市场支配地位的行为。

本法所称市场支配地位，是指经营者在相关市场内具有能够控制商品价格、数量或者其他交易条件，或者能够阻碍、影响其他经营者进入相关市场能力的市场地位。

3.《价格法》

第 14 条　经营者不得有下列不正当价格行为：

（一）相互串通，操纵市场价格，损害其他经营者或者消费者的合法权益；

（二）在依法降价处理鲜活商品、季节性商品、积压商品等商品外，为了排挤竞争对手或者独占市场，以低于成本的价格倾销，扰乱正常的生产经营秩序，损害国家利益或者其他经营者的合法权益；

（三）捏造、散布涨价信息，哄抬价格，推动商品价格过高上涨的；

（四）利用虚假的或者使人误解的价格手段，诱骗消费者或者其他经营者与其进行交易；

（五）提供相同商品或者服务，对具有同等交易条件的其他经营者实行价格歧视；

（六）采取抬高等级或者压低等级等手段收购、销售商品或者提供服务，变相提高或者压低价格；

（七）违反法律、法规的规定牟取暴利；

（八）法律、行政法规禁止的其他不正当价格行为。

4.《电子商务法》

第 35 条　电子商务平台经营者不得利用服务协议、交易规则以及技术等手段，对平台内经营者在平台内的交易、交易价格以及与其他经营者的交易等进行不合理限制或者附加不合理条件,或者向平台内经营者收取不合理费用。

5.《网络反不正当竞争暂行规定》

第 11 条 经营者不得利用网络编造、传播虚假信息或者误导性信息,实施下列损害或者可能损害竞争对手的商业信誉、商品声誉的行为:

(一)组织、指使他人对竞争对手的商品进行恶意评价;

(二)利用或者组织、指使他人通过网络散布虚假或者误导性信息;

(三)利用网络传播含有虚假或者误导性信息的风险提示、告客户书、警告函或者举报信等;

(四)其他编造、传播虚假或者误导性信息,损害竞争对手商业信誉、商品声誉的行为。

客户端、小程序、公众号运营者以及提供跟帖评论服务的组织或者个人,不得故意与经营者共同实施前款行为。

本条所称的商业信誉,是指经营者在商业活动中的信用和名誉,包括相关公众对该经营者的资信状况、商业道德、技术水平、经济实力等方面的评价。

本条所称的商品声誉,是指商品在质量、品牌等方面的美誉度和知名度。

第 12 条 经营者不得利用互联网、大数据、算法等技术手段,通过影响用户选择或者其他方式,实施流量劫持、干扰、恶意不兼容等行为,妨碍、破坏其他经营者合法提供的网络产品或者服务正常运行。

前款所称的影响用户选择,包括违背用户意愿和选择权、增加操作复杂性、破坏使用连贯性等。

判定是否构成第一款规定的不正当竞争行为，应当充分考虑是否有利于技术创新和行业发展等因素。

第 13 条　未经其他经营者同意，经营者不得利用技术手段，实施下列插入链接或者强制进行目标跳转等行为，妨碍、破坏其他经营者合法提供的网络产品或者服务正常运行：

（一）在其他经营者合法提供的网络产品或者服务中，插入跳转链接、嵌入自己或者他人的产品或者服务；

（二）利用关键词联想、设置虚假操作选项等方式，设置指向自身产品或者服务的链接，欺骗或者误导用户点击；

（三）其他插入链接或者强制进行目标跳转的行为。

第 14 条　经营者不得利用技术手段，误导、欺骗、强迫用户修改、关闭、卸载其他经营者合法提供的设备、功能或者其他程序等网络产品或者服务。

第 15 条　经营者不得利用技术手段，恶意对其他经营者合法提供的网络产品或者服务实施不兼容。

判定经营者是否恶意对其他经营者合法提供的网络产品或者服务实施不兼容，可以综合考虑以下因素：

（一）是否知道或者应当知道不兼容行为会妨碍、破坏其他经营者合法提供的网络产品或者服务正常运行；

（二）不兼容行为是否影响其他经营者合法提供的网络产品或者服务正常运行，是否影响网络生态开放共享；

（三）不兼容行为是否针对特定对象，是否违反公平、合理、无歧视原则；

（四）不兼容行为对消费者、使用该网络产品或者服务的第三方经营者合法权益以及社会公共利益的影响；

（五）不兼容行为是否符合行业惯例、从业规范、自律公约等；

（六）不兼容行为是否导致其他经营者合法提供的网络产品或者服务成本不合理增加；

（七）是否有正当理由。

第 16 条 经营者不得利用技术手段，直接、组织或者通过第三方实施以下行为，妨碍、破坏其他经营者合法提供的网络产品或者服务正常运行：

（一）故意在短期内与其他经营者发生大规模、高频次交易，或者给予好评等，使其他经营者受到搜索降权、降低信用等级、商品下架、断开链接、停止服务等处置；

（二）恶意在短期内批量拍下商品不付款；

（三）恶意批量购买后退货或者拒绝收货等。

第 17 条 经营者不得针对特定经营者，拦截、屏蔽其合法提供的信息内容以及页面，妨碍、破坏其他经营者合法提供的网络产品或者服务正常运行，扰乱市场公平竞争秩序。拦截、屏蔽非法信息，频繁弹出干扰用户正常使用的信息以及不提供关闭方式的漂浮视窗等除外。

第 18 条 经营者不得利用技术手段，通过影响用户选择、限流、屏蔽、搜索降权、商品下架等方式，干扰其他经营者之间的正常交易，妨碍、破坏其他经营者合法提供的网络产品或者服务的正常运行，扰乱市场公平竞争秩序。

经营者不得利用技术手段，通过限制交易对象、销售区域或者时间、参与促销推广活动等，影响其他经营者的经营选择，妨碍、破坏交易相对方合法提供的网络产品或者服务的正常运行，扰乱市场公平交易秩序。

第 19 条 经营者不得利用技术手段，非法获取、使用其他经营者合法持有的数据，妨碍、破坏其他经营者合法提供的网络产品或者服务的正常运行，扰乱市场公平竞争秩序。

第 20 条 经营者不得利用技术手段，对条件相同的交易相对方不合理地提供不同的交易条件，侵害交易相对方的选择权、公平交易权等，妨碍、破坏其他经营者合法提供的网络产品或者服务正常运行，扰乱市场公平交易秩序。

以下情形不属于前款规定的不正当竞争行为：

（一）根据交易相对人实际需求且符合正当的交易习惯和行业惯例，实行不同交易条件；

（二）针对新用户在合理期限内开展的优惠活动；

（三）基于公平、合理、无歧视的规则实施的随机性交易。

第 21 条 经营者不得利用技术手段，通过下列方式，实施妨碍、破坏其他经营者合法提供的网络产品或者服务正常运行的行为：

（一）违背用户意愿下载、安装、运行应用程序；

（二）无正当理由，对其他经营者合法提供的网络产品或者服务实施拦截、拖延审查、下架，以及其他干扰下载、安装、运行、更新、传播等行为；

（三）对相关设备运行非必需的应用程序不提供卸载功能或者对应用程序卸载设置不合理障碍；

（四）无正当理由，对其他经营者合法提供的网络产品或者服务，实施搜索降权、限制服务内容、调整搜索结果的自然排序等行为；

（五）其他妨碍、破坏其他经营者合法提供的网络产品或者服务正常运行的行为。

第 22 条　经营者不得违反本规定，实施其他网络不正当竞争行为，扰乱市场竞争秩序，影响市场公平交易，损害其他经营者或者消费者合法权益。

第 36 条　经营者违反本规定第十一条的，由市场监督管理部门依照反不正当竞争法第二十三条的规定处罚。

第 37 条　经营者违反本规定第十二条至第二十三条，妨害、破坏其他经营者合法提供的网络产品或者服务正常运行的，由市场监督管理部门依照反不正当竞争法第二十四条的规定处罚。

6.《规范互联网信息服务市场秩序若干规定》

第 5 条　互联网信息服务提供者不得实施下列侵犯其他互联网信息服务提供者合法权益的行为：

（一）恶意干扰用户终端上其他互联网信息服务提供者的服务，或者恶意干扰与互联网信息服务相关的软件等产品（"与互联网信息服务相关的软件等产品"以下简称"产品"）的下载、安装、运行和升级；

（二）捏造、散布虚假事实损害其他互联网信息服务提供者的合法权益，或者诋毁其他互联网信息服务提供者的服务或者产品；

（三）恶意对其他互联网信息服务提供者的服务或者产品实施不兼容；

（四）欺骗、误导或者强迫用户使用或者不使用其他互联网信息服务提供者的服务或者产品；

（五）恶意修改或者欺骗、误导、强迫用户修改其他互联网信息服务提供者的服务或者产品参数；

（六）其他违反国家法律规定，侵犯其他互联网信息服务提供者合法权益的行为。

第7条　互联网信息服务提供者不得实施下列侵犯用户合法权益的行为：

（一）无正当理由拒绝、拖延或者中止向用户提供互联网信息服务或者产品；

（二）无正当理由限定用户使用或者不使用其指定的互联网信息服务或者产品；

（三）以欺骗、误导或者强迫等方式向用户提供互联网信息服务或者产品；

（四）提供的互联网信息服务或者产品与其向用户所作的宣传或者承诺不符；

（五）擅自改变服务协议或者业务规程，降低服务质量或者加重用户责任；

（六）与其他互联网信息服务提供者的服务或者产品不兼容时，未主动向用户提示和说明；

（七）未经提示并由用户主动选择同意，修改用户浏览器配置或者其他设置；

（八）其他违反国家法律规定，侵犯用户合法权益的行为。

第16条　互联网信息服务提供者违反本规定第五条、第七条或者第十三条的规定，由电信管理机构依据职权责令改正，处以警告，可以并处一万元以上三万元以下的罚款，向社会公告；其中，《中华人民共和国电信条例》或者《互联网信息服务管理办法》规定法律责任的，依照其规定处理。

7.《中共中央办公厅、国务院办公厅关于完善价格治理机制的意见》

（十二）规范市场价格行为。强化事前引导预防和事中事后监管，维护市场价格秩序。综合运用公告、指南、提醒告诫、行政指导、成本调查等方式，推动经营主体依法经营。防止经营者以低于成本的价格开展恶性竞争。对实行市场调节价但与群众生活关系密切的少数重要商品和服务，探索制定价格行为规则、监管办法。

> **案例指引**
>
> **某电气（上海）有限公司诉盐城市市场监督管理局行政处罚及行政复议案**[1]
>
> 法律禁止通过不正当手段对他人产品予以诋毁的非法比对行为。本案中，某电气公司在没有事实依据的情况下，对同业竞争对手进行大量否定性评价，且使用大量侮辱性、贬低性语言，已超出客观、合理、正当的范畴，违反了诚实信用原则和商业道德，构成《反不正当竞争法》规定的不正当竞争行为，依法应予处罚。
>
> 需要指出的是，商业诋毁并不要求证明被诋毁人因诋毁行为造成损失，只要诋毁人所作虚假陈述的不良影响及于竞争对手，致使对方商业信誉、商品声誉受损，被诋毁者即有权主张权利。此外，"避风港原则"不是网络服务商的推责借口，也不是其牟取非法利益的挡箭牌，网络平台本身要加强自律自警，积极承担起注意义务和制止侵权行为的责任。

---

[1] 参见《2020年盐城法院知识产权司法保护十大典型案例》（2021年4月27日发布），载盐城中院微信公众号，最后访问日期：2025年7月15日。

第32条　从轻、减轻或者不予行政处罚

经营者违反本法规定从事不正当竞争，有主动消除或者减轻违法行为危害后果等法定情形的，依法从轻或者减轻行政处罚；违法行为轻微并及时纠正，没有造成危害后果的，不予行政处罚。

第33条　行政处罚记入信用记录

经营者违反本法规定从事不正当竞争，受到行政处罚的，由监督检查部门记入信用记录，并依照有关法律、行政法规的规定予以公示。

第34条　民事责任优先承担

经营者违反本法规定，应当承担民事责任、行政责任和刑事责任，其财产不足以支付的，优先用于承担民事责任。

第35条　拒绝、阻碍调查的行政责任

妨害监督检查部门依照本法履行职责，拒绝、阻碍调查的，由监督检查部门责令改正，对个人可以处一万元以下的罚款，对单位可以处十万元以下的罚款。

第36条　救济途径

当事人对监督检查部门作出的决定不服的，可以依法申请行政复议或者提起行政诉讼。

第37条　工作人员违法的行政责任

监督检查部门的工作人员滥用职权、玩忽职守、徇私舞弊或者泄露调查过程中知悉的商业秘密、个人隐私或者个人信息的，依法给予处分。

☞ **滥用职权**：是指国家机关工作人员违反法律规定的权限和程序，故意逾越职权或者不适当行使职权，致使公共财产、国家和人民利益遭受重大损失的行为。

玩忽职守：是指国家机关工作人员严重不负责任，不履行或者不认真履行职责，致使公共财产、国家和人民利益遭受重大损失的行为。

徇私舞弊：是指国家机关工作人员为徇私情、私利，故意违背事实和法律，弄虚作假，滥用职权或者玩忽职守，致使公共财产、国家和人民利益遭受重大损失的行为。

条文注释

第 32 条　【从轻、减轻或者不予行政处罚】

一、规范意义

本条旨在对违反《反不正当竞争法》的经营者实施行政处罚时，根据其违法情节的轻重程度合理确定处罚力度与方式。这体现了行政处罚中过错与责任相适应的基本原则，力求实现法律效果与社会效果的统一。本条的设立，旨在使行政处罚更加公平合理，避免"一刀切"的处罚方式。它充分考量经营者在违法过程中的主观过错与客观危害差异，确保法律能公平地对待每一个违法者。同时，该条还能激励经营者主动纠正违法行为，促使其自觉遵守市场竞争规则，提升法律遵从度，推动市场竞争环境的自我净化与完善。此外，本条还为执法机关提供了更具灵活性与针对性的行政处罚裁量依据，使监管措施更加精准有效，在维护市场秩序的同时兼顾对违法者的教育与引导，提高监管资源利用效率，避免过度执法或执法不足。

随着市场经济的蓬勃发展，市场竞争愈发激烈，经营者的行为也日益复杂多样。一些轻微的不正当竞争行为可能并非出于恶意，危害后果也相对较轻。在此背景下，法律需要对不同性质与程度的违法行为进行区分对待，以满足经济发展与市场治理的需求。

二、具体释义

本条按照违法情节的轻重程度，对经营者从事不正当竞争行为时的行政处罚方式进行了层次化的规定，涵盖了从轻或减轻处罚、不予处罚两种情形。

1. 有主动消除或者减轻违法行为危害后果的法定情形，依法从轻或者减轻行政处罚。

经营者在从事不正当竞争行为后，若积极主动采取措施消除或减轻危害后果，法律给予从轻或减轻处罚的机会，体现教育与处罚相结合的立法精神。主动消除危害后果的情形多种多样，经营者需根据违法行为性质和后果采取相应措施。例如，在虚假宣传案件中，经营者可能通过散布虚假信息误导消费者，对竞争对手造成商业信誉损害。如果经营者在发现该行为后，主动停止虚假宣传活动，公开澄清事实，向消费者说明真相，并向竞争对手赔礼道歉、赔偿损失，这种积极主动的纠错行为有助于消除虚假宣传对市场造成的不良影响，恢复市场公平竞争环境。在侵犯商业秘密案件中，经营者若非法获取并使用他人的商业秘密，给权利人带来经济损失和竞争优势的损害。若经营者在意识到自身行为违法后，立即停止使用该商业秘密，并采取措施防止信息进一步泄露，积极与权利人协商赔偿事宜，这种主动消除危害后果的行为有助于弥补权利人的损失，减少对市场竞争秩序的破坏。

减轻危害后果的情形则适用于经营者虽无法完全消除已造成的危害，但通过积极的补救措施，使危害后果得到一定程度的减轻。例如，在不正当有奖销售行为中，经营者可能通过虚假的中奖信息欺骗消费者，导致消费者遭受财产损失。若经营者在发现该行为后，尽管无法挽回消费者的全部损失，但主动停止不正当有奖销售活动，公开向消费者道歉，并采取措施尽量追回已发放的不当得利，同时加强对内部销售人员的培训和管理，以防止类似行为再次发生，这种积极减轻危害后果的行为体现了经营者对自身错误的认识和改正态度。

"法定情形"的认定是适用本条的关键环节。根据我国相关法律的规定，除了主动消除或减轻危害后果外，还包括受他人胁迫实施违法行为、配合行政机关查处违法行为有立功表现等情形。例如，某个体工商户在他人胁迫下参与了一起商业诋毁行为，事后积极配合行政机关调查，提供了大量关键证据，帮助执法机关成功查处了胁迫者和其他相关违法人员。这种情况下，个体工商户的行为符合法定从轻或减轻处罚的情形，执法机关应依法予以考虑。

从轻处罚和减轻处罚的具体实施需综合考虑多方面因素。对于从轻处罚而言，执法机关应当在法律规定的处罚种类和幅度范围内，选择相对较轻的处罚方式或较低的处罚幅度。例如，在法律规定了罚款幅度的情况下，对于符合从轻处罚条件的经营者，可在幅度的低端确定罚款数额。同时，执法机关可以根据案件的具体情况，单独适用罚款，或者在罚款的同时，结合责令改正、消除影响等其他处罚措施，以达到最佳的执法效果。减轻处罚则是在法定处罚幅度以下给予处罚，这要求执法机关在适用时更加谨慎和严格。例如，对于某类不正当竞争行为，法律规定的一般罚款幅度为违法所得的 1 倍以上 5 倍以下，但对于存在减轻处罚情形的经营者，执法机关可根据其违法情节和危害后果，在违法所得的 1 倍以下确定罚款数额，甚至可以考虑适用其他更为轻缓的处罚措施，如警告、通报批评等，但必须确保处罚能够达到制止违法行为、教育经营者的目的。

2. 违法行为轻微并及时纠正，没有造成危害后果的，不予行政处罚。

在市场竞争中，由于经营者的法律意识不足、对规则理解偏差或者市场竞争压力等原因，可能会出现一些情节轻微的不正当竞争行为。这些行为虽然在形式上违反了法律规定，但主观恶意较小，客观上也未对市场秩序和他人权益造成实际损害。对于此类行为，本条明确规定不予行政处罚，体现了法律的宽容性和教育性。

判断违法行为是否轻微需要综合考虑多个因素。第一，从行为的情节来看，轻微的违法行为通常表现为手段简单、涉及范围较小、持续时间较短等。例如，某个体工商户在其店铺门口的宣传海报中，对所售商品的质量进行了略带夸张的宣传，但该宣传用语并未达到引人误解的程度，且仅在本地小范围内传播。这种情况下，该个体工商户的虚假宣传行为可认定为情节轻微。第二，从主观恶意方面分析，轻微违法行为的经营者往往不存在故意扰乱市场秩序、损害他人权益的意图。例如，某网络商户因对广告法相关规定不了解，在商品详情页中使用了"国家级"等限制性用语，但在得知该行为可能违法后，立即进行了修改，并未造成实际危害后果。这种因过失或对法律的无知而实施的轻微违法行为，与那些恶意实施的严重违法行为具有本质区别。第三，从违法所得和造成的社会影响来看，轻微违法行为通常违法所得较少，甚至没有违法所得，对市场的正常竞争秩序和社会公共利益的影响也较小。例如，某小型企业在一次促销活动中，以略低于成本的价格销售了少量库存商品，其行为虽构成不正当竞争，但由于销售数量有限，未对竞争对手造成明显的市场份额挤压或价格波动，社会影响微乎其微。

及时纠正违法行为是不予行政处罚的另一个重要条件。经营者应当在发现违法行为后，立即采取积极有效的措施进行纠正，以表明其改正错误的诚意和态度。例如，在上述虚假宣传案例中，个体工商户在接到消费者或执法机关的提醒后，迅速撤换了宣传海报，并对宣传内容进行了重新审核和规范，确保不再出现类似问题。这种及时纠正行为应当是在行政机关尚未采取强制措施或进行处罚前，由经营者自主实施的。

判断是否造成危害后果需要从客观角度进行全面分析。危害后果包括直接损害后果和潜在的、间接的影响。以不正当有奖销售行为为例，若经营者虽未按照法律规定明示抽奖的详细信息，但在活动过程中并未实际操作不公正抽奖，消费者也未因参与该活动遭受财产损失或其他不利影响，且该行为未对市场竞争格局和其他经营者的正常经营活动产生干扰，则可认定为没有造成危害后果。然而，如果该行为虽然未直接造成消费者的财产损失，但引起了消费者的投诉或对市场秩序产生了一定的负面影响，则不应认定为没有造成危害后果，而应根据具体情况给予相应的行政处罚。

不予行政处罚并不意味着经营者的行为可以被忽视或纵容。执法机关在作出不予处罚决定后，应当加强对经营者的教育和指导，督促其加强法律学习，增强法律意识和合规经营能力。同时，经营者也应当珍惜法律给予的机会，认真反思和改正自身行为，防止再次出现类似违法行为。这不仅有助于维护市场秩序，也有利于经营者自身的长期健康发展。

三、与《行政处罚法》的衔接

本条在适用过程中，必须与《行政处罚法》紧密衔接，以确保行政处罚的合法性、规范性和一致性。《行政处罚法》作为我国行政处罚领域的基本法律，确立了一系列基本原则和制度，如处罚法定原则、公正公开原则、处罚与教育相结合原则等，这些原则同样适用于对不正当竞争行为的行政处罚。

第一，在认定经营者是否存在主动消除或减轻危害后果的法定情形时，应当参照《行政处罚法》第32条所规定的具体情形进行判断。例如,《行政处罚法》明确规定,当事人有证据足以证明没有主观过错的,不予行政处罚。在不正当竞争案件中,如果经营者能够证明其在实施违法行为时,由于合理信赖行政机关的批准文件或其他正当理由,而无法预见该行为的违法性,则可能构成没有主观过错的情形,从而不予处罚。

第二,在实施从轻或减轻处罚时,应按照《行政处罚法》规定的处罚种类和幅度要求进行操作。《行政处罚法》对行政处罚的种类进行了明确列举,包括警告、通报批评、罚款、没收违法所得、没收非法财物、暂扣许可证件、降低资质等级、吊销许可证件、限制开展生产经营活动、责令停产停业、责令关闭、限制从业、行政拘留等。在对不正当竞争行为进行处罚时,执法机关应当根据案件的具体情况,选择适当的处罚种类,并在法定幅度内确定合理的处罚幅度。例如,对于情节较轻的不正当竞争行为,执法机关可优先考虑适用警告、通报批评、罚款等较轻的处罚措施,而非直接采取责令停产停业或吊销许可证等严厉的处罚手段。

通过与《行政处罚法》的有效衔接,本条的适用能够提高行政处罚的公正性和公信力,同时也为执法机关提供了更加明确、具体的法律依据,促进了反不正当竞争执法工作的规范化和法治化。

第 33 条 【行政处罚记入信用记录】

一、规范意义

信用监管是现代市场监管体系的关键组成部分。本条的规定,意味着我国在反不正当竞争领域迈出了重要一步,将信用机制纳入监管框架。其核心在于,一旦经营者因不正当竞争行为受到行政处罚,监督检查部门需将此行为记录于信用档案,并依法向社会公示。

这一举措，不仅强化了对违法经营者的惩戒力度，更在市场中树立了诚信经营的导向标。

随着市场经济的高速发展，不正当竞争行为愈发隐蔽且复杂，传统监管手段逐渐暴露局限性。引入信用监管机制，旨在借助信用信息的公示，让违法者在声誉和商业信誉上付出代价，从而达到更广泛的威慑效果。信用监管通过将违法信息公之于众，使违法者在市场竞争中面临更大的压力，促使其自觉遵守法律法规。这种监管方式不仅增加了违法成本，还提高了市场透明度，为消费者和其他经营者提供了更为准确的市场信息，有利于形成公平竞争的市场环境。

二、信用记录与公示的具体内容与程序

1. 信用记录。

信用记录是信用监管的基础。对于违反《反不正当竞争法》的经营者，监督检查部门需全面记录其违法信息。具体内容包括：经营者的基本信息，如名称、统一社会信用代码、法定代表人等；违法行为的详细描述，如不正当竞争行为的类型、实施时间、涉及范围等；行政处罚的种类和依据；处罚决定书的文号以及行政处罚的履行情况等。这些信息将构成完整的信用记录，为后续的监管措施提供依据。

监督检查部门在记录信用信息时，必须确保其准确性、完整性和及时性。作出行政处罚决定的监督检查部门和行政处罚当事人登记地（住所地）在同一省、自治区、直辖市的，应当自作出行政处罚决定之日起20个工作日内将行政处罚信息通过国家企业信用信息公示系统进行公示。信用记录的建立需要遵循严格的标准和程序，以确保信息的真实性和可靠性。这不仅要求监督检查部门在信息收集

过程中严谨细致，还需要对信息进行定期的核查和更新，以反映经营者最新的信用状况。

2. 信用公示。

信用公示是信用监管机制的重要环节，其目的在于通过公开透明的方式，让社会公众了解经营者的信用状况。公示内容主要涵盖经营者的名称、统一社会信用代码、行政处罚决定书文号、违法行为类型、处罚结果以及处罚日期等关键信息。

公示渠道主要包括政府官方网站、国家统一信用信息公示平台等权威平台。公示期限根据违法行为的严重程度有所不同，2025年6月22日，国务院办公厅印发《关于进一步完善信用修复制度的实施方案》规定，失信信息分为"轻微、一般、严重"三类。轻微失信信息可以不予公示或法定责任义务履行完毕即可申请修复，确有必要公示的，公示期最长为3个月；一般失信信息公示期最短为3个月，最长为1年；严重失信信息公示期最短为1年，最长为3年。各领域具体分类标准由行业主管部门制定并在"信用中国"网站统一发布。法律、行政法规对失信信息公示期另有规定的，从其规定。通过信用公示，市场参与者能够更加便捷地获取经营者的信用信息，从而在交易决策中作出更为明智的选择。

3. 信息更新与管理。

在信用记录与公示期间，监督检查部门需对经营者的信用状况进行动态跟踪。若经营者出现新的违法失信行为，应及时更新信用记录并延长公示期限。同时，为保障信用信息的准确性和权威性，监督检查部门应建立严格的信息审核机制，防止错误信息或不实信息的公示。信用信息的更新与管理是确保信用监管有效性的关键环节，它要求监管部门具备高效的信息管理系统和专业的人员队伍，以便及时准确地处理各类信用信息。

三、经营者信用修复机制

1. 信用修复的条件。

信用修复机制为违法经营者提供了改过自新的机会。经营者需满足以下条件方可申请信用修复：一是自行政处罚决定履行完毕之日起至申请信用修复期间，未再发生新的违法失信行为；二是已积极履行行政处罚决定，消除违法行为的不良影响；三是按照监督检查部门的要求完成相应的整改，且整改效果经核实符合规定标准。这些条件的设置旨在确保经营者在改正错误后能够重新获得市场的信任，同时也防止经营者滥用信用修复机制。

2. 信用修复的程序。

经营者在满足上述条件后，可提交信用修复申请，并附上相关证明材料，如整改报告、履行行政处罚的凭证等。"信用中国"网站接受包括行政处罚、严重失信主体名单、异常名录等在内的各类需要信用主体主动提出的信用修复申请。市场监管领域信用修复依托国家企业信用信息公示系统按照国家统一规则办理。申请材料包括法定责任义务履行完毕的证明材料和信用承诺书。鼓励行业主管部门通过本部门信息系统直接获取证明材料。鼓励推广"两书同达"模式，即向信用主体送达行政处罚决定书或列入严重失信主体名单决定书时，同步送达信用修复告知书，确保信用主体第一时间知晓信用修复有关政策。"信用中国"网站收到信用修复申请后，按照"谁认定、谁修复"原则，及时推送给有关行业主管部门办理修复。"信用中国"网站一般应当自收到信用修复申请之日起10个工作日内反馈信用修复结果。行业主管部门应当自收到"信用中国"网站推送的信用修复申请之日起3个工作日内作出是否受理的决定，申请材料齐全、符合法定形式的，应当予以受理；决定不予受理的，应当通过"信用中国"网站告知申请人并说明理由。

若审核通过，应及时将信用修复信息记入经营者信用记录，并在公示平台上更新公示信息，标注信用修复情况。若审核不通过，应书面告知经营者并说明理由。信用修复的程序设计旨在确保整个过程的公正性和透明度，让经营者明确了解自己的权利和义务。

四、与其他法律法规的衔接适用

1. 与《行政处罚法》的衔接。

本条在实施过程中，需与《行政处罚法》紧密配合。《行政处罚法》作为规范行政处罚行为的基本法律，为信用监管提供了程序保障。监督检查部门在对不正当竞争行为作出行政处罚时，必须严格遵循《行政处罚法》所规定的立案、调查、告知、听证、决定等法定程序，确保行政处罚的合法性。行政处罚决定是信用记录与公示的基础依据。只有经过合法程序作出的行政处罚决定，才能作为信用监管的依据。同时，《行政处罚法》强调处罚与教育相结合的原则，与信用监管的目标相一致，即通过信用机制促使经营者自觉守法。这种衔接确保了行政处罚和信用监管在法律层面上的一致性和连贯性，避免了法律适用中的冲突和混乱。

2. 与《企业信息公示暂行条例》的衔接。

《企业信息公示暂行条例》明确了企业信息公示的范围、方式和监督管理制度。本条的信用公示制度与之紧密相连。监督检查部门将经营者的不正当竞争行为信息记入信用记录后，应按照《企业信息公示暂行条例》的要求，在国家统一信用信息公示平台上进行公示，实现信息的统一归集与公示。监督检查部门还需与其他监管部门协作，建立信息共享机制，确保信用信息的互联互通，提高监管效能。与《企业信息公示暂行条例》的衔接有助于整合监管资源，形成监管合力，使信用监管在更广泛的法律体系中有效实施，共同维护市场秩序，促进公平竞争。

3. 与《政府信息公开条例》的衔接。

《政府信息公开条例》为信用公示提供了法律依据。依据该条例，监督检查部门需将经营者的违法信息纳入政府信息公开范畴，通过法定渠道向社会公众公开。这不仅保障了公众的知情权，也增强了信用监管的透明度和公信力。监督检查部门在公示信用信息时，应遵循《政府信息公开条例》所规定的公开原则，即公正、公平、便民。同时，需注意保护经营者的合法权益，防止因信息公示不当造成商业机密或个人隐私泄露。通过与《政府信息公开条例》的衔接，信用公示制度能够更好地服务于社会公众，提高政府监管的公信力和透明度。

第34条 【民事责任优先承担】

一、规范意义

本条规定在法律责任聚合的情况下，明确了责任承担的顺序，是平衡不同法律责任之间关系的重要法律依据。本条与《民法典》第187条的规定一致，体现了民事责任的优先原则，强调在经营者面临多种责任时，应优先保障民事责任的实现，从而更好地维护消费者的合法权益和市场交易的安全。

随着市场经济的不断发展，经营者可能因多种违法行为面临不同的法律责任。然而，当经营者的财产不足以支付所有责任时，如何合理确定责任顺序成为法律实践中的一个重要问题。本条旨在解决这一问题，确保在经营者财产不足以支付多种责任时，能够优先保障消费者的权益，维护市场秩序的稳定和公平竞争。

《公司法》第263条、《食品安全法》第147条、《农产品质量安全法》第79条、《产品质量法》第64条等诸多法律中也均有类似规定。

二、责任承担顺序的确认依据

责任聚合是指行为人实施某一民事行为，违反两个或两个以上法律规范，构成并承担两个或两个以上法律责任，或者受害人享有两个或者两个以上的请求权。民事责任、行政责任和刑事责任虽然是三种不同性质的法律责任，却可能因为同一法律行为而同时产生。一个行为既违反了民法又违反了行政法或者刑法，由此同时产生民事责任、行政责任或者刑事责任，即发生责任聚合。从法理上说，责任聚合的原因是法条竞合。

其一，民法、行政法、刑法的法价值不同。民事责任主要体现为对个体权益的保护，注重对受害者损失的填补和对民事主体间平等关系的维护。其价值追求在于实现公平正义，保障民事主体的合法权益。民事责任的承担通常以赔偿损失、恢复原状等方式为主，直接针对受害者的实际损失进行补偿，使受害者的权益得到实质性的保障。行政责任侧重于维护国家行政管理秩序，通过对违法行为的行政处罚来实现对市场的监管和对公共利益的保护。其价值在于维护社会公共秩序，确保法律法规的贯彻执行。行政处罚包括罚款、没收违法所得、责令停产停业、吊销营业执照等多种形式，目的是通过对违法行为的惩处，防止类似行为再次发生，维护国家行政管理的权威和效率。刑事责任的目的是通过对犯罪行为的惩处来维护国家的安全和社会的稳定，具有强烈的威慑性和惩罚性。其价值在于保护国家利益和社会公共利益，打击和预防犯罪。刑事责任的实现通常伴随着对犯罪分子的自由、生命或财产的剥夺,如有期徒刑、死刑、罚金等刑罚方式,强调对犯罪行为的严厉制裁。

其二,民事责任、行政责任、刑事责任的功能不同。民事责任的目的在于补偿受害者的损失,使受害者的权益得到恢复。其功能是通过赔偿、恢复原状等方式,使受害者的权益得到实质性的保障。例如,在不正当竞争行为导致消费者权益受损的情况下,消费者有权要求经营者赔偿其因使用商品或服务而遭受的损失,包括直接损失和间接损失。这种赔偿责任的承担,旨在使消费者恢复到未受损的状态,保障消费者的合法权益。行政责任的功能在于通过对违法行为的行政处罚,纠正违法行为,防止类似行为再次发生。其目的是维护国家行政管理秩序,确保法律法规的有效实施。例如,对于虚假宣传的不正当竞争行为,行政机关可以依法对经营者处以罚款、没收违法所得等行政处罚措施,同时责令其停止违法行为,限期改正。通过对违法行为的行政处罚,促使经营者遵守法律法规,维护市场的正常秩序。刑事责任通过对犯罪行为的惩处,起到威慑和预防犯罪的作用。其目的是维护国家的安全和社会的稳定,保障公民的基本权利。例如,对于商业贿赂行为中涉及的行贿罪、受贿罪,以及侵犯商业秘密行为中涉及的侵犯商业秘密罪等,司法机关可以依法追究经营者的刑事责任,对其处以罚金、有期徒刑等刑事制裁。通过对犯罪行为的刑事处罚,威慑潜在的犯罪分子,预防犯罪行为的发生,维护社会的公平正义。

其三,优先承担民事责任有助于保护消费者的合法权益,增强消费者对市场的信心。在市场经济中,消费者的权益保护是维护市场秩序和促进经济健康发展的重要基础。消费者的购买决策通常基于对商品或服务的信任和期望,如果消费者的权益得不到有效保护,将严重影响市场交易的活跃和稳定。通过优先保障民事责任的实现，可以及时、有效地补偿消费者的损失，增强消费者对市场的信任，促进市场交易的繁荣。通过优先保障民事责任的实现，可以促进市场交易的安全和稳定。在经营者面临多种责任时，确保消费者能够及时获得赔偿，有利于维护市场交易的正常进行，促进市场经济的健康发展。市场交易的安全和稳定是市场经济健康发展的基本要求，只有当消费者和其他市场参与者能够确信他们的权益在交易中得到保障时，市场交易才能顺利进行，市场经济才能持续繁荣。

因此，经营者违反《反不正当竞争法》规定，应当承担的民事责任、行政责任和刑事责任发生聚合时，要遵循民事责任优先的原则。

三、民事责任优先原则的适用条件

其一，经营者因同一行为同时违反了民事法律规范、行政法律规范或刑事法律规范，导致需要承担民事责任、行政责任或刑事责任。这是民事责任优先原则适用的前提条件。例如，经营者实施了虚假宣传的不正当竞争行为，该行为不仅损害了消费者的合法权益，还违反了《反不正当竞争法》的行政管理规定，甚至可能构成虚假广告罪。在这种情况下，经营者需要同时承担民事赔偿责任、行政处罚责任、刑事责任。

其二，经营者的财产不足以支付所有责任时，才需要确定责任承担的顺序。如果经营者的财产足以支付所有责任，则不需要适用民事责任优先原则。在实践中，经营者的财产状况可能因多种因素而受到限制，如经营不善、市场变化、债务负担等。当经营者的财产不足以支付所有责任时，需要通过法律规定的责任顺序来合理分配有限的财产，以实现法律的公平正义。

其三，经营者所承担的民事责任合法有效，存在民事赔偿请求权。受害者需要对经营者提起民事赔偿诉讼，并获得法院的支持，从而产生民事赔偿请求权。这是民事责任优先原则得以适用的基础。民事赔偿请求权的产生通常基于经营者对消费者的侵权行为或违约行为，消费者有权要求经营者赔偿因其违法行为而遭受的损失。例如，消费者因使用经营者提供的质量不合格的商品而遭受人身伤害或财产损失，可以向经营者提起民事赔偿诉讼，要求其承担赔偿责任。

其四，在司法实践中，需要通过法定程序来确定责任顺序。法院在审理案件时，应当对经营者的财产状况进行全面审查，包括其资产、负债、收入、支出等情况，准确判断其是否具备足够的偿付能力，以确定是否适用民事责任优先原则。法院在审理过程中，应当充分听取当事人的意见，保障当事人的合法权益。如果法院认定经营者的财产不足以支付所有责任，应当优先保障民事赔偿请求权的实现，确保消费者的合法权益得到及时、有效的保护。

四、民事责任优先原则的具体适用

行政机关在对经营者实施行政处罚时，应当考虑到经营者可能需要承担的民事责任。如果经营者的财产不足以支付所有责任，行政机关应当优先保障民事责任的实现。在经营者承担民事责任后，行政机关仍然可以对其实施行政处罚，但应当根据经营者的实际情况，适当调整处罚的力度和方式。例如，如果经营者已经积极履行了民事赔偿责任，行政机关可以酌情减轻行政处罚的力度，但不能免除其应承担的行政责任。同时，行政机关应当加强对经营者的监管，督促其改正违法行为，防止类似行为再次发生。

司法机关在追究经营者的刑事责任时，也应当考虑到民事责任的优先原则。如果经营者的财产不足以支付所有责任，司法机关应当优先保障民事责任的实现。在刑事案件的审理过程中，法院可以依法判决经营者承担民事赔偿责任，并根据其财产状况和赔偿能力，合理确定刑事罚金的数额。如果经营者的财产不足以支付刑事罚金和民事赔偿，应当优先用于民事赔偿。在经营者承担民事责任后，司法机关仍然可以对其追究刑事责任，但应当根据其实际财产状况和赔偿能力，合理确定刑事处罚的力度。

第 35 条　【拒绝、阻碍调查的行政责任】

一、规范意义及条文修订情况

2019 年《反不正当竞争法》对本条的规定是："妨害监督检查部门依照本法履行职责，拒绝、阻碍调查的，由监督检查部门责令改正，对个人可以处五千元以下的罚款，对单位可以处五万元以下的罚款，并可以由公安机关依法给予治安管理处罚。"本条对 2019 年《反不正当竞争法》进行了两处主要修改：一是提高了罚款额度，将针对个人的罚款上限从 5000 元提高至 1 万元，针对单位的罚款上限从 5 万元提高至 10 万元；二是将关于由公安机关依法给予治安管理处罚的规定，移至第 38 条，与刑事责任一同规定。这些修改的原因在于增强对妨碍监督检查部门履行职责行为的威慑力，提高违法成本，促使个人和单位更加重视并积极配合监督检查部门的调查工作。同时，可以使法律责任更加集中统一，避免法律适用混乱和重复处罚的可能性，进一步强化监督检查部门的执法权限和责任。

本条的重要意义在于保障监督检查部门依法履行职责，维护市场竞争监管秩序。通过提高罚款额度，强化了对拒绝、阻碍调查行为的惩处力度，有助于及时查处不正当竞争行为，维护市场公平竞争环境。立法原因主要是随着经济社会发展，原罚款额度已难以对妨碍行为形成有效威慑，同时为了理顺法律衔接关系，提高执法效率，保障监督检查部门执法工作的顺利进行。

二、本条法律责任针对的监督检查部门职责

监督检查部门在调查涉嫌不正当竞争行为时，依据《反不正当竞争法》第 16 条可以采取多种措施，包括进入经营场所检查、询问相关人员、查询复制资料、查封扣押财物以及查询银行账户等。但采取这些措施需经相应批准程序。第 17 条则明确要求被调查的经营者、利害关系人及其他有关单位、个人应当如实提供有关资料或者情况。本条与第 16 条、第 17 条紧密相关，主要针对监督检查部门在履行调查职责时，对拒绝、阻碍调查行为的处理。本条通过规定罚款等处罚措施，保障了监督检查部门在调查过程中能够顺利获取信息、开展检查工作，维护了监督检查部门执法的权威性和严肃性，确保了调查工作的顺利进行。

监督检查部门的职责主要包括以下几个方面：依据第 16 条，监督检查部门有权进入涉嫌不正当竞争行为的经营场所进行检查，可以要求被调查的经营者、利害关系人及其他有关单位、个人提供与被调查行为有关的资料，并进行询问；有权查询、复制与涉嫌不正当竞争行为有关的协议、账簿、单据、文件、记录、业务函电和其他资料；必要时，可以查封、扣押与涉嫌不正当竞争行为有关的财物，或查询涉嫌不正当竞争行为的经营者的银行账户。依据第 17 条，被调查的经营者、利害关系人及其他有关单位、个人应当如实提供有关资料或者情况，不得拒绝、阻碍或提供虚假信息。这些职责的履行对于维护市场竞争秩序、保护消费者和其他经营者合法权益具有重要意义，有必要通过法律责任予以保障。

三、妨害监督检查部门依法履职的行为

以下行为可被视为妨害监督检查部门依法履职。

1. 拒绝调查，是指被调查对象明确表示不配合监督检查部门的调查工作，如拒绝提供相关文件、资料，拒绝接受询问，拒绝签署询问笔录等。详言之，拒绝提供文件资料，是指经营者或相关人员在监督检查部门要求提供与涉嫌不正当竞争行为有关的协议、账簿、单据、文件等资料时，无正当理由拒不提供，或提供不完整、不准确的资料，影响调查工作的正常进行。拒绝接受询问，是指被调查的经营者、利害关系人及其他有关单位、个人在监督检查部门依法进行询问时，无正当理由拒绝回答问题或拒绝配合询问，阻碍调查工作的开展。拒绝签署询问笔录，是指在监督检查部门进行询问并制作询问笔录后，被调查对象无正当理由拒绝签署笔录，导致询问笔录无法作为有效证据使用，影响调查结果的认定。

2. 阻碍调查，是指采取各种手段干扰、妨碍监督检查部门的调查活动，如故意拖延时间、设置障碍、隐匿或销毁证据，对调查人员进行跟踪、盯梢、围堵，干扰调查人员正常工作等。详言之，故意拖延时间，是指被调查对象采取各种手段故意拖延调查时间，如以各种理由推托、延迟提供资料或接受询问的时间，导致调查工作无法按计划进行，影响调查效率。设置障碍，是指在监督检查部门进入经营场所进行检查时，被调查对象故意设置障碍，如锁闭大门、转移设备或人员等，阻止监督检查部门的工作人员进入现场，妨碍调查工作的正常开展。隐匿或销毁证据，是指转移、隐匿、变造或销毁与涉嫌不正当竞争行为有关的协议、账簿、单据、文件、记录、业务函电等资料，使监督检查部门无法获取关键证据，影响对不正当竞争行为的认定。对调查人员进行跟踪、盯梢、围堵，是指被调查

对象或其相关人员对监督检查部门的调查人员进行跟踪、盯梢、围堵等行为，干扰调查人员的正常工作和生活，给调查人员造成压力和困扰，影响调查工作的顺利进行。

3. 提供虚假信息，是指被调查对象故意提供虚假的文件、资料或虚假的陈述，误导调查方向，干扰调查工作的正常开展。具体行为包括：经营者或相关人员伪造、变造与涉嫌不正当竞争行为有关的协议、账簿、单据、文件等资料，并将其提供给监督检查部门，误导调查工作，使调查结果失实；在监督检查部门进行询问时，被调查对象故意作虚假陈述，提供不真实的口头信息，误导调查人员对事实的认定，影响调查工作的准确性。

4. 干扰执法，是指以威胁、利诱、欺骗等手段干扰监督检查部门的执法人员，影响其公正执行职务，如对执法人员进行恐吓、贿赂，诱导执法人员泄露调查信息等。具体行为包括：被调查对象或其相关人员以暴力、威胁等手段对监督检查部门的执法人员进行恐吓，强迫执法人员放弃调查或改变调查方向，影响执法工作的正常进行；通过给予执法人员财物、利益或其他好处等手段，试图拉拢执法人员，使其在调查工作中偏袒被调查对象，影响执法的公正性；故意向执法人员提供虚假的情况或误导性的信息，使执法人员对调查工作产生错误认识，影响调查结果的公正性和准确性；等等。

5. 其他妨碍行为，如拒绝执行监督检查部门依法作出的查封、扣押等行政强制措施，妨碍监督检查部门对涉案财物的查封、扣押工作等。具体行为包括：被调查对象或其相关人员拒绝配合监督检查部门依法实施的查封、扣押等行政强制措施，对已查封、扣押的财物进行转移、隐匿、损毁或擅自解封等行为，妨碍监督检查部门对涉案财物的控制和处理，影响调查工作的顺利进行；在监督检查部门对涉案财物进行查封、扣押时，被调查对象或其相关人员采取暴力、威胁等手段阻碍执法人员的工作，或煽动群众围观、起哄，制造混乱，干扰查封、扣押工作的正常开展。

四、法律责任

依据本条，对于妨害监督检查部门依法履职的行为，监督检查部门首先会责令行为人改正，要求其立即停止妨碍行为，并积极配合调查工作。责令改正是对妨碍行为进行处罚前的必要程序，体现了教育与处罚相结合的原则。如果行为人拒不改正，监督检查部门将依法对个人处 1 万元以下的罚款，对单位处 10 万元以下的罚款。罚款的具体数额应根据行为的性质、情节、后果以及行为人的过错程度等因素合理确定。

同时，本条的实施需与《行政处罚法》和《治安管理处罚法》相衔接。在实施罚款等行政处罚时，监督检查部门应遵循《行政处罚法》规定的法定程序，确保行政处罚的合法性、公正性和透明性。对于情节严重，构成违反治安管理行为的情形，如使用暴力、威胁手段阻碍调查，公安机关可依据《治安管理处罚法》进行处罚。若行为人的行为涉嫌犯罪，如构成妨害公务罪等，则应依法追究刑事责任，实现不同法律之间的补充和协作，确保对各类妨碍监督检查部门履职行为的全面规制。

第 36 条 【救济途径】

一、规范意义

本条明确规定，当事人对监督检查部门作出的决定不服时，有权依法申请行政复议或提起行政诉讼。第一，本条为当事人提供了明确的法律救济途径，确保其在面对监督检查部门的决定时，能够通过法定程序表达异议、维护自身合法权益，避免因监督检查部门的不当行政行为而遭受不合理损失。第二，本条有助于增强法律的透明度和公正性。通过赋予当事人行政复议和行政诉讼的权利，促使监督检查部门在作出决定时更加谨慎，严格依法行事，确保其行政行为的合法性和合理性，从而提升法律的公信力。第三，本条有利于及时化解行政争议。当事人可以通过行政复议或行政诉讼程序，使争议得到妥善解决，避免矛盾激化，维护社会的和谐稳定。第四，本条对于优化营商环境也具有积极意义。当事人能够通过合法途径寻求救济，增强了市场主体对自身权益的预期和信心，有利于激发市场活力，促进经济健康发展。

二、赋予当事人救济途径的必要性

其一，保障当事人合法权益的必要手段。在监督检查部门行使职权的过程中，可能会因各种原因出现认定事实不清、证据不足、适用法律错误或程序违法等情况，导致作出的决定对当事人的权益产生不利影响。例如，监督检查部门在调查不正当竞争行为时，可能因证据收集不全面或对法律法规理解有误，对当事人作出不当的行政处罚。此时，若当事人缺乏有效的救济途径，其合法权益将难以得到保障。

其二，监督行政机关依法行政。这一救济途径为当事人提供了监督行政机关依法行政的渠道。通过行政复议或行政诉讼，复议机关或司法机关可以对监督检查部门的行政行为进行审查，纠正其违法或不当的行政行为。例如，在行政复议过程中，复议机关可以对监督检查部门作出决定的程序合法性、事实认定和法律适用等方面进行全面审查，如发现存在违法或不当之处，可依法撤销或变更该决定，或要求监督检查部门重新作出决定。这有助于促使监督检查部门提高执法水平，严格依法行政。

其三，促进法律正确实施。当事人在申请行政复议或提起行政诉讼的过程中，往往需要对监督检查部门的行政行为进行深入研究和分析，这在一定程度上有助于发现法律实施过程中的问题和不足。同时，行政复议机关和司法机关在处理案件时，对相关法律法规进行解释和适用，能够进一步明确法律的含义和边界，为监督检查部门和其他当事人提供明确的法律指引，促进法律的统一正确实施。

其四，增强法律的可接受性。当当事人知道在对监督检查部门的决定不服时，有合法的途径可以寻求救济，他们会更容易接受法律的约束，提高对法律的信任和尊重。例如，一个企业若对监督检查部门作出的行政处罚决定有异议，通过行政复议或行政诉讼，其意见得到了充分听取和公正处理，即使最终决定维持原处罚，企业也更可能从内心认同并自觉履行决定，从而增强法律的权威性和可接受性。

其五，促进社会和谐稳定。有效的救济途径对于及时化解行政争议、促进社会和谐稳定具有重要意义。当事人在权益受到不利影响时，若无法通过合法途径寻求解决，可能会采取非法手段表达诉求，导致社会矛盾升级。而行政复议和行政诉讼为当事人提供了理性和合法的解决争议的平台，使其不满和诉求能够在法治轨道内得到妥善处理，避免矛盾激化，维护社会稳定秩序。

三、行政复议和行政诉讼的适用依据、条件

1. 行政复议。

《行政复议法》是规范行政复议程序和内容的基本法律。当事人认为监督检查部门的行政行为侵犯其合法权益的，可以依据该法申请行政复议。

行政复议机关对监督检查部门的行政行为进行全面审查,包括程序是否合法、事实认定是否清楚、证据是否充分、法律适用是否正确等方面。根据审查结果,行政复议机关可以作出维持、撤销、变更、确认违法等不同类型的复议决定。

申请人须具备相应主体资格,即必须是认为监督检查部门行政行为侵犯其合法权益的公民、法人或其他组织。要有明确的被申请人,即作出具体行政行为的监督检查部门。要有具体的复议请求和事实依据,复议请求应明确具体,如要求撤销行政处罚决定、变更行政许可决定等,且需提供相应的事实和证据来支持申请。

2. 行政诉讼。

《行政诉讼法》是规范行政诉讼程序和内容的基本法律。当事人对监督检查部门的行政行为不服的,可以依据该法向人民法院提起行政诉讼。人民法院受理公民、法人或者其他组织对行政机关作出的行政处罚、行政强制措施、行政许可决定等不服的行政案件。人民法院对行政案件进行开庭审理,通过审查行政行为的合法性,作出维持、撤销、变更、确认违法或无效等裁判。

原告需是认为行政行为侵犯其合法权益的公民、法人或者其他组织,即原告必须与被诉行政行为具有法律上的利害关系。要有明确的被告,即作出被诉行政行为的监督检查部门。要有具体的诉讼请求和事实依据,诉讼请求应明确具体,如要求撤销行政处罚决定、判令行政机关履行法定职责等,且需提供相应的事实和证据来支持起诉。

在行政诉讼期间,一般情况下,行政行为不停止执行,但存在法定情形的可停止执行,如被告认为需要停止执行的、原告或利害关系人申请停止执行且人民法院认为该行政行为的执行会造成难以弥补的损失等。

需要特别注意的是，本条中的主语是"当事人"，之前的条款规定的主语大多是"经营者"，因此本条中的"当事人"不仅指"经营者"，还包括"利害关系人"。

3. 行政复议和行政诉讼的选择与衔接。

当事人在面对监督检查部门作出的决定时，可以根据自身情况选择行政复议或行政诉讼。若追求程序简便、成本较低且希望快速解决问题，行政复议可能是较好的选择。而行政诉讼则更具中立性和公正性，能够更全面地审查行政行为的合法性，尤其是在对复议结果不满意或认为复议机关存在偏袒时，行政诉讼可作为进一步救济的途径。

当事人对复议决定不服的，可在收到复议决定书之日起15日内向人民法院提起诉讼。复议机关维持原决定的，作出原行政行为的监督检查部门和复议机关是共同被告；复议机关改变原决定的，复议机关是被告。

第37条　【工作人员违法的行政责任】

一、规范意义及条文修订情况

本条对监督检查部门工作人员的行为规范和责任追究作出了明确规定。相较于2019年《反不正当竞争法》第30条，本条在原有基础上增加了对个人隐私和个人信息的保护内容。这一修改反映了随着信息技术的快速发展，个人信息和个人隐私保护的重要性日益凸显，法律对这部分权益的保护也在不断加强。本条的规范意义在于强化对监督检查部门工作人员的监督和约束，确保他们在履行职责过程中遵守法律法规，维护公平竞争的市场秩序，保护经营者的商业秘密以及个人的隐私和个人信息安全。通过对违法工作人员的处分机制，增强了法律的威慑力，提高了监督检查部门工作的透明度和公信力，为营造良好的市场竞争环境提供了有力的法律保障。

二、监督检查部门的工作人员滥用职权、玩忽职守、徇私舞弊或者泄露调查过程中知悉的商业秘密、个人隐私或者个人信息的行为

在市场竞争监管中，监督检查部门工作人员肩负着维护公平竞争、保护市场秩序的重要职责。然而，权力的行使必须受到严格的约束和监督。本条明确列举了监督检查部门工作人员的多项违法行为，为界定和惩处这些不当行为提供了清晰的法律依据。需要明确每种违法行为的内涵，有助于全面理解法律对该类行为的规范和约束。

1. 滥用职权、玩忽职守、徇私舞弊。

滥用职权，是指监督检查部门的工作人员在履行职务过程中，超越法定权限，不正当行使职权，或者以权谋私，作出违背法律宗旨和要求的行政行为。这种行为往往表现为工作人员利用职务之便，为特定经营者谋取不正当利益，或者对某些经营者进行不公正的打击。例如，工作人员在调查不正当竞争行为时，故意歪曲事实，对某些企业从重处罚，而对与其有利益关系的企业从轻或不予处罚。这种行为严重破坏了市场公平竞争环境，损害了法律的权威性和公正性。

玩忽职守，是指监督检查部门的工作人员在履行职务过程中，严重不负责任，不履行或不正确履行自己的职责，导致应当发现的不正当竞争行为未能及时发现，或者对已经发现的违法行为未能依法采取措施进行处理。例如，工作人员因疏忽大意，未对举报线索进行认真核查,使得违法经营者的不正当竞争行为得以继续,损害了其他经营者的合法权益,扰乱了市场秩序。

徇私舞弊,是指监督检查部门的工作人员在履行职务过程中,为谋取私利或其他不正当利益,利用职务之便,故意违背事实和法律,进行不公正的行政行为。这种行为通常涉及工作人员与特定经营者之间的不正当利益输送,如收受贿赂、接受礼品等,以换取对违法者的包庇或对竞争对手的打压。这种行为严重损害了公共利益和市场公平竞争原则,破坏了政府的公信力。

2. 泄露调查过程中知悉的商业秘密、个人隐私和个人信息。

根据《反不正当竞争法》第19条的规定,监督检查部门及其工作人员对调查过程中知悉的商业秘密、个人隐私和个人信息依法负有保密义务。违反这一义务,不仅会损害企业的利益,还会影响监督检查部门的公信力和执法效果。

泄露调查过程中知悉的商业秘密,是指监督检查部门的工作人员未经允许将在调查不正当竞争行为过程中接触到的商业秘密透露给他人的行为。商业秘密,是指企业在生产经营活动中所形成的技术信息、经营信息等不为公众所知悉、具有商业价值并经权利人采取相应保密措施的信息。商业秘密是企业的核心资产之一,对企业的生存和发展至关重要,它涵盖了企业的技术创新、经营模式、客户资源等多个方面,是企业在市场竞争中保持优势的关键因素。一旦商业秘密被泄露,企业可能会面临市场份额的下降、经济损失以及声誉受损等严重后果。因此,对其进行保护有助于维护企业的竞争力和市场秩序。监督检查部门的工作人员在调查不正当竞争行为的过程中,可能会接触到企业的技术配方、客户名单、经营策略等商业秘密。泄露调查过程中知悉的商业秘密,是指工作人员未经合法授权，将这些信息透露给他人，给经营者造成经济损失或竞争优势的丧失。商业秘密是企业的核心资产之一，对其进行保护有助于维护企业的竞争力和市场秩序。商业秘密的保护对于企业的生存和发展至关重要，它涵盖了企业的技术创新、经营模式、客户资源等多个方面，是企业在市场竞争中保持优势的关键因素。一旦商业秘密被泄露，企业可能会面临市场份额的下降、经济损失以及声誉受损等严重后果。

泄露调查过程中知悉的个人隐私，是指监督检查部门的工作人员未经允许将在调查不正当竞争行为过程中接触到的个人隐私透露给他人的行为。个人隐私通常指与个人相关的、不愿为他人知晓的信息，如个人的健康状况、家庭住址、通信记录等。泄露调查过程中知悉的个人信息，是指监督检查部门的工作人员未经允许将在调查不正当竞争行为过程中接触到的个人信息透露给他人的行为。个人信息是以电子或者其他方式记录的能够单独或者与其他信息结合识别特定自然人的各种信息，包括自然人的姓名、出生日期、身份证件号码、生物识别信息、住址、电话号码、电子邮箱、健康信息、行踪信息等。监督检查部门的工作人员在调查过程中可能会接触到大量的个人隐私和个人信息，如消费者的投诉信息、经营者的员工信息等，若将这些信息泄露，可能会导致个人权益受到侵害，引发社会信任危机。个人信息和个人隐私的保护不仅关乎个人的基本权利，也影响着社会的整体稳定和信任体系。在当今数字化时代，信息的不当处理可能导致个人遭受骚扰、欺诈等风险，因此，加强对个人信息和个人隐私的保护是维护社会公平正义和保障公民权益的重要举措。

三、法律责任

根据本条的规定，监督检查部门的工作人员若存在上述违法行为，将依法给予处分。处分是对国家工作人员违反法律法规和纪律规定的一种惩戒措施，属于行政责任的范畴。这种处分与《公务员法》的规定紧密相关，依据《公务员法》，公务员在履行公职过程中如有违法违纪行为，应根据其行为的性质、情节和危害程度，给予相应的处分，包括警告、记过、记大过、降级、撤职、开除等。在具体适用时，若工作人员的行为构成轻微违法或违纪，可给予警告、记过或记大过处分；情节较重的，可给予降级或撤职处分；情节严重的，应给予开除处分。处分的具体实施需遵循法定程序，确保公正、公平、公开，同时保障被处分人员的合法权益，如陈述权、申辩权和申诉权。通过这种处分机制，一方面对工作人员形成有效威慑，促使其自觉遵守法律法规和职业道德，确保监督检查部门公正、廉洁、高效地履行职责；另一方面也维护了法律的严肃性和权威性，保障了市场竞争秩序和公众利益。

相关规定

1.《反不正当竞争法》

第 16 条　监督检查部门调查涉嫌不正当竞争行为，可以采取下列措施：

（一）进入涉嫌不正当竞争行为的经营场所进行检查；

（二）询问被调查的经营者、利害关系人及其他有关单位、个人，要求其说明有关情况或者提供与被调查行为有关的其他资料；

（三）查询、复制与涉嫌不正当竞争行为有关的协议、账簿、单据、文件、记录、业务函电和其他资料；

（四）查封、扣押与涉嫌不正当竞争行为有关的财物；

（五）查询涉嫌不正当竞争行为的经营者的银行账户。

采取前款规定的措施，应当向监督检查部门主要负责人书面报告，并经批准。采取前款第四项、第五项规定的措施，应当向设区的市级以上人民政府监督检查部门主要负责人书面报告，并经批准。

监督检查部门调查涉嫌不正当竞争行为，应当遵守《中华人民共和国行政强制法》和其他有关法律、行政法规的规定，并应当依法将查处结果及时向社会公开。

第 17 条　监督检查部门调查涉嫌不正当竞争行为，被调查的经营者、利害关系人及其他有关单位、个人应当如实提供有关资料或者情况。

2.《行政处罚法》

第 2 条　行政处罚是指行政机关依法对违反行政管理秩序的公民、法人或者其他组织，以减损权益或者增加义务的方式予以惩戒的行为。

第 9 条　行政处罚的种类：

（一）警告、通报批评；

（二）罚款、没收违法所得、没收非法财物；

（三）暂扣许可证件、降低资质等级、吊销许可证件；

（四）限制开展生产经营活动、责令停产停业、责令关闭、限制从业；

（五）行政拘留；

（六）法律、行政法规规定的其他行政处罚。

第 29 条　对当事人的同一个违法行为，不得给予两次以上罚款的行政处罚。同一个违法行为违反多个法律规范应当给予罚款处罚的，按照罚款数额高的规定处罚。

第 32 条　当事人有下列情形之一，应当从轻或者减轻行政处罚：

（一）主动消除或者减轻违法行为危害后果的；

（二）受他人胁迫或者诱骗实施违法行为的；

（三）主动供述行政机关尚未掌握的违法行为的；

（四）配合行政机关查处违法行为有立功表现的；

（五）法律、法规、规章规定其他应当从轻或者减轻行政处罚的。

第 33 条　违法行为轻微并及时改正，没有造成危害后果的，不予行政处罚。初次违法且危害后果轻微并及时改正的，可以不予行政处罚。

当事人有证据足以证明没有主观过错的，不予行政处罚。法律、行政法规另有规定的，从其规定。

对当事人的违法行为依法不予行政处罚的，行政机关应当对当事人进行教育。

3.《民法典》

第 187 条　民事主体因同一行为应当承担民事责任、行政责任和刑事责任的，承担行政责任或者刑事责任不影响承担民事责任；民事主体的财产不足以支付的，优先用于承担民事责任。

4.《公司法》

第 263 条　公司违反本法规定，应当承担民事赔偿责任和缴纳罚款、罚金的，其财产不足以支付时，先承担民事赔偿责任。

5.《农产品质量安全法》

第 79 条　违反本法规定，给消费者造成人身、财产或者其他损害的，依法承担民事赔偿责任。生产经营者财产不足以同时承担民事赔偿责任和缴纳罚款、罚金时，先承担民事赔偿责任。

食用农产品生产经营者违反本法规定，污染环境、侵害众多消费者合法权益，损害社会公共利益的，人民检察院可以依照《中华人民共和国民事诉讼法》、《中华人民共和国行政诉讼法》等法律的规定向人民法院提起诉讼。

6.《食品安全法》

第 147 条　违反本法规定，造成人身、财产或者其他损害的，依法承担赔偿责任。生产经营者财产不足以同时承担民事赔偿责任和缴纳罚款、罚金时，先承担民事赔偿责任。

7.《产品质量法》

第 64 条　违反本法规定，应当承担民事赔偿责任和缴纳罚款、罚金，其财产不足以同时支付时，先承担民事赔偿责任。

8.《证券投资基金法》

第 150 条　违反本法规定，应当承担民事赔偿责任和缴纳罚款、罚金，其财产不足以同时支付时，先承担民事赔偿责任。

9. 《治安管理处罚法》

第 61 条 有下列行为之一的，处警告或者五百元以下罚款；情节严重的，处五日以上十日以下拘留，可以并处一千元以下罚款：

（一）拒不执行人民政府在紧急状态情况下依法发布的决定、命令的；

（二）阻碍国家机关工作人员依法执行职务的；

（三）阻碍执行紧急任务的消防车、救护车、工程抢险车、警车或者执行上述紧急任务的专用船舶通行的；

（四）强行冲闯公安机关设置的警戒带、警戒区或者检查点的。

阻碍人民警察依法执行职务的，从重处罚。

10. 《行政复议法》

第 2 条 公民、法人或者其他组织认为行政机关的行政行为侵犯其合法权益，向行政复议机关提出行政复议申请，行政复议机关办理行政复议案件，适用本法。

前款所称行政行为，包括法律、法规、规章授权的组织的行政行为。

第 10 条 公民、法人或者其他组织对行政复议决定不服的，可以依照《中华人民共和国行政诉讼法》的规定向人民法院提起行政诉讼，但是法律规定行政复议决定为最终裁决的除外。

第 11 条 有下列情形之一的，公民、法人或者其他组织可以依照本法申请行政复议：

（一）对行政机关作出的行政处罚决定不服；

（二）对行政机关作出的行政强制措施、行政强制执行决定不服；

（三）申请行政许可，行政机关拒绝或者在法定期限内不予答复，或者对行政机关作出的有关行政许可的其他决定不服；

（四）对行政机关作出的确认自然资源的所有权或者使用权的决定不服；

（五）对行政机关作出的征收征用决定及其补偿决定不服；

（六）对行政机关作出的赔偿决定或者不予赔偿决定不服；

（七）对行政机关作出的不予受理工伤认定申请的决定或者工伤认定结论不服；

（八）认为行政机关侵犯其经营自主权或者农村土地承包经营权、农村土地经营权；

（九）认为行政机关滥用行政权力排除或者限制竞争；

（十）认为行政机关违法集资、摊派费用或者违法要求履行其他义务；

（十一）申请行政机关履行保护人身权利、财产权利、受教育权利等合法权益的法定职责，行政机关拒绝履行、未依法履行或者不予答复；

（十二）申请行政机关依法给付抚恤金、社会保险待遇或者最低生活保障等社会保障，行政机关没有依法给付；

（十三）认为行政机关不依法订立、不依法履行、未按照约定履行或者违法变更、解除政府特许经营协议、土地房屋征收补偿协议等行政协议；

（十四）认为行政机关在政府信息公开工作中侵犯其合法权益；

（十五）认为行政机关的其他行政行为侵犯其合法权益。

第23条 有下列情形之一的，申请人应当先向行政复议机关申请行政复议，对行政复议决定不服的，可以再依法向人民法院提起行政诉讼：

（一）对当场作出的行政处罚决定不服；

（二）对行政机关作出的侵犯其已经依法取得的自然资源的所有权或者使用权的决定不服；

（三）认为行政机关存在本法第十一条规定的未履行法定职责情形；

（四）申请政府信息公开，行政机关不予公开；

（五）法律、行政法规规定应当先向行政复议机关申请行政复议的其他情形。

对前款规定的情形，行政机关在作出行政行为时应当告知公民、法人或者其他组织先向行政复议机关申请行政复议。

第24条 县级以上地方各级人民政府管辖下列行政复议案件：

（一）对本级人民政府工作部门作出的行政行为不服的；

（二）对下一级人民政府作出的行政行为不服的；

（三）对本级人民政府依法设立的派出机关作出的行政行为不服的；

（四）对本级人民政府或者其工作部门管理的法律、法规、规章授权的组织作出的行政行为不服的。

除前款规定外，省、自治区、直辖市人民政府同时管辖对本机关作出的行政行为不服的行政复议案件。

省、自治区人民政府依法设立的派出机关参照设区的市级人民政府的职责权限，管辖相关行政复议案件。

对县级以上地方各级人民政府工作部门依法设立的派出机构依照法律、法规、规章规定，以派出机构的名义作出的行政行为不服的行政复议案件，由本级人民政府管辖；其中，对直辖市、设区的市人民政府工作部门按照行政区划设立的派出机构作出的行政行为不服的，也可以由其所在地的人民政府管辖。

11.《行政诉讼法》

第2条 公民、法人或者其他组织认为行政机关和行政机关工作人员的行政行为侵犯其合法权益，有权依照本法向人民法院提起诉讼。

前款所称行政行为，包括法律、法规、规章授权的组织作出的行政行为。

第12条 人民法院受理公民、法人或者其他组织提起的下列诉讼：

（一）对行政拘留、暂扣或者吊销许可证和执照、责令停产停业、没收违法所得、没收非法财物、罚款、警告等行政处罚不服的；

（二）对限制人身自由或者对财产的查封、扣押、冻结等行政强制措施和行政强制执行不服的；

（三）申请行政许可，行政机关拒绝或者在法定期限内不予答复，或者对行政机关作出的有关行政许可的其他决定不服的；

（四）对行政机关作出的关于确认土地、矿藏、水流、森林、山岭、草原、荒地、滩涂、海域等自然资源的所有权或者使用权的决定不服的；

（五）对征收、征用决定及其补偿决定不服的；

（六）申请行政机关履行保护人身权、财产权等合法权益的法定职责，行政机关拒绝履行或者不予答复的；

（七）认为行政机关侵犯其经营自主权或者农村土地承包经营权、农村土地经营权的；

（八）认为行政机关滥用行政权力排除或者限制竞争的；

（九）认为行政机关违法集资、摊派费用或者违法要求履行其他义务的；

（十）认为行政机关没有依法支付抚恤金、最低生活保障待遇或者社会保险待遇的；

（十一）认为行政机关不依法履行、未按照约定履行或者违法变更、解除政府特许经营协议、土地房屋征收补偿协议等协议的；

（十二）认为行政机关侵犯其他人身权、财产权等合法权益的。

除前款规定外，人民法院受理法律、法规规定可以提起诉讼的其他行政案件。

第18条　行政案件由最初作出行政行为的行政机关所在地人民法院管辖。经复议的案件，也可以由复议机关所在地人民法院管辖。

经最高人民法院批准，高级人民法院可以根据审判工作的实际情况，确定若干人民法院跨行政区域管辖行政案件。

12.《公务员法》

第59条　公务员应当遵纪守法，不得有下列行为：

（一）散布有损宪法权威、中国共产党和国家声誉的言论，组织或者参加旨在反对宪法、中国共产党领导和国家的集会、游行、示威等活动；

（二）组织或者参加非法组织，组织或者参加罢工；

（三）挑拨、破坏民族关系，参加民族分裂活动或者组织、利用宗教活动破坏民族团结和社会稳定；

（四）不担当，不作为，玩忽职守，贻误工作；

（五）拒绝执行上级依法作出的决定和命令；

（六）对批评、申诉、控告、检举进行压制或者打击报复；

（七）弄虚作假，误导、欺骗领导和公众；

（八）贪污贿赂，利用职务之便为自己或者他人谋取私利；

（九）违反财经纪律，浪费国家资财；

（十）滥用职权，侵害公民、法人或者其他组织的合法权益；

（十一）泄露国家秘密或者工作秘密；

（十二）在对外交往中损害国家荣誉和利益；

（十三）参与或者支持色情、吸毒、赌博、迷信等活动；

（十四）违反职业道德、社会公德和家庭美德；

（十五）违反有关规定参与禁止的网络传播行为或者网络活动；

（十六）违反有关规定从事或者参与营利性活动，在企业或者其他营利性组织中兼任职务；

（十七）旷工或者因公外出、请假期满无正当理由逾期不归；

（十八）违纪违法的其他行为。

第62条　处分分为：警告、记过、记大过、降级、撤职、开除。

13.《网络交易监督管理办法》

第37条　市场监督管理部门依法对网络交易经营者实施信用监管，将网络交易经营者的注册登记、备案、行政许可、抽查检查结果、行政处罚、列入经营异常名录和严重违法失信企业名单等信息，通过国家企业信用信息公示系统统一归集并公示。对存在严重违法失信行为的，依法实施联合惩戒。

前款规定的信息还可以通过市场监督管理部门官方网站、网络搜索引擎、经营者从事经营活动的主页面显著位置等途径公示。

14.《企业信息公示暂行条例》

第2条　本条例所称企业信息，是指在市场监督管理部门登记的企业从事生产经营活动过程中形成的信息，以及政府部门在履行职责过程中产生的能够反映企业状况的信息。

第6条　市场监督管理部门应当通过国家企业信用信息公示系统，公示其在履行职责过程中产生的下列企业信息：

（一）注册登记、备案信息；

（二）动产抵押登记信息；

（三）股权出质登记信息；

（四）行政处罚信息；

（五）其他依法应当公示的信息。

前款规定的企业信息应当自产生之日起20个工作日内予以公示。

第10条　企业应当自下列信息形成之日起20个工作日内通过国家企业信用信息公示系统向社会公示：

（一）有限责任公司股东或者股份有限公司发起人认缴和实缴的出资额、出资时间、出资方式等信息；

（二）有限责任公司股东股权转让等股权变更信息；

（三）行政许可取得、变更、延续信息；

（四）知识产权出质登记信息；

（五）受到行政处罚的信息；

（六）其他依法应当公示的信息。

市场监督管理部门发现企业未依照前款规定履行公示义务的，应当责令其限期履行。

15.《市场监督管理行政处罚信息公示规定》

第9条　作出行政处罚决定的市场监督管理部门和行政处罚当事人登记地（住所地）在同一省、自治区、直辖市的，作出行政处罚决定的市场监督管理部门应当自作出行政处罚决定之日起二十个工作日内将行政处罚信息通过国家企业信用信息公示系统进行公示。

第10条　作出行政处罚决定的市场监督管理部门和行政处罚当事人登记地（住所地）不在同一省、自治区、直辖市的，作出行政处罚决定的市场监督管理部门应当自作出行政处罚决定之日起十个工作日内通过本省、自治区、直辖市市场监督管理部门将行政处罚信息推送至当事人登记地（住所地）市场监督管理部门，由其协助在收到行政处罚信息之日起十个工作日内将行政处罚信息通过国家企业信用信息公示系统进行公示。

16.《国务院办公厅关于进一步完善信用修复制度的实施方案》

一、统一信用信息公示平台。"信用中国"网站集中公示各类公共信用信息。行业主管部门可以按照统一标准公示本部门业务领域之内的公共信用信息，原则上不再公示本部门业务领域之外的信息。

二、完善失信信息分类标准。失信信息分为"轻微、一般、严重"三类。轻微失信信息可以不予公示或法定责任义务履行完毕即可申请修复，确有必要公示的，公示期最长为3个月；一般失信信息公示期最短为3个月，最长为1年；严重失信信息公示期最短为1年，最长为3年。各领域具体分类标准由行业主管部门制定并在"信用中国"网站统一发布。法律、行政法规对失信信息公示期另有规定的，从其规定。

三、明确信用修复申请渠道。最短公示期满后方可申请信用修复。"信用中国"网站接受包括行政处罚、严重失信主体名单、异常名录等在内的各类需要信用主体主动提出的信用修复申请。市场监管领域信用修复依托国家企业信用信息公示系统按照国家统一规则办理。各地要在政务服务大厅设置信用修复线下服务窗口，帮助信用主体填报申请材料。

四、简化信用修复申请材料。申请材料包括法定责任义务履行完毕的证明材料和信用承诺书。鼓励行业主管部门通过本部门信息系统直接获取证明材料。鼓励推广"两书同达"模式，即向信用主体送达行政处罚决定书或列入严重失信主体名单决定书时，同步送达信用修复告知书，确保信用主体第一时间知晓信用修复有关政策。

五、压实信用修复办理责任。"信用中国"网站收到信用修复申请后，按照"谁认定、谁修复"原则，及时推送给有关行业主管部门办理修复。对已经建立信用修复制度和信息系统的部门和单位，有关系统要与"信用中国"网站深度联通；对尚未建立相应制度和系统的部门和单位，"信用中国"网站为其开设账号，由其通过"信用中国"网站办理修复。

六、明确信用修复办理期限。"信用中国"网站一般应当自收到信用修复申请之日起10个工作日内反馈信用修复结果。行业主管部门应当自收到"信用中国"网站推送的信用修复申请之日起3个工作日内作出是否受理的决定，申请材料齐全、符合法定形式的，应当予以受理；决定不予受理的，应当通过"信用中国"网站告知申请人并说明理由。行业主管部门应当自受理信用修复申请之日起7个工作日内将信用修复结果提供给"信用中国"网站。因案情复杂或需进行核查，不能在规定期限内作出办理修复决定的，可以延长10个工作日。

七、同步更新信用修复结果。信用修复后，行业主管部门及时在本部门网站停止公示相关失信信息，同步向"信用中国"网站提供信用修复结果；"信用中国"网站同步停止公示相关失信信息，并将信用修复结果反馈申请人；有关部门更新信用评价结果，依法依规解除相应失信惩戒措施。"信用中国"网站统一汇总、每日更新、及时共享各类信用修复结果，并为信用主体提供信用修复决定书下载服务。

八、健全异议申诉处理机制。信用主体对信用信息公示内容、公示期限、信用修复结果等存在异议的，可以通过"信用中国"网站或直接向有关行业主管部门提起异议申诉。"信用中国"网站收到异议申诉后,及时推送给有关行业主管部门。行业主管部门要完善异议申诉处理机制,及时处理异议申诉,并将申诉处理结果提供给"信用中国"网站。

案例指引

1. 刘某东与某区市场监督管理局、某某玩具（惠州）有限公司其他行政管理案①

本案中，行政机关对某某玩具（惠州）有限公司的不正当竞争行为适用不予处罚规定，是综合考量多方面因素后作出的审慎决定。首先，行政机关查明该公司在执法人员介入调查前已自行纠正了违法行为，及时制止了可能产生的危害后果，且其销售数量少、违法所得较低，情节显著轻微，并未对市场秩序和消费者权益造成实际损害。这一处理充分体现了《反不正当竞争法》中"违法行为轻微并及时纠正，没有造成危害后果的，不予行政处罚"的立法精神，实现了法律效果与社会效果的有机统一。

法院在对行政机关的决定进行审查时，严格遵循合法性审查原则，从调查取证、事实认定、法律适用等多方面进行全面审查，最终确认行政机关的不予处罚决定具备充分的事实依据和法律依据。这为行政机关在今后类似案件中适用不予处罚规定提供了极具价值的实践指引，明确了必须基于充分证据和严谨逻辑判断，对违法行为的性质、情节、后果等进行全面考量，确保不予处罚决定合法合理，不放纵违法，也不过度惩罚，真正实现行政处罚与违法行为相适应，促进市场主体的健康发展和市场的良性竞争。

本案还涉及行政诉讼原告资格的界定、对行政机关依法行政的监督支持以及公众参与监督的引导等方面。法院明确原告需与行政行为存在直接、现实且切身的利害关系才能具有起诉资格，防止滥诉，

---

① 载中国裁判文书网，案号：(2020) 粤13行终398号，最后访问日期：2025年7月15日。

维护行政诉讼秩序。同时，司法机关在审理过程中既监督行政机关依法行政，又尊重其合理裁量权，促进法治政府建设。此外，这一案例也提醒公众在参与市场监督时，要遵循法律规则和程序，理性依法维权，共同营造良好的市场环境。

2. 常德市某区市场监督管理局、湖北某某陶瓷有限公司非诉执行审查案[①]

关于对妨害监督检查部门履职行为的认定标准。本案中，监督检查部门在对湖北某某陶瓷有限公司涉嫌不正当竞争行为进行调查时，先后两次发出《调查通知书》，要求该公司提供相关资料并接受调查。湖北某某陶瓷有限公司虽与常德市某区市场监督管理局进行了电话沟通，并在第一次调查通知后邮寄提交了部分证据复印件，但在第二次调查通知后，未按要求派人携带资料到该局接受询问。这一行为被监督检查部门认定为拒绝接受调查的违法行为，违反了《反不正当竞争法》的规定。然而，法院在审查时认为，湖北某某陶瓷有限公司已经履行了配合调查的主要义务，不能认定其有妨害监督检查部门履职的行为。这一认定表明，在判断是否构成妨害监督检查部门履职时，需要综合考虑行为人的主观故意和客观行为，不能仅仅因为未完全按照要求接受询问就认定构成拒绝、阻碍调查。

关于对监督检查部门执法程序的规范要求。本案中，常德市某区市场监督管理局在对湖北某某陶瓷有限公司作出行政处罚决定后，又发出了《履行催告书》，要求该公司缴纳罚款及加处罚款。法院在审查时强调了监督检查部门在执法过程中应遵循的程序要求，包括在作出行政处罚决定前应充分保障当事人的陈述、申辩权利，以及在

[①] 载中国裁判文书网，案号：（2021）湘0702行审17号，最后访问日期：2025年7月15日。

申请强制执行前应进行催告等。这提醒监督检查部门在执法过程中必须严格遵守法定程序，确保行政处罚的合法性，避免因程序瑕疵导致行政处罚决定被撤销或不予执行。

关于对妨害监督检查部门履职责任条款的适用。本案依据2019年《反不正当竞争法》的规定，对湖北某某陶瓷有限公司作出罚款人民币3万元的行政处罚决定。法院在审查时指出，监督检查部门在认定妨害监督检查部门履职行为时，必须基于充分的事实根据和法律依据。这一案例强调了在适用妨害监督检查部门履职责任条款时，必须严格遵循证据规则和法律适用原则，确保行政处罚的公正性和合理性。同时，也提醒监督检查部门在执法过程中应注重收集和固定证据，以支持其行政处罚决定的合法性。

本案的裁判为类似妨害监督检查部门履职案件的处理提供了重要的参考。在判断行为人是否构成妨害监督检查部门履职时，需综合考虑其是否履行了配合调查的主要义务，以及是否存在主观故意和客观上的妨碍行为。这有助于统一司法裁判尺度，提高司法公信力，为监督检查部门和被调查对象提供了明确的行为预期和法律指引。同时，本案也提醒监督检查部门在执法过程中应注重程序规范，确保行政处罚的合法性和有效性，避免因程序问题导致行政处罚决定难以执行。

> 治安管理处罚：是指公安机关依照国家法律法规的规定，对扰乱公共秩序，妨害公共安全，侵犯公民人身权利、财产权利，妨害社会管理，具有社会危害性，尚不构成刑事犯罪的违法行为给予的行政处罚。

第38条　刑事责任

违反本法规定，构成违反治安管理行为的，依法给予治安管理处罚；构成犯罪的，依法追究刑事责任。

第39条　举证责任

❶ 在侵犯商业秘密的民事审判程序中，商业秘密权利人提供初步证据，证明其已经对所主张的商业秘密采取保密措施，且合理表明商业秘密被侵犯，涉嫌侵权人应当证明权利人所主张的商业秘密不属于本法规定的商业秘密。

❷ 商业秘密权利人提供初步证据合理表明商业秘密被侵犯，且提供以下证据之一的，涉嫌侵权人应当证明其不存在侵犯商业秘密的行为：

（一）有证据表明涉嫌侵权人有渠道或者机会获取商业秘密，且其使用的信息与该商业秘密实质上相同；

（二）有证据表明商业秘密已经被涉嫌侵权人披露、使用或者有被披露、使用的风险；

（三）有其他证据表明商业秘密被涉嫌侵权人侵犯。

> **条文注释**

第 38 条 【刑事责任】

一、规范意义及条文修订情况

相较于 2019 年《反不正当竞争法》第 31 条，本条在原有基础上增加了治安管理处罚的内容。一是为了优化法律结构，本条将治安管理处罚与刑事责任合并，避免不同法条间功能重叠，使法律体系更精练。二是为了统一执法标准，合并规定便于执法机关全面评估违法行为，统一执法尺度，防止出现对类似违法行为因适用不同法律而导致处罚差异的情况，确保执法的公正性和一致性。三是为了适应实践需求，在反不正当竞争执法实践中，一些违法行为可能既触犯刑法，又违反治安管理处罚法。合并规定使执法机关在面对复杂违法行为时，能够更灵活、准确地适用法律，实现对违法行为的精准打击，提高执法效率和效果。

本条将刑事责任和治安管理处罚合并规定，构建起反不正当竞争领域完整的责任追究体系，确保对不正当竞争行为的全方位制裁，增强法律威慑力。明确不同违法情形下应承担的法律责任，为执法机关提供更全面的执法依据，使其能够根据具体违法行为的性质、情节和社会危害程度，准确适用法律，有效打击和遏制不正当竞争行为。通过对不正当竞争行为施以严厉的刑事责任和治安管理处罚，提高违法成本，促使经营者自觉遵守市场竞争规则，维护公平竞争的市场环境，保护消费者和其他经营者的合法权益，促进社会主义市场经济的健康发展。

二、治安管理处罚

治安管理处罚是指公安机关依照国家法律法规的规定，对扰乱公共秩序，妨害公共安全，侵犯公民人身权利、财产权利，妨害社会管理，具有社会危害性，尚不构成刑事犯罪的违法行为给予的行政处罚。其目的是维护社会治安秩序，保障公共安全，保护公民、法人及其他组织的合法权益。《治安管理处罚法》规定了多种处罚类型，包括警告、罚款、行政拘留等。警告是对违法行为人的警示和谴责，适用于情节较轻的违法行为；罚款是责令违法行为人缴纳一定数额的金钱，适用于各种治安管理违法行为；行政拘留是对违法行为人进行短期限制人身自由的处罚，适用于情节较重的违法行为。

对于不正当竞争中的违法行为，若同时违反《治安管理处罚法》，将根据具体情形给予相应的治安管理处罚。例如，经营者在被监督检查部门调查时，采取暴力、威胁手段阻碍执法人员执行职务，不仅构成妨害监督检查部门履职的不正当竞争行为，还可能违反《治安管理处罚法》第61条关于阻碍国家机关工作人员依法执行职务的规定。根据该条的规定，阻碍国家机关工作人员依法执行职务的，处警告或者500元以下罚款；情节严重的，处5日以上10日以下拘留，可以并处1000元以下罚款。又如，经营者在不正当竞争行为中伪造、变造公文、证件、证明文件，可能违反《治安管理处罚法》第63条规定，处10日以上15日以下拘留，可以并处5000元以下罚款；情节较轻的，处5日以上10日以下拘留，可以并处3000元以下罚款。

三、刑事责任

实践中，某些严重的不正当竞争行为可能构成犯罪，需依法追究刑事责任。

《反不正当竞争法》第8条规定，经营者不得采用给予财物或者其他手段贿赂交易相对方的工作人员、受交易相对方委托办理相关事务以及利用职权或者影响力影响交易的单位或者个人,以谋取交易机会或者竞争优势。这种行为不仅损害了其他经营者的合法权益,还扰乱了市场秩序,情节严重的,构成对非国家工作人员行贿罪。根据《刑法》第164条的规定,为谋取不正当利益,给予公司、企业或者其他单位的工作人员以财物,数额较大的,处3年以下有期徒刑或者拘役,并处罚金;数额巨大的,处3年以上10年以下有期徒刑,并处罚金。单位犯本罪的,对单位判处罚金,并对其直接负责的主管人员和其他直接责任人员,依照上述规定处罚。此外,如果在商业贿赂行为中,如果行贿对象是国家工作人员,根据《刑法》第389条的规定,构成行贿罪,即在经济往来中,违反国家规定,给予国家工作人员以财物,数额较大的,或者违反国家规定,给予国家工作人员以各种名义的回扣、手续费的,以行贿论处。但因被勒索给予国家工作人员以财物,没有获得不正当利益的,不是行贿。

《反不正当竞争法》第9条规定,经营者不得对其商品的性能、功能、质量、销售状况、用户评价、曾获荣誉等作虚假或者引人误解的商业宣传,欺骗、误导消费者和其他经营者。经营者不得通过组织虚假交易、虚假评价等方式,帮助其他经营者进行虚假或者引人误解的商业宣传。经营者发布虚假广告的,依照《广告法》的规定处罚,严重的可能构成虚假广告罪。根据《刑法》第222条的规定,广告主、广告经营者、广告发布者违反国家规定,利用广告对商品或者服务作虚假宣传,情节严重的,处2年以下有期徒刑或者拘役,并处或者单处罚金。

《反不正当竞争法》第10条规定,经营者不得实施下列侵犯商业秘密的行为:(1)以盗窃、贿赂、欺诈、胁迫、电子侵入或者其他不正当手段获取权利人的商业秘密；（2）披露、使用或者允许他人使用以前项手段获取的权利人的商业秘密；（3）违反保密义务或者违反权利人有关保守商业秘密的要求，披露、使用或者允许他人使用其所掌握的商业秘密；（4）教唆、引诱、帮助他人违反保密义务或者违反权利人有关保守商业秘密的要求，获取、披露、使用或者允许他人使用权利人的商业秘密。这些行为不仅损害了权利人的合法权益，还破坏了公平竞争的市场环境，情节严重的，构成侵犯商业秘密罪。根据《刑法》第219条的规定，有下列侵犯商业秘密行为之一，情节严重的，处3年以下有期徒刑，并处或者单处罚金；情节特别严重的，处3年以上10年以下有期徒刑，并处罚金：（1）以盗窃、贿赂、欺诈、胁迫、电子侵入或者其他不正当手段获取权利人的商业秘密的；（2）披露、使用或者允许他人使用以前项手段获取的权利人的商业秘密的；（3）违反保密义务或者违反权利人有关保守商业秘密的要求，披露、使用或者允许他人使用其所掌握的商业秘密的。明知前款所列行为，获取、披露、使用或者允许他人使用该商业秘密的，以侵犯商业秘密论。本条所称权利人，是指商业秘密的所有人和经商业秘密所有人许可的商业秘密使用人。

《反不正当竞争法》第12条规定，经营者不得编造、传播或者指使他人编造、传播虚假信息或者误导性信息，损害其他经营者的商业信誉、商品声誉。在反不正当竞争领域，虚假宣传行为表现为经营者对其商品的性能、功能、质量、销售状况、用户评价等作虚假或者引人误解的商业宣传，欺骗、误导消费者。如果在虚假宣传过程中，经营者捏造并散布虚伪事实，损害竞争对手的商业信誉或商品声誉，情节严重的，根据《刑法》第221条的规定，构成损害商业信誉、商品声誉罪，处2年以下有期徒刑或者拘役，并处或者单处罚金。

《反不正当竞争法》第 19 条规定，监督检查部门及其工作人员对调查过程中知悉的商业秘密、个人隐私和个人信息依法负有保密义务。泄露个人隐私或者个人信息的行为不仅侵犯了公民的隐私权，还可能引发其他违法犯罪活动，扰乱社会秩序，构成侵犯公民个人信息罪。根据《刑法》第 253 条之一的规定，违反国家有关规定，向他人出售或者提供公民个人信息，情节严重的，处 3 年以下有期徒刑或者拘役，并处或者单处罚金；情节特别严重的，处 3 年以上 7 年以下有期徒刑，并处罚金。违反国家有关规定，将在履行职责或者提供服务过程中获得的公民个人信息，出售或者提供给他人的，依照前款的规定从重处罚。窃取或者以其他方法非法获取公民个人信息的，依照第 1 款的规定处罚。单位犯前三款罪的，对单位判处罚金，并对其直接负责的主管人员和其他直接责任人员，依照各该款的规定处罚。

第 39 条 【举证责任】

一、规范意义及条文修订情况

本条是关于侵犯商业秘密民事案件中举证责任的规定。相较于 2019 年《反不正当竞争法》，本条未有修改。举证难一直是商业秘密保护的痛点。对于权利人来说，一方面是对相关事项是否构成商业秘密的三要件举证困难，另一方面是相关行为是否属于侵犯商业秘密的行为举证困难。为了破解商业秘密举证难、维权难的问题，本条对权利人的举证责任予以减轻，进一步强化了商业秘密的保护。

二、对是否构成商业秘密的举证责任

商业秘密应当具备秘密性、保密性、价值性的三个要件，但实践中，不为公众所知悉，即秘密性是一种消极事实，权利人往往对此

很难证明；而至于价值性，因为可能是潜在的商业价值，因此在举证上往往也是存在一定困难。因此，本条第1款即在三要件举证上，由原告对采取保密措施，即保密性这一积极事实予以举证，在该要件举证完成后转而由被告对涉案信息不构成商业秘密进行举证。一方面，采取保密措施本身即暗含价值性要件，如不存在商业价值，即无法获得商业利益回报的情况下，支付成本对相应信息采取保密措施也不符合正常的商业逻辑。另一方面，在秘密性要件上，如相关信息已为公众所知悉，则属于积极事实，被告仅需要查询到一条公开的信息即可推翻秘密性要件，因此从举证难度上显然较低，同时作为权属的反证，被告对此的举证也具有较强积极性。因此，此种举证方式能够更好地平衡双方的举证责任，避免任一方举证责任过重而导致的不公平。

三、对侵犯商业秘密行为的举证责任

当前侵犯商业秘密的手段多样，尤其在涉密信息电子化愈发普遍的当下，技术入侵的手段愈发高超、隐蔽，对于侵犯商业秘密的行为，尤其是获取行为的举证也更加困难。因此，本条第2款对于商业秘密权利人就侵权行为举证作出了初步规定，在权利人提交侵权的初步证据的情况下，转由涉嫌侵权人提交相反证据以证明不存在侵权行为。

关于权利人应提交的合理表明商业秘密被侵犯的证据，本条第2款规定了三项，其中第3项为兜底条款。第1项为"有证据表明涉嫌侵权人有渠道或者机会获取商业秘密，且其使用的信息与该商业秘密实质上相同"。关于"实质上相同"的认定，《最高人民法院关于审理侵犯商业秘密民事案件适用法律若干问题的规定》第13条对此进行了规定，主要判断标准为"不存在实质性区别"，并列明了相

关考虑因素。第 2 项为"有证据表明商业秘密已经被涉嫌侵权人披露、使用或者有被披露、使用的风险"。一般而言,商业秘密被披露或使用作为积极事实,较易举证;而对于披露或使用的风险,客观上因相应事实尚未发生,举证较难,对此,如果商业秘密已经被第三人所掌握,即具有了被披露、使用的可能,即存在相应风险,对于权利人的举证责任不宜要求过高。

四、对商业秘密民事案件中的其他举证责任

对于商业秘密民事案件,权利人在举证时,除了对于商业秘密的构成、侵权行为的存在进行举证之外,还需明确商业秘密的内容、范围并提交相应载体以证明商业秘密内容。实践中,权利人常对于商业秘密的法律构成理解不足,例如,主张其所生产的整个设备均是其商业秘密,但该设备中可能既包括其自身技术秘密,亦包括公开的技术信息,因此在对于商业秘密权利进行审查时需要明确商业秘密的内容及保护范围,并由权利人举证承载该商业秘密信息的相关载体。

> **相关规定**

1. 《刑法》

第 164 条 为谋取不正当利益,给予公司、企业或者其他单位的工作人员以财物,数额较大的,处三年以下有期徒刑或者拘役,并处罚金;数额巨大的,处三年以上十年以下有期徒刑,并处罚金。

为谋取不正当商业利益,给予外国公职人员或者国际公共组织官员以财物的,依照前款的规定处罚。

单位犯前两款罪的,对单位判处罚金,并对其直接负责的主管人员和其他直接责任人员,依照第一款的规定处罚。

行贿人在被追诉前主动交待行贿行为的,可以减轻处罚或者免除处罚。

第 219 条 有下列侵犯商业秘密行为之一,情节严重的,处三年以下有期徒刑,并处或者单处罚金;情节特别严重的,处三年以上十年以下有期徒刑,并处罚金:

(一) 以盗窃、贿赂、欺诈、胁迫、电子侵入或者其他不正当手段获取权利人的商业秘密的;

(二) 披露、使用或者允许他人使用以前项手段获取的权利人的商业秘密的;

(三) 违反保密义务或者违反权利人有关保守商业秘密的要求,披露、使用或者允许他人使用其所掌握的商业秘密的。

明知前款所列行为,获取、披露、使用或者允许他人使用该商业秘密的,以侵犯商业秘密论。

本条所称权利人,是指商业秘密的所有人和经商业秘密所有人许可的商业秘密使用人。

第 221 条 捏造并散布虚伪事实,损害他人的商业信誉、商品声誉,给他人造成重大损失或者有其他严重情节的,处二年以下有期徒刑或者拘役,并处或者单处罚金。

第 222 条 广告主、广告经营者、广告发布者违反国家规定,利用广告对商品或者服务作虚假宣传,情节严重的,处二年以下有期徒刑或者拘役,并处或者单处罚金。

第 231 条 单位犯本节第二百二十一条至第二百三十条规定之罪的,对单位判处罚金,并对其直接负责的主管人员和其他直接责任人员,依照本节各该条的规定处罚。

第 253 条之一 违反国家有关规定,向他人出售或者提供公民个人信息,情节严重的,处三年以下有期徒刑或者拘役,并处或者单处罚金;情节特别严重的,处三年以上七年以下有期徒刑,并处罚金。

违反国家有关规定,将在履行职责或者提供服务过程中获得的公民个人信息,出售或者提供给他人的,依照前款的规定从重处罚。

窃取或者以其他方法非法获取公民个人信息的,依照第一款的规定处罚。

单位犯前三款罪的,对单位判处罚金,并对其直接负责的主管人员和其他直接责任人员,依照各该款的规定处罚。

第 389 条 为谋取不正当利益,给予国家工作人员以财物的,是行贿罪。

在经济往来中,违反国家规定,给予国家工作人员以财物,数额较大的,或者违反国家规定,给予国家工作人员以各种名义的回扣、手续费的,以行贿论处。

因被勒索给予国家工作人员以财物,没有获得不正当利益的,不是行贿。

第397条　国家机关工作人员滥用职权或者玩忽职守，致使公共财产、国家和人民利益遭受重大损失的，处三年以下有期徒刑或者拘役；情节特别严重的，处三年以上七年以下有期徒刑。本法另有规定的，依照规定。

国家机关工作人员徇私舞弊，犯前款罪的，处五年以下有期徒刑或者拘役；情节特别严重的，处五年以上十年以下有期徒刑。本法另有规定的，依照规定。

2.《最高人民法院关于审理侵犯商业秘密民事案件适用法律若干问题的规定》

第13条　被诉侵权信息与商业秘密不存在实质性区别的，人民法院可以认定被诉侵权信息与商业秘密构成反不正当竞争法第三十二条第二款所称的实质上相同。

人民法院认定是否构成前款所称的实质上相同，可以考虑下列因素：

（一）被诉侵权信息与商业秘密的异同程度；

（二）所属领域的相关人员在被诉侵权行为发生时是否容易想到被诉侵权信息与商业秘密的区别；

（三）被诉侵权信息与商业秘密的用途、使用方式、目的、效果等是否具有实质性差异；

（四）公有领域中与商业秘密相关信息的情况；

（五）需要考虑的其他因素。

第14条　通过自行开发研制或者反向工程获得被诉侵权信息的，人民法院应当认定不属于反不正当竞争法第九条规定的侵犯商业秘密行为。

前款所称的反向工程，是指通过技术手段对从公开渠道取得的产品进行拆卸、测绘、分析等而获得该产品的有关技术信息。

被诉侵权人以不正当手段获取权利人的商业秘密后，又以反向工程为由主张未侵犯商业秘密的，人民法院不予支持。

第 22 条 人民法院审理侵犯商业秘密民事案件时，对在侵犯商业秘密犯罪刑事诉讼程序中形成的证据，应当按照法定程序，全面、客观地审查。

由公安机关、检察机关或者人民法院保存的与被诉侵权行为具有关联性的证据，侵犯商业秘密民事案件的当事人及其诉讼代理人因客观原因不能自行收集，申请调查收集的，人民法院应当准许，但可能影响正在进行的刑事诉讼程序的除外。

第 24 条 权利人已经提供侵权人因侵权所获得的利益的初步证据，但与侵犯商业秘密行为相关的账簿、资料由侵权人掌握的，人民法院可以根据权利人的申请，责令侵权人提供该账簿、资料。侵权人无正当理由拒不提供或者不如实提供的，人民法院可以根据权利人的主张和提供的证据认定侵权人因侵权所获得的利益。

> **案例指引**
>
> **1. 佛山某模具有限责任公司诉李某峰等侵害商业秘密纠纷案**[①]
>
> 权利人原则上应当在一审法庭辩论结束前明确所主张的技术秘密具体内容；对于一审法庭辩论结束后提出的新的技术秘密内容，人民法院一般不予审查。但是，权利人在一审法庭辩论结束后提出的技术秘密内容未超出原内容范围，也未实质改变原内容的，可以认定该新提出的内容仅构成对原内容的解释和说明，而不构成原内容之外的新的内容。该解释和说明有利于准确查明和确定技术秘密内容，也不会损害各方当事人的诉讼权益，原则上应予审理。
>
> **2. 济南某测试技术有限公司诉济南某机电技术有限公司侵害技术秘密纠纷案**[②]
>
> 本案中明确了侵犯商业秘密的举证规则。权利人为实现保密目的所采取的保密措施，应能对抗不特定第三人通过反向工程获取其技术秘密；在侵犯商业秘密的民事审判程序中，商业秘密权利人除了应提供初步证据证明其对主张保护的商业秘密采取了"相应保密措施"，还应当提供初步证据证明被诉侵权人存在"侵犯行为"。
>
> **3. 江苏新某股份有限公司诉江苏科某环保股份有限公司等侵害技术秘密纠纷案**[③]
>
> 侵害技术秘密纠纷案件中，权利人主张保护整套工艺流程图纸的技术信息，被诉侵权人有渠道接触权利人图纸，被诉侵权人图纸亦

[①] 载人民法院案例库，案例编号：2024-13-2-176-008，最后访问日期：2025年7月15日。
[②] 载最高人民法院知识产权法庭网，案号：（2020）最高法知民终538号，https://enipc.court.gov.cn/zh-cn/news/view-1731.html，最后访问日期：2025年7月15日。
[③] 载人民法院案例库，案例编号：2024-13-2-176-006，最后访问日期：2025年7月15日。

完整反映该工艺流程，其中部分信息与权利人图纸中的信息实质相同，甚至存在非通用符号一致、错别字一致等情形，被诉侵权人对此难以作出合理解释的，可以推定其不正当获取并使用了权利人整套工艺流程图纸的技术信息。在侵害技术秘密纠纷案件中，侵权行为既体现公司意志，又体现法定代表人个人意志的，可以认定法定代表人与公司共同实施了侵权行为。如法定代表人未直接实施侵权行为，公司的侵权行为也不能体现出法定代表人个人意志，则不能认定法定代表人与公司构成共同侵权。

第五章　附　　则

第 40 条　境外不正当竞争行为法律适用

在中华人民共和国境外实施本法规定的不正当竞争行为，扰乱境内市场竞争秩序，损害境内经营者或者消费者的合法权益的，依照本法以及有关法律的规定处理。

第 41 条　施行时间

本法自 2025 年 10 月 15 日起施行。

> 条文注释

第 40 条 【境外不正当竞争行为法律适用】

一、规范意义及条文新增情况

本条明确规定，境外实施的不正当竞争行为若扰乱中国境内市场秩序、损害境内经营者或消费者合法的权益，将依中国法律处理。此规定突破传统属地管辖限制，彰显中国法律域外适用决心，为维护境内市场稳定、保障主体权益添利器。

全球化浪潮下，跨境经贸活动频繁，跨国企业不正当竞争行为日益复杂，给各国市场秩序带来严峻挑战。一些境外企业通过各种手段，如虚假宣传、商业诋毁等，干扰中国境内市场竞争，损害本土经营者与消费者的合法利益。此前，中国反不正当竞争法规在境外行为管辖上存在一定的空白，使得此类行为难以得到有效制裁。本条的出台，恰是填补这一法律漏洞的关键举措，完善了中国反不正当竞争法律体系，提升了法律威慑力，为境内经营者与消费者提供了更坚实的法律后盾。

二、《反不正当竞争法》域外适用的必要性

随着经济全球化的加速，市场竞争已不再局限于单一国家或地区，而是扩展到全球范围。跨国企业通过复杂的商业网络和交易模式，在全球范围内配置资源和开展业务。然而，这种全球化竞争也带来了一系列问题，如跨国企业的不正当竞争行为可能对多个国家的市场秩序产生影响。例如，境外企业可能通过虚假宣传、商业贿赂、侵犯商业秘密等手段，获取不正当竞争优势，扰乱境内市场秩序。为了维护全球市场的公平竞争环境，各国纷纷加强对跨境不正当竞争行为的法律规制，扩大本国《反不正当竞争法》的域外适用范围。

境外不正当竞争行为可能对境内市场秩序和经营者、消费者的合法权益造成严重损害。例如，境外企业通过不正当竞争手段获取境内企业的商业秘密，可能导致境内企业失去竞争优势，甚至面临生存危机；境外企业进行虚假宣传或商业诋毁，可能误导境内消费者，影响其消费决策，损害其合法权益。通过确立《反不正当竞争法》的域外适用，可以有效打击境外不正当竞争行为，保护境内市场秩序和经营者、消费者的合法权益。

欧盟有关竞争法的域外适用主要规定于《罗马条约》第85条和第86条。《罗马条约》第85条规定，企业之间的任何协议、企业集团所作的决定和协同一致的经营行为，如果可能影响成员国之间的贸易，并且具有阻止、限制或者扭曲共同市场内的竞争之目的或效果的，应予禁止。欧盟法院在实践中明确了这些规则的广泛地域适用性与国际法中的领土原则的兼容性，并发展出了"实施标准"和"效果标准"等具体适用规则。

英国颁布的《反贿赂法案》在打击私人部门贿赂方面走得更远，不仅针对外国公职人员的贿赂，还使公司因未能防止与他们有关联的人进行贿赂而承担责任。该法案为能够证明有"充分程序"防止贿赂的组织提供了"完全辩护"，并规定公司的合规程序应与其面临的贿赂风险成比例。

日本的《禁止垄断法》也对境外企业的不正当竞争行为有一定的规制。日本注重个案分析，根据具体行为对国内市场竞争和消费者利益的影响来判断是否适用法律。

德国《反限制竞争法》规定，外国引起的限制竞争能否适用该法，关键在于这些限制竞争能否在德国境内产生重大和直接的不利影响。这体现了德国在反不正当竞争法域外适用上对"直接、重大和可合理预见的效果"原则的遵循。

通过引入域外适用条款，我国能够更有效地打击境外不正当竞争行为，维护境内市场的公平竞争环境，保护经营者和消费者的合法权益。在全球经济一体化的今天，这种域外适用机制对于构建公平、开放的国际经济秩序具有重要意义。

三、《反不正当竞争法》域外适用的条件

其一，行为发生在境外但对境内市场秩序和主体权益造成实际影响。境外不正当竞争行为虽发生在境外，但必须对境内市场竞争秩序和经营者、消费者的合法权益造成实际损害，方可适用《反不正当竞争法》。这种影响需具有直接性、可识别性和可预见性，能够明确指出对境内具体经营者或消费者的权益损害以及对境内市场竞争秩序的扰乱。例如，境外企业通过虚假宣传误导境内消费者，或通过不正当手段获取境内企业商业秘密并用于竞争，对境内市场产生实质冲击。

其二，行为主体为境外经营者或其他相关主体。行为主体包括境外自然人、法人、非法人组织等。无论其是否在中国境内设有机构或拥有资产，只要其行为满足对境内市场和主体权益造成损害的条件，均可依本条规定追究责任。这意味着即使境外主体与境内无直接关联，只要其行为波及中国境内，就可能受到中国法律的制裁。

其三，行为具有不正当竞争性质。境外行为必须违反《反不正当竞争法》的基本原则和具体规定，具备不正当竞争性质。常见的不正当竞争行为包括虚假宣传、商业诋毁、侵犯商业秘密等。这些行为通过不正当手段谋取竞争优势，损害他人合法权益，破坏市场竞争秩序。例如，境外企业可能通过恶意诋毁境内竞争对手的商业信

誉，散布虚假信息，误导境内消费者，导致境内企业市场份额下降，商业声誉受损。

其四，行为对境内市场秩序和主体权益的损害达到一定程度。对于轻微、偶发且未造成严重后果的境外不正当竞争行为，可能通过其他途径解决，不一定适用《反不正当竞争法》。只有当行为对境内市场秩序和主体权益的损害达到一定程度，如造成较大经济损失、严重影响市场公平竞争环境或引发社会关注等，才需动用《反不正当竞争法》进行制裁。例如，若境外企业的不正当竞争行为导致境内相关行业市场秩序混乱，众多企业受损，消费者利益受到广泛侵害，就应依法严肃处理。

第41条 【施行时间】

法律施行日期具有极其重要的意义，它明确划分了法律规范从制定到实际生效的界限，是法律从静态的文字规定转化为动态的社会规范的关键节点。我国《立法法》第61条规定，法律应当明确规定施行日期。法律施行日期的确定关乎法律的权威性、可预测性和稳定性，为社会主体提供了明确的行为预期和行动指南。第一，法律施行日期的确立赋予了法律时间效力，确保法律在特定的时间范围内对社会关系产生调整作用。它为社会主体提供了清晰的时间指引，使其能够合理安排自身行为，避免因法律的突然生效或失效而导致的不必要的法律风险。第二，法律施行日期的确定有助于保障法律的权威性和严肃性。法律的制定是一个严谨的立法过程，而施行日期的明确宣示了法律正式生效的时刻，标志着法律从立法阶段过渡到执法和司法阶段，要求所有社会主体严格遵守和执行。第三，法律施行日期的确定有助于增强法律的可预测性，为社会主体的决策和行为提供了明确的法律依据。社会主体可以根据法律施行日期提前了解和熟悉法律规定，调整自身行为以符合法律要求，从而减少法律实施过程中的摩擦和冲突。

在立法实践中，对法律生效日期的规定主要有以下三种做法：一是直接规定具体的施行日期。最为常见且应用广泛的方式便是直接在法律条文中明确标注具体的施行日期，使其具备可操作性和明确性。例如，本条便明确规定："本法自2025年10月15日起施行。"这种方式以简洁明了的特点确保了法律实施的确定性，为社会主体提供了明确的时间预期。它有利于法律的宣传与普及，使执法机关、司法机关以及社会公众能够清晰知晓法律生效的具体时间，提前做好相应的准备与调整。同时，也便于在法律实施过程中对施行日期进行监督与核实，确保法律能够按时、准确地生效，维护法律的严肃性和权威性。二是规定法律公布后的一定时间施行。这种方式侧重于以法律公布为起始点，设定一定的宽限期后再施行。立法机关在制定法律时，充分考虑到社会主体对新法律的适应和过渡需求。宽限期的设置为社会主体提供了宝贵的时间窗口，使其能够逐步调整自身行为，以符合新的法律要求。这有助于减少新旧法律交替过程中可能出现的摩擦与冲突，保障法律的平稳过渡和社会秩序的稳定。从执法与司法的角度来看，这一做法也为相关部门预留了准备时间，使其能够提前熟悉新法律规定，制定相应的实施细则和配套措施，提升执法与司法的准确性和有效性。在实践中，具体时长的宽限期会根据法律所涉及领域的复杂程度和影响范围来灵活确定，以实现法律实施效果的最优化。三是规定法律自公布之日起施行。这种做法通常适用于一些紧急情况或者需要立即实施的法律，以确保法律能够及时应对相关问题或填补法律空白。这种方式强调法律的时效性，使法律能够迅速发挥作用，规范相关行为或解决紧迫问题。

本条采用的是第一种做法，直接规定法律具体的生效时间。修订后的《反不正当竞争法》选择延后几个月施行，主要是基于以下考虑：一是为市场主体预留适应期。法律的修订往往涉及诸多条款的调整与完善，市场主体需要时间来充分理解新法的内容，调整自身的经营策略与行为规范。给予一定的过渡期，有助于市场主体平稳过渡，减少因法律突然变化带来的经营风险与成本。例如，一些企业的内部规章制度、合同模板等可能需要根据新法进行修订，这都需要时间来完成。二是为执法机关与司法机关提供准备时间。新的法律规定可能需要配套的实施细则、司法解释等来进一步明确其具体含义与适用范围。执法机关与司法机关可以利用这段时间加强学习与培训，提升对新法的理解与执行能力，确保法律实施的准确性和一致性。同时，也便于相关部门对执法与司法资源进行合理调配，以应对新法实施后可能出现的案件变化。三是考虑法律实施的配套性。法律的有效实施往往需要其他相关政策、制度的支持与配合。延后施行可以为这些配套措施的制定与完善提供时间保障，使法律在实施时能够形成完整的制度体系，更好地发挥其规范市场秩序的作用。

本法施行后，2019年《反不正当竞争法》同时废止，本法施行前制定的其他有关不正当竞争行为的法律、法规的内容与本法不符的，以本法为准。相信新法施行后，能够对违法经营者形成更强有力的威慑，促使经营者自觉遵守市场竞争规则，维护公平竞争的市场环境，促进资源的合理配置，推动经济健康、可持续发展。

附　录

《中华人民共和国反不正当竞争法》
新旧对照表

（左栏阴影部分为删除的内容，右栏黑体字为增加或修改的内容）

修订前	修订后
目　录 第一章　总　则 第二章　不正当竞争行为 第三章　对涉嫌不正当竞争行为的调查 第四章　法律责任 第五章　附　则	**目　录** 第一章　总　则 第二章　不正当竞争行为 第三章　对涉嫌不正当竞争行为的调查 第四章　法律责任 第五章　附　则
第一章　总　则	**第一章　总　则**
第一条　为了促进社会主义市场经济健康发展，鼓励和保护公平竞争，制止不正当竞争行为，保护经营者和消费者的合法权益，制定本法。	**第一条**　为了促进社会主义市场经济健康发展，鼓励和保护公平竞争，**预防**和制止不正当竞争行为，保护经营者和消费者的合法权益，制定本法。
第二条　经营者在生产经营活动中，应当遵循自愿、平等、公平、诚信的原则，遵守法律和商业道德。 　　本法所称的不正当竞争行为，是指经营者在生产经营活动中，违反本法规定，扰乱市场竞争秩序，损害其他经营者或者消费者的合法权益的行为。 　　本法所称的经营者，是指从事商品生产、经营或者提供服务（以下所称商品包括服务）的自然人、法人和非法人组织。	**第二条**　经营者在生产经营活动中，应当遵循自愿、平等、公平、诚信的原则，遵守法律和商业道德，**公平参与市场竞争**。 　　本法所称的不正当竞争行为，是指经营者在生产经营活动中，违反本法规定，扰乱市场竞争秩序，损害其他经营者或者消费者的合法权益的行为。 　　本法所称的经营者，是指从事商品生产、经营或者提供服务（以下所称商品包括服务）的自然人、法人和非法人组织。

修订前	修订后
	第三条　反不正当竞争工作坚持中国共产党的领导。 　　国家健全完善反不正当竞争规则制度，加强反不正当竞争执法司法，维护市场竞争秩序，健全统一、开放、竞争、有序的市场体系。 　　国家建立健全公平竞争审查制度，依法加强公平竞争审查工作，保障各类经营者依法平等使用生产要素、公平参与市场竞争。
第三条　各级人民政府应当采取措施，制止不正当竞争行为，为公平竞争创造良好的环境和条件。 　　国务院建立反不正当竞争工作协调机制，研究决定反不正当竞争重大政策，协调处理维护市场竞争秩序的重大问题。	第四条　各级人民政府应当采取措施，**预防**和制止不正当竞争行为，为公平竞争创造良好的环境和条件。 　　国务院建立**健全**反不正当竞争工作协调机制，协调处理维护市场竞争秩序的重大问题。
第四条　县级以上人民政府履行**工商行政**管理职责的部门对不正当竞争行为进行**查处**；法律、行政法规规定由其他部门**查处**的，依照其规定。	第五条　县级以上人民政府履行**市场监督**管理职责的部门对不正当竞争行为进行**监督检查**；法律、行政法规规定由其他部门**监督检查**的，依照其规定。
第五条　国家鼓励、支持和保护一切组织和个人对不正当竞争行为进行社会监督。 　　国家机关及其工作人员不得支持、包庇不正当竞争行为。 　　行业组织应当加强行业自律，引导、规范**会员**依法竞争，维护市场竞争秩序。	第六条　国家鼓励、支持和保护一切组织和个人对不正当竞争行为进行社会监督。 　　国家机关及其工作人员不得支持、包庇不正当竞争行为。 　　行业组织应当加强行业自律，引导、规范**本行业的经营者**依法竞争，维护市场竞争秩序。
第二章　不正当竞争行为	第二章　不正当竞争行为
第六条　经营者不得实施下列混淆行为，引人误认为是他人商品或者与他人存在特定联系：	第七条　经营者不得实施下列混淆行为，引人误认为是他人商品或者与他人存在特定联系：

修订前	修订后
（一）擅自使用与他人有一定影响的商品名称、包装、装潢等相同或者近似的标识； （二）擅自使用他人有一定影响的企业名称（包括简称、字号等）、社会组织名称（包括简称等）、姓名（包括笔名、艺名、译名等）； （三）擅自使用他人有一定影响的域名主体部分、网站名称、网页等； （四）其他足以引人误认为是他人商品或者与他人存在特定联系的混淆行为。	（一）擅自使用与他人有一定影响的商品名称、包装、装潢等相同或者近似的标识； （二）擅自使用他人有一定影响的名称（包括简称、字号等）、姓名（包括笔名、艺名、**网名**、译名等）； （三）擅自使用他人有一定影响的域名主体部分、网站名称、网页、**新媒体账号名称、应用程序名称或者图标**等； （四）其他足以引人误认为是他人商品或者与他人存在特定联系的混淆行为。 **擅自将他人注册商标、未注册的驰名商标作为企业名称中的字号使用，或者将他人商品名称、企业名称（包括简称、字号等）、注册商标、未注册的驰名商标等设置为搜索关键词，引人误认为是他人商品或者与他人存在特定联系的，属于前款规定的混淆行为。** **经营者不得帮助他人实施混淆行为。**
第七条 经营者不得采用财物或者其他手段贿赂下列单位或者个人，以谋取交易机会或者竞争优势： （一）交易相对方的工作人员； （二）受交易相对方委托办理相关事务的单位或者个人； （三）利用职权或者影响力影响交易的单位或者个人。 经营者在交易活动中，可以以明示方式向交易相对方支付折扣，或者向中间人支付佣金。经营者向交易相对方支付折扣、向中间人支付佣金，应当如实入账。接受折扣、佣金的经营者也应当如实入账。	**第八条** 经营者不得采用**给予**财物或者其他手段贿赂下列单位或者个人，以谋取交易机会或者竞争优势： （一）交易相对方的工作人员； （二）受交易相对方委托办理相关事务的单位或者个人； （三）利用职权或者影响力影响交易的单位或者个人。 **前款规定的单位和个人不得收受贿赂。** 经营者在交易活动中，可以以明示方式向交易相对方支付折扣，或者向中间人支付佣金。经营者向交易相对方支付折扣、向中间人支付佣金的，应当如实

修订前	修订后
经营者的工作人员进行贿赂的，应当认定为经营者的行为；但是，经营者有证据证明该工作人员的行为与为经营者谋取交易机会或者竞争优势无关的除外。	入账。接受折扣、佣金的经营者也应当如实入账。 经营者的工作人员进行贿赂的，应当认定为经营者的行为；但是，经营者有证据证明该工作人员的行为与为经营者谋取交易机会或者竞争优势无关的除外。
第八条　经营者不得对其商品的性能、功能、质量、销售状况、用户评价、曾获荣誉等作虚假或者引人误解的商业宣传，欺骗、误导消费者。 经营者不得通过组织虚假交易等方式，帮助其他经营者进行虚假或者引人误解的商业宣传。	第九条　经营者不得对其商品的性能、功能、质量、销售状况、用户评价、曾获荣誉等作虚假或者引人误解的商业宣传，欺骗、误导消费者**和其他经营者**。 经营者不得通过组织虚假交易、**虚假评价**等方式，帮助其他经营者进行虚假或者引人误解的商业宣传。
第九条　经营者不得实施下列侵犯商业秘密的行为： （一）以盗窃、贿赂、欺诈、胁迫、电子侵入或者其他不正当手段获取权利人的商业秘密； （二）披露、使用或者允许他人使用以前项手段获取的权利人的商业秘密； （三）违反保密义务或者违反权利人有关保守商业秘密的要求，披露、使用或者允许他人使用其所掌握的商业秘密； （四）教唆、引诱、帮助他人违反保密义务或者违反权利人有关保守商业秘密的要求，获取、披露、使用或者允许他人使用权利人的商业秘密。 经营者以外的其他自然人、法人和非法人组织实施前款所列违法行为的，视为侵犯商业秘密。 第三人明知或者应知商业秘密权利人的员工、前员工或者其他单位、个人实	第十条　经营者不得实施下列侵犯商业秘密的行为： （一）以盗窃、贿赂、欺诈、胁迫、电子侵入或者其他不正当手段获取权利人的商业秘密； （二）披露、使用或者允许他人使用以前项手段获取的权利人的商业秘密； （三）违反保密义务或者违反权利人有关保守商业秘密的要求，披露、使用或者允许他人使用其所掌握的商业秘密； （四）教唆、引诱、帮助他人违反保密义务或者违反权利人有关保守商业秘密的要求，获取、披露、使用或者允许他人使用权利人的商业秘密。 经营者以外的其他自然人、法人和非法人组织实施前款所列违法行为的，视为侵犯商业秘密。 第三人明知或者应知商业秘密权利人的员工、前员工或者其他单位、个人实

《中华人民共和国反不正当竞争法》新旧对照表

修订前	修订后
施本条第一款所列违法行为，仍获取、披露、使用或者允许他人使用该商业秘密的，视为侵犯商业秘密。 　　本法所称的商业秘密，是指不为公众所知悉、具有商业价值并经权利人采取相应保密措施的技术信息、经营信息等商业信息。	施本条第一款所列违法行为，仍获取、披露、使用或者允许他人使用该商业秘密的，视为侵犯商业秘密。 　　本法所称的商业秘密，是指不为公众所知悉、具有商业价值并经权利人采取相应保密措施的技术信息、经营信息等商业信息。
第十条　经营者进行有奖销售不得存在下列情形： 　　（一）所设奖的种类、兑奖条件、奖金金额或者奖品等有奖销售信息不明确，影响兑奖； 　　（二）采用谎称有奖或者故意让内定人员中奖的欺骗方式进行有奖销售； 　　（三）抽奖式的有奖销售，最高奖的金额超过五万元。	第十一条　经营者进行有奖销售不得存在下列情形： 　　（一）所设奖的种类、兑奖条件、奖金金额或者奖品等有奖销售信息不明确，影响兑奖； 　　（二）**有奖销售活动开始后，无正当理由变更所设奖的种类、兑奖条件、奖金金额或者奖品等有奖销售信息；** 　　（三）采用谎称有奖或者故意让内定人员中奖等欺骗方式进行有奖销售； 　　（四）抽奖式的有奖销售，最高奖的金额超过五万元。
第十一条　经营者不得编造、传播虚假信息或者误导性信息，损害竞争对手的商业信誉、商品声誉。	第十二条　经营者不得编造、传播**或者指使他人编造、传播**虚假信息或者误导性信息，损害**其他经营者**的商业信誉、商品声誉。
第十二条　经营者利用网络从事生产经营活动，应当遵守本法的各项规定。 　　经营者不得利用技术手段，通过影响用户选择或者其他方式，实施下列妨碍、破坏其他经营者合法提供的网络产品或者服务正常运行的行为： 　　（一）未经其他经营者同意，在其合法提供的网络产品或者服务中，插入链接、强制进行目标跳转；	第十三条　经营者利用网络从事生产经营活动，应当遵守本法的各项规定。 　　经营者不得利用**数据和算法**、技术、**平台规则等**，通过影响用户选择或者其他方式，实施下列妨碍、破坏其他经营者合法提供的网络产品或者服务正常运行的行为： 　　（一）未经其他经营者同意，在其合法提供的网络产品或者服务中，插入链

287

修订前	修订后
（二）误导、欺骗、强迫用户修改、关闭、卸载其他经营者合法提供的网络产品或者服务； （三）恶意对其他经营者合法提供的网络产品或者服务实施不兼容； （四）其他妨碍、破坏其他经营者合法提供的网络产品或者服务正常运行的行为。	接、强制进行目标跳转； （二）误导、欺骗、强迫用户修改、关闭、卸载其他经营者合法提供的网络产品或者服务； （三）恶意对其他经营者合法提供的网络产品或者服务实施不兼容； （四）其他妨碍、破坏其他经营者合法提供的网络产品或者服务正常运行的行为。 经营者不得以欺诈、胁迫、避开或者破坏技术管理措施等不正当方式，获取、使用其他经营者合法持有的数据，损害其他经营者的合法权益，扰乱市场竞争秩序。 经营者不得滥用平台规则，直接或者指使他人对其他经营者实施虚假交易、虚假评价或者恶意退货等行为，损害其他经营者的合法权益，扰乱市场竞争秩序。
	第十四条　平台经营者不得强制或者变相强制平台内经营者按照其定价规则，以低于成本的价格销售商品，扰乱市场竞争秩序。
	第十五条　大型企业等经营者不得滥用自身资金、技术、交易渠道、行业影响力等方面的优势地位，要求中小企业接受明显不合理的付款期限、方式、条件和违约责任等交易条件，拖欠中小企业的货物、工程、服务等账款。
第三章　对涉嫌不正当竞争行为的调查	第三章　对涉嫌不正当竞争行为的调查
第十三条　监督检查部门调查涉嫌不正当竞争行为，可以采取下列措施：	第十六条　监督检查部门调查涉嫌不正当竞争行为，可以采取下列措施：

修订前	修订后
（一）进入涉嫌不正当竞争行为的经营场所进行检查； （二）询问被调查的经营者、利害关系人及其他有关单位、个人，要求其说明有关情况或者提供与被调查行为有关的其他资料； （三）查询、复制与涉嫌不正当竞争行为有关的协议、账簿、单据、文件、记录、业务函电和其他资料； （四）查封、扣押与涉嫌不正当竞争行为有关的财物； （五）查询涉嫌不正当竞争行为的经营者的银行账户。 采取前款规定的措施，应当向监督检查部门主要负责人书面报告，并经批准。采取前款第四项、第五项规定的措施，应当向设区的市级以上人民政府监督检查部门主要负责人书面报告，并经批准。 监督检查部门调查涉嫌不正当竞争行为，应当遵守《中华人民共和国行政强制法》和其他有关法律、行政法规的规定，并应当将查处结果及时向社会公开。	（一）进入涉嫌不正当竞争行为的经营场所进行检查； （二）询问被调查的经营者、利害关系人及其他有关单位、个人，要求其说明有关情况或者提供与被调查行为有关的其他资料； （三）查询、复制与涉嫌不正当竞争行为有关的协议、账簿、单据、文件、记录、业务函电和其他资料； （四）查封、扣押与涉嫌不正当竞争行为有关的财物； （五）查询涉嫌不正当竞争行为的经营者的银行账户。 采取前款规定的措施，应当向监督检查部门主要负责人书面报告，并经批准。采取前款第四项、第五项规定的措施，应当向设区的市级以上人民政府监督检查部门主要负责人书面报告，并经批准。 监督检查部门调查涉嫌不正当竞争行为，应当遵守《中华人民共和国行政强制法》和其他有关法律、行政法规的规定，并应当**依法**将查处结果及时向社会公开。
第十四条 监督检查部门调查涉嫌不正当竞争行为，被调查的经营者、利害关系人及其他有关单位、个人应当如实提供有关资料或者情况。	第十七条 监督检查部门调查涉嫌不正当竞争行为，被调查的经营者、利害关系人及其他有关单位、个人应当如实提供有关资料或者情况。
	第十八条 经营者涉嫌违反本法规定的，监督检查部门可以对其有关负责人进行约谈，要求其说明情况、提出改进措施。

修订前	修订后
第十五条 监督检查部门及其工作人员对调查过程中知悉的商业秘密负有保密义务。	第十九条 监督检查部门及其工作人员对调查过程中知悉的商业秘密、**个人隐私和个人信息依法**负有保密义务。
第十六条 对涉嫌不正当竞争行为，任何单位和个人有权向监督检查部门举报，监督检查部门接到举报后应当依法及时处理。 监督检查部门应当向社会公开受理举报的电话、信箱或者电子邮件地址，并为举报人保密。对实名举报并提供相关事实和证据的，监督检查部门应当将处理结果告知举报人。	第二十条 对涉嫌不正当竞争行为，任何单位和个人有权向监督检查部门举报，监督检查部门接到举报后应当依法及时处理。 监督检查部门应当向社会公开受理举报的电话、信箱或者电子邮件地址，并为举报人保密。对实名举报并提供相关事实和证据的，监督检查部门应当将处理结果**及**时告知举报人。
	第二十一条 平台经营者应当在平台服务协议和交易规则中明确平台内公平竞争规则，建立不正当竞争举报投诉和纠纷处置机制，引导、规范平台内经营者依法公平竞争；发现平台内经营者实施不正当竞争行为的，应当及时依法采取必要的处置措施，保存有关记录，并按规定向平台经营者住所地县级以上人民政府监督检查部门报告。
第四章 法律责任	第四章 法律责任
第十七条 经营者违反本法规定，给他人造成损害的，应当依法承担民事责任。 经营者的合法权益受到不正当竞争行为损害的，可以向人民法院提起诉讼。 因不正当竞争行为受到损害的经营者的赔偿数额，按照其因被侵权所受到的实际损失确定；实际损失难以计算的，按照侵权人因侵权所获得的利益确定。经营者恶意实施侵犯商业秘密行为，情节	第二十二条 经营者违反本法规定，给他人造成损害的，应当依法承担民事责任。 经营者的合法权益受到不正当竞争行为损害的，可以向人民法院提起诉讼。 因不正当竞争行为受到损害的经营者的赔偿数额，按照其因被侵权所受到的实际损失**或者侵权人因侵权所获得的利益**确定。经营者**故意**实施侵犯商业秘密行为，情节严重的，可以在按照上述方

修订前	修订后
严重的，可以在按照上述方法确定数额的一倍以上五倍以下确定赔偿数额。赔偿数额还应当包括经营者为制止侵权行为所支付的合理开支。 　　经营者违反本法第**六**条、第**九**条规定，权利人因被侵权所受到的实际损失、侵权人因侵权所获得的利益难以确定的，由人民法院根据侵权行为的情节判决给予权利人五百万元以下的赔偿。	法确定数额的一倍以上五倍以下确定赔偿数额。赔偿数额还应当包括经营者为制止侵权行为所支付的合理开支。 　　经营者违反本法第七条、第十条规定，权利人因被侵权所受到的实际损失、侵权人因侵权所获得的利益难以确定的，由人民法院根据侵权行为的情节判决给予权利人五百万元以下的赔偿。
第十八条　经营者违反本法第**六**条规定实施混淆行为的，由监督检查部门责令停止违法行为，没收违法商品。违法经营额五万元以上的，可以并处违法经营额五倍以下的罚款；没有违法经营额或者违法经营额不足五万元的，可以并处二十五万元以下的罚款。情节严重的，吊销营业执照。 　　经营者登记的企业名称违反本法第**六**条规定的，应当及时办理名称变更登记；名称变更前，由原**企业**登记机关以统一社会信用代码代替其名称。	第二十三条　经营者违反本法第七条规定实施混淆行为**或者帮助他人实施混淆行为**的，由监督检查部门责令停止违法行为，没收违法商品。违法经营额五万元以上的，可以并处违法经营额五倍以下的罚款；没有违法经营额或者违法经营额不足五万元的，可以并处二十五万元以下的罚款；情节严重的，**并处**吊销营业执照。 　　**销售本法第七条规定的违法商品的，依照前款规定予以处罚；销售者不知道其销售的商品属于违法商品，能证明该商品是自己合法取得并说明提供者的，由监督检查部门责令停止销售，不予行政处罚。** 　　经营者登记的名称违反本法第七条规定的，应当及时办理名称变更登记；名称变更前，由登记机关以统一社会信用代码代替其名称。
第十九条　**经营者**违反本法第**七**条规定贿赂他人的，由监督检查部门没收违法所得，处十万元以上**三**百万元以下的罚款。情节严重的，吊销营业执照。	第二十四条　有关单位违反本法第八条规定贿赂他人**或者收受贿赂**的，由监督检查部门没收违法所得，处十万元以上一百万元以下的罚款；情节严重的，**处一百万元以上五百万元以下的罚款，可**

修订前	修订后
	以**并处**吊销营业执照。 　　经营者的法定代表人、主要负责人和直接责任人员对实施贿赂负有个人责任，以及有关个人收受贿赂的，由监督检查部门没收违法所得，处一百万元以下的罚款。
第二十条　经营者违反本法第**八**条规定对其商品作虚假或者引人误解的商业宣传，或者通过组织虚假交易等方式帮助其他经营者进行虚假或者引人误解的商业宣传的，由监督检查部门责令停止违法行为，处二十万元以上一百万元以下的罚款；情节严重的，处一百万元以上二百万元以下的罚款，可以吊销营业执照。 　　经营者违反本法第八条规定，属于发布虚假广告的，依照《中华人民共和国广告法》的规定处罚。	**第二十五条**　经营者违反本法第**九**条规定对其商品作虚假或者引人误解的商业宣传，或者通过组织虚假交易、**虚假评价**等方式帮助其他经营者进行虚假或者引人误解的商业宣传的，由监督检查部门责令停止违法行为，处一百万元以下的罚款；情节严重的，处一百万元以上二百万元以下的罚款，可以**并处**吊销营业执照。 　　经营者违反本法第**九**条规定，属于发布虚假广告的，依照《中华人民共和国广告法》的规定处罚。
第二十一条　经营者以及其他自然人、法人和非法人组织违反本法第**九**条规定侵犯商业秘密的，由监督检查部门责令停止违法行为，没收违法所得，处十万元以上一百万元以下的罚款；情节严重的，处**五十**万元以上五百万元以下的罚款。	**第二十六条**　经营者以及其他自然人、法人和非法人组织违反本法第**十**条规定侵犯商业秘密的，由监督检查部门责令停止违法行为，没收违法所得，处十万元以上一百万元以下的罚款；情节严重的，处**一百**万元以上五百万元以下的罚款。
第二十二条　经营者违反本法第十条规定进行有奖销售的，由监督检查部门责令停止违法行为，处五万元以上五十万元以下的罚款。	**第二十七条**　经营者违反本法第十一条规定进行有奖销售的，由监督检查部门责令停止违法行为，处五万元以上五十万元以下的罚款。
第二十三条　经营者违反本法第十一条规定损害**竞争对手**商业信誉、商品声誉的，由监督检查部门责令停止违法行	**第二十八条**　经营者违反本法第十二条规定损害**其他经营者**商业信誉、商品声誉的，由监督检查部门责令停止违法

《中华人民共和国反不正当竞争法》新旧对照表

修订前	修订后
为、消除影响，处十万元以上**五十万元**以下的罚款；情节严重的，处**五十万元**以上**三百万元**以下的罚款。	行为、消除影响，处十万元以上**一百万元**以下的罚款；情节严重的，处**一百万**元以上**五百万元**以下的罚款。
第二十四条　经营者违反本法第十二条规定**妨碍、破坏其他经营者合法提供的网络产品或者服务正常运行**的，由监督检查部门责令停止违法行为，处十万元以上**五十万元**以下的罚款；情节严重的，处**五十万元**以上**三百万元**以下的罚款。	第二十九条　经营者违反本法第十三条**第二款、第三款、第四款**规定**利用网络从事不正当竞争**的，由监督检查部门责令停止违法行为，处十万元以上一百万元以下的罚款；情节严重的，处一百万元以上五百万元以下的罚款。
	第三十条　平台经营者违反本法第十四条规定强制或者变相强制平台内经营者以低于成本的价格销售商品的，由监督检查部门责令停止违法行为，处五万元以上五十万元以下的罚款；情节严重的，处五十万元以上二百万元以下的罚款。
	第三十一条　经营者违反本法第十五条规定滥用自身优势地位的，由省级以上人民政府监督检查部门责令限期改正，逾期不改正的，处一百万元以下的罚款；情节严重的，处一百万元以上五百万元以下的罚款。
第二十五条　经营者违反本法规定从事不正当竞争，有主动消除或者减轻违法行为危害后果等法定情形的，依法从轻或者减轻行政处罚；违法行为轻微并及时纠正，没有造成危害后果的，不予行政处罚。	第三十二条　经营者违反本法规定从事不正当竞争，有主动消除或者减轻违法行为危害后果等法定情形的，依法从轻或者减轻行政处罚；违法行为轻微并及时纠正，没有造成危害后果的，不予行政处罚。
第二十六条　经营者违反本法规定从事不正当竞争，受到行政处罚的，由监督检查部门记入信用记录，并依照有关法律、行政法规的规定予以公示。	第三十三条　经营者违反本法规定从事不正当竞争，受到行政处罚的，由监督检查部门记入信用记录，并依照有关法律、行政法规的规定予以公示。

修订前	修订后
第二十七条 经营者违反本法规定，应当承担民事责任、行政责任和刑事责任，其财产不足以支付的，优先用于承担民事责任。	第三十四条 经营者违反本法规定，应当承担民事责任、行政责任和刑事责任，其财产不足以支付的，优先用于承担民事责任。
第二十八条 妨害监督检查部门依照本法履行职责，拒绝、阻碍调查的，由监督检查部门责令改正，对个人可以处五千元以下的罚款，对单位可以处五万元以下的罚款，并可以由公安机关依法给予治安管理处罚。	第三十五条 妨害监督检查部门依照本法履行职责，拒绝、阻碍调查的，由监督检查部门责令改正，对个人可以处一万元以下的罚款，对单位可以处十万元以下的罚款。
第二十九条 当事人对监督检查部门作出的决定不服的，可以依法申请行政复议或者提起行政诉讼。	第三十六条 当事人对监督检查部门作出的决定不服的，可以依法申请行政复议或者提起行政诉讼。
第三十条 监督检查部门的工作人员滥用职权、玩忽职守、徇私舞弊或者泄露调查过程中知悉的商业秘密的，依法给予处分。	第三十七条 监督检查部门的工作人员滥用职权、玩忽职守、徇私舞弊或者泄露调查过程中知悉的商业秘密、个人隐私或者个人信息的，依法给予处分。
第三十一条 违反本法规定，构成犯罪的，依法追究刑事责任。	第三十八条 违反本法规定，**构成违反治安管理行为的，依法给予治安管理处罚**；构成犯罪的，依法追究刑事责任。
第三十二条 在侵犯商业秘密的民事审判程序中，商业秘密权利人提供初步证据，证明其已经对所主张的商业秘密采取保密措施，且合理表明商业秘密被侵犯，涉嫌侵权人应当证明权利人所主张的商业秘密不属于本法规定的商业秘密。 商业秘密权利人提供初步证据合理表明商业秘密被侵犯，且提供以下证据之一的，涉嫌侵权人应当证明其不存在侵犯商业秘密的行为：	第三十九条 在侵犯商业秘密的民事审判程序中，商业秘密权利人提供初步证据，证明其已经对所主张的商业秘密采取保密措施，且合理表明商业秘密被侵犯，涉嫌侵权人应当证明权利人所主张的商业秘密不属于本法规定的商业秘密。 商业秘密权利人提供初步证据合理表明商业秘密被侵犯，且提供以下证据之一的，涉嫌侵权人应当证明其不存在侵犯商业秘密的行为：

修订前	修订后
（一）有证据表明涉嫌侵权人有渠道或者机会获取商业秘密，且其使用的信息与该商业秘密实质上相同； （二）有证据表明商业秘密已经被涉嫌侵权人披露、使用或者有被披露、使用的风险； （三）有其他证据表明商业秘密被涉嫌侵权人侵犯。	（一）有证据表明涉嫌侵权人有渠道或者机会获取商业秘密，且其使用的信息与该商业秘密实质上相同； （二）有证据表明商业秘密已经被涉嫌侵权人披露、使用或者有被披露、使用的风险； （三）有其他证据表明商业秘密被涉嫌侵权人侵犯。
第五章　附　则	第五章　附　则
	第四十条　在中华人民共和国境外实施本法规定的不正当竞争行为，扰乱境内市场竞争秩序，损害境内经营者或者消费者的合法权益的，依照本法以及有关法律的规定处理。
第三十三条　本法自2018年1月1日起施行。	第四十一条　本法自2025年10月15日起施行。

图书在版编目（CIP）数据

中华人民共和国反不正当竞争法：精读本／宋春雨，杨德嘉，李思頔编著. -- 北京：中国法治出版社，2025.8. -- ISBN 978-7-5216-5442-4

Ⅰ.D922.294

中国国家版本馆CIP数据核字第2025E1H426号

责任编辑：黄丹丹　刘海龙　　　　　　　　　　　　　　封面设计：杨泽江

中华人民共和国反不正当竞争法：精读本
ZHONGHUA RENMIN GONGHEGUO FANBUZHENGDANG JINGZHENGFA：JINGDUBEN

编著／宋春雨，杨德嘉，李思頔
经销／新华书店
印刷／保定市中画美凯印刷有限公司
开本／880毫米×1230毫米　32开　　　　　　　　　印张／9.75　字数／218千
版次／2025年8月第1版　　　　　　　　　　　　　　2025年8月第1次印刷

中国法治出版社出版
书号 ISBN 978-7-5216-5442-4　　　　　　　　　　　　定价：38.00元

北京市西城区西便门西里甲16号西便门办公区
邮政编码：100053　　　　　　　　　　　　　　　　传真：010-63141600
网址：http：//www.zgfzs.com　　　　　　　　　　编辑部电话：010-63141812
市场营销部电话：010-63141612　　　　　　　　　　印务部电话：010-63141606

（如有印装质量问题，请与本社印务部联系。）